Logic, Argumentation and Interpretation /
Lógica, Argumentación e Interpretación

ARSP BEIHEFT 110

Archiv für Rechts- und Sozialphilosophie

Archives de Philosophie du Droit
et de Philosophie Sociale

Archives for Philosophy of Law
and Social Philosophy

Archivo de Filosofía Jurídica y Social

Josep Aguiló-Regla (Ed.)

Logic, Argumentation and Interpretation / Lógica, Argumentación e Interpretación

Proceedings of the 22nd IVR World Congress
Granada 2005

Volume V

Franz Steiner Verlag Stuttgart 2007

Bibliografische Information der Deutschen Nationalbibliothek
Die Deutsche Nationalbibliothek verzeichnet diese Publikation in der Deutschen Nationalbibliografie; detaillierte bibliografische Daten sind im Internet über <http://dnb.d-nb.de> abrufbar.

ISBN: 978-3-515-08914-2

Zugleich: 978-3-8329-2839-1

ISO 9706

Gedruckt auf alterungsbeständigem Papier.
Druck: Druckhaus Nomos, Sinzheim
Printed in Germany

Josep Aguiló-Regla, Alicante

Introduction

Most of the papers which make up this volume (*Logic, Argumentation and Interpretation*) focus on legal argumentation. As a result, the topics included in the index do not exactly coincide with those in the title. In the volume, which begins with a section under the heading **"Theory of argumentation",** the reader will find five papers where the questions under discussion are general and/or linked to thesis held by other authors. In "Discourse, rationality and persuasion", José Manuel Cabra Apalategui takes as a starting point the idea that argumentative theories (as opposed to those which are decisionist and to negotiation models) presuppose that the beliefs of individuals can be modified by virtue of the reasons presented in the course of a discussion. The paper analyses the idea of a rational modification of beliefs as the basis of rational consensus, taking Perelman and Wittgenstein´s distinction between conviction and persuasion as a starting point. In the next study, ("Coherence and Revision. Critical Remarks on Günther-Alexy Debate"), Peng-Hsiang Wang enters into the debate between Günther and Alexy on the subject of the distinction between the grounds and application of norms. He focuses on the question of whether or not the modification of a norm, when seeking to avoid a conflict of norms and to give coherence to the system, gives rise to a problem of grounds. After trying to clarify the concept of coherence, he opts for Günther´s thesis, in the sense that the solution to a collision of norms in an application case cannot avoid giving rise to a problem of grounds. In "Justice, Argumentation and Truth in Legal Reasoning. In Memory of Enrico Opocher (1914-2004)", Maurizio Manzin takes Opocher´s conception of justice ("a value which causes law to count, in the sense that it endures") as a starting point and attempts to show that the idea of "judicial truth" coherent with this conception must pass from the level of mere factual description to one of "a logical demonstration in accordance with the circumstances"; that is, from a descriptive level to an argumentative one. In order to do so, he adopts the perspective of classical rhetoric, based on Aristotle and Cicero. Federico Puppo ("The Problem of Truth in Judicial Argumentation"), asks himself, using a logical approach, the sense in which it is possible to speak about truth in the field of rhetoric and judicial argumentation. Lastly, in "Sincerity in Legal Argumentation Theory", C.E. Smith asks himself whether the effectiveness of an argumentation depends on the beliefs of the person who is arguing or only on the soundness of the arguments that he puts forward; and the author comes to the conclusion that in legal argumentation sincerity is a necessary condition for effectiveness.

The next section comes under the title "**Analysis and representation of arguments"** and is made up of three pieces of work. Eveline T. Feteris ("The Rational Reconstruction of Teleological-Evaluative Arguments") develops a tool for the analysis and the criticism of the teleological-valuative argumentations made by judges when they refer to consequences in relation to the aims and values which norms seek to promote. In "Ad Absurdum Arguments in Legal Decisions", Harm Kloosterhuis attempts to show that *argumentum ad absurdum* can have different meanings in law: in the strict sense, its structure is that of a systematic argument; and, in the broad sense, it corresponds to sustantive reasons. He holds that the schemes of these arguments are very different to each other and have their own analysis criteria. Lastly, Guenther Kreuzbauer ("Visualization of Legal Argumentation") presents legal visualization as a new discipline in legal theory, one which is even more recent than the theory of argumentation. In this way, after having underlined its importance with regard to both theory and teaching, he seeks to develop a visualization method.

"Contextualized judicial argumentation" consists of five pieces of work in total. All of which have in common the fact that they deal with some aspect of legal argumentation, either focusing on a specific territorial scope or making reference to it in order to illustrate a point. The first of these is that by Marko Novak ("Limiting Courts: Towards Greater Consistency of Adjudication in the Civil Law System"). Novak maintains that in countries with a civil law system judicial law-making is gaining recognition, that courts are more ambitious and that this leads to a growing interest in the argument for judicial precedent. However, he considers that civil law lacks common law´s vast experience in terms of discipline, soundness and coherence. He focuses particularly on the principle of soundness and reaches the conclusion that much is still to be learnt from the system of the formal obligatory nature of precedents. In "Los principios generales del Derecho en la argumentación jurídica", Sonia Esperanza Rodríguez Bonete carries out a comprehensive study of jurisprudence in the Spanish Supreme Court with the aim of clarifying the role played by general legal principles in its grounds. The main conclusion reached by the author is that one can infer, (in purely descriptive terms) from an analysis of the sentences, that principles do not play an important role in the application and interpretation of law. In "Prospective Overruling: Why and How it Should be Applied (The example of the Brazilian Legal System)", Thomas da Rosa de Bustamante and Denis Franco Silva hold that what is characteristic about "prospective overruling" is that we are dealing with decisions in which the court dictates two rules for the same case: one to be applied to all future situations and another to be applied to the case in question or to past situations; and they particularly consider the analysis of two cases in Brazilian law. In "Theory of Judicial Shamanism", Stanislovas Tomas asks himself: Is there any difference between the spirit of Law and the spirit of the Forest? The hypothesis is that there are few differences in contemporary judicial reasoning. Based on this last, he focuses on the undeterminism of law, on what he calls "judicial shamanism" and he proposes the substitution of the activism *versus* passivism alternative for a new one: "shamanism" versus feasibility. He illustrates his thesis by considering Lithuanian jurisprudence. Lastly, Derk Venema ("Formalism and Non-formalism in Occupied Holland and Belgium 1940-1945") analyses the position of judges in countries which are under foreign occupation as this is, on occasion, a cause for controversy between legal theories, particularly between formalism and non-formalism. In this way, he compares the situation of judges in Holland and in Belgium during the German occupation and he concludes that, in the resistance to occupation, the best strategy cannot be defined by means of one single legal theory.

The section "**Norms and interpretation"** is made up of four pieces of work. In the first, Jaap Hage ("Why Norms are not Imperatives") maintains that despite the many differences existing between them, both "deontic facts" and "deontic rules" can be considered as "norms". As a consequence, he proposes that this notion should be discarded and replaced by notions which are far more precise like "order", "mandate", "legislative act", "deontic fact" and "deontic rule". There are then two pieces of work on presumption norms. In the first, Raymundo Gama Leyva ("Some ideas about the nature of presumption rules") presents a map of the problems and answers which the question regarding the nature of rules of presumption has generated in the theory of law and in the theory of legal argumentation. In the second, Josep Aguiló-Regla ("On presumptions and Legal Argumentation") seeks to show the implications which norms of presumption have in relation to the material dimension of legal argumentation (norms of presumption affect the truth) and the dialectic dimension (they also affect the balance between parties). Lastly, in “Constitutional Interpretation”, Marijan Pavcnik deals with the problem of the interpretation of the constitution basing herself upon dilemmas such as “judges are subject to the constitution but the constitution is what judges say it is” and she comes to the conclusion that the interpretation of the constitution requires the harmonization of tradition, the present and responsibility towards future generations.

The volume finishes with a section on **Logic** in which two very different pieces of work are included. In the first, Mateusz Klinowski (“Theory of Action on a Tree”) presents a relatively new model of human action called *stit* theory (*sees to it*). This theory allows the unification of undeterminism with the human ability to produce certain states of affairs and offers the opportunity to develop von Wright´s idea, which is to conceive deontic logic in terms of action, avoiding the usual paradoxes produced by this. Finally, in “Problemas que el Derecho plantea a la lógica”, José Pedro Úbeda Rives, presents a map of logic problems which arise when what is sought is the formalization and representation of legal knowledge in order to construct an expert system.

Josep Aguiló-Regla, Alicante

Introducción

La mayor parte de los trabajos de que consta este volumen (*Logic, Argumentation and Interpretation*) gira en torno a la argumentación jurídica. Por ello, los tópicos con los que se articula el índice no coinciden exactamente con los del título. El volumen se inicia con una sección titulada **"Teoría de la argumentación"** y en ella el lector encontrará cinco trabajos en los que se discuten cuestiones que son generales y/o que están vinculadas con tesis sostenidas por otros autores. José Manuel Cabra Apalategui, en "Discurso, racionalidad y persuasión", parte de la idea de que las teorías argumentativas (frente a las de tipo decisionista y a los modelos de negociación) presuponen que las creencias de los individuos pueden ser modificadas en virtud de las razones presentadas en el curso de una discusión. El trabajo analiza la idea de modificación racional de las creencias como fundamento del consenso racional a partir de la distinción entre convicción y persuasión en Perelman y en Wittgenstein. En el siguiente estudio, Peng-Hsiang Wang ("Coherence and Revision. Critical Remarks on Günther-Alexy Debate") interviene en el debate entre Günther y Alexy a propósito de la distinción entre fundamentación y aplicación de normas. Se centra en la cuestión de si la modificación de una norma para evitar un conflicto de normas y dotar de coherencia al sistema plantea o no un problema de fundamentación. Tras intentar aclarar el concepto de coherencia se decanta por las tesis de Günther en el sentido de que la resolución de una colisión de normas en un caso de aplicación no puede dejar de plantear un problema de fundamentación. Maurizio Manzin, en "Justice, Argumentation and Truth in Legal Reasoning. In Memory of Enrico Opocher (1914–2004)", parte de la concepción de la justicia de Opocher ("un valor que hace que el Derecho cuente, en el sentido de su duración") y trata de mostrar que la idea de "verdad judicial" coherente con esta concepción debe pasar del nivel de la descripción meramente fáctica al de una "demostración lógica de acuerdo con las circunstancias"; es decir, del nivel descriptivo al argumentativo. Para ello adopta la perspectiva de la retórica clásica, basada en Aristóteles y Cicerón. Federico Puppo ("The Problem of Truth in Judicial Argumentation"), a través de una aproximación lógica, se pregunta en qué sentido es posible hablar de verdad en el campo de la retórica y de la argumentación judicial. Finalmente, C.E. Smith, en "Sincerity in Legal Argumentation Theory", se cuestiona si la eficacia de una argumentación depende de las creencias de la persona que argumenta o sólo de la consistencia de los argumentos que presenta; y viene a sostener que en la argumentación jurídica la sinceridad es condición necesaria de la eficacia.

La siguiente sección se titula **"Análisis y representación de argumentos"** y agrupa tres trabajos. Eveline T. Feteris ("The Rational Reconstruction of Teleological-Evaluative Arguments") desarrolla un instrumento para el análisis y la crítica de las argumentaciones teleológico-valorativas que hacen los jueces cuando se refieren a las consecuencias en relación con los propósitos y valores que las normas pretenden promover. Harm Kloosterhuis, en "Ad Absurdum Arguments in Legal Decisions", trata de mostrar que el *argumentum ad absurdum* puede tener en el Derecho diferentes significados: en sentido estricto, tiene la estructura de un argumento sistemático; y, en sentido amplio, responde a razones sustantivas. Sostiene que los esquemas de estos argumentos son muy diferentes entre sí y que tienen sus propios criterios de análisis. Finalmente, Guenther Kreuzbauer ("Visualization of Legal Argumentation") presenta la visualización jurídica como una nueva disciplina de la teoría jurídica, más joven incluso que la teoría de argumentación. Así, tras enfatizar su importancia para la teoría y la docencia, trata de desarrollar un método de visualización.

"Argumentación judicial contextualizada" incluye un total de cinco trabajos que tienen en común el tratar algún aspecto de la argumentación judicial bien centrándose en un determinado ámbito territorial o bien refiriéndose a él como ilustración. El primero de estos trabajos es de Marko Novak ("Limiting Courts: Towards Greater Consistency of Adjudication in the Civil Law System"). Novak sostiene que en los países del Civil Law la creación judicial es cada vez más reconocida, que los tribunales son más ambiciosos y que ello genera un creciente interés por el argumento del precedente judicial. Sin embargo, considera que en el Civil Law falta la vasta experiencia del Common Law en términos de disciplina, consistencia y coherencia. En particular, se centra en el principio de consistencia y concluye que queda mucho por aprender del sistema de obligatoriedad formal de los precedentes. Sonia Esperanza Rodríguez Boente, en "Los principios generales del Derecho en la argumentación jurídica", realiza un exhaustivo estudio de la jurisprudencia del Tribunal Supremo español con el fin de aclarar el papel que los principios generales juegan en sus fundamentaciones. La conclusión central a la que llega es que del análisis de las sentencias se sigue (en términos puramente descriptivos) que los principios juegan un papel muy poco importante en la aplicación e interpretación del Derecho. Thomas da Rosa de Bustamante y Denis Franco Silva, en "Prospective Overruling: Why and How it Should be Applied (The example of the Brazilian Legal Systen)", sostienen que lo característico de la "prospective overruling" es que se trata de decisiones en las que el tribunal dicta dos reglas para un mismo caso: una para ser aplicada a todas las situaciones futuras y otra para el caso en cuestión o para las situaciones pasadas; y se detienen en el análisis de dos casos del Derecho brasileño. Stanislovas Tomas, en "Theory of Judicial Shamanism", se pregunta: ¿Hay alguna diferencia entre el espíritu del Derecho y el espíritu del Bosque? La hipótesis es que en el razonamiento judicial contemporáneo hay muy pocas diferencias. A partir de ahí, se centra en la indeterminación del Derecho, en lo que llama "judicial shamanism" y propone sustituir la alternativa activismo *versus* pasivismo por una nueva: "shamanism" versus facticidad. Ilustra sus tesis deteniéndose en el estudio de la jurisprudencia lituana. Finalmente, Derk Venema ("Formalism and Non-formalism in Occupied Holland and Belgium 1940–1945") analiza la posición de los jueces de países que se hallan bajo una ocu-pación extranjera porque, en ocasiones, es motivo de controversia entre teorías jurí-dicas, en particular entre formalismo y no-formalismo. Así, compara la situación de los jueces de Holanda y Bélgica durante la ocupación alemana y concluye que, en la resistencia a la ocupación, la mejor estrategia no puede definirse mediante una única teoría jurídica.

La sección "**Normas e interpretación**" incluye cuatro trabajos. En el primero, Jaap Hage ("Why Norms are not Imperatives") sostiene que tanto los "hechos deónticos" como las "reglas deónticas", a pesar de ser muy diferentes entre sí, pueden ser considerados "normas"; en consecuencia, propone que dicha noción sea abandonada y sustituida por nociones mucho más precisas como "orden", "mandato", "acto legislativo", "hecho deóntico" y "regla deóntica". A continuación vienen dos tra-bajos sobre las normas de presunción. En el primero de ellos, Raymundo Gama Leyva ("Some ideas about the nature of presumption rules") expone un mapa de los problemas y las respuestas que la cuestión de la naturaleza de las reglas de presunción ha generado en la teoría del Derecho y en la teoría de la argumentación jurídica. Y en el segundo, Josep Aguiló-Regla ("On presumptions and Legal Argumentation") trata de mostrar las implicaciones que tienen las normas de presunción en relación con las dimensiones material (las normas de presunción afectan a la verdad) y dialéctica (afectan también al equilibrio entre las partes) de la argumentación jurídica. Finalmente, Marijan Pavcnik, en "Constitutional Interpretation", aborda el problema de la interpretación de la constitución a partir de dilemas como "los jueces están sometidos a la constitución, pero la constitución es lo que los jueces dicen que es" y viene a concluir que la interpretación constitucional requiere armonizar tradición, presente y responsabilidad hacia las futuras generaciones.

El volumen concluye con una sección de **Lógica** en la que se incluyen dos trabajos muy diferentes entre sí. En el primero, Mateusz Klinowski ("Theory of Action on a Tree") hace una presentación de un relativamente nuevo modelo de acción humana llamado teoría *stit* (*sees to it*). Esta teoría permite la unificación del indeterminismo con la capacidad humana para producir ciertos estados de cosas y brinda la oportunidad de desarrollar la idea de von Wright de concebir la lógica deóntica en términos de acción sorteando las consabidas paradojas que ello producía. Finalmente, José Pedro Úbeda Rives, en "Problemas que el Derecho plantea a la lógica", expone un mapa de problemas lógicos que surgen cuando se pretende formalizar y representar el conocimiento jurídico para construir un sistema experto.

Index / Indice

I. Theory of Argumentation / Teoría de la argumentación

II. Analysis and Representation of Argumentation / Análisis y representación de argumentos

III. Contextualized Judicial Argumentation / Argumentación judicial contextualizada

IV. Norms and Interpretation / Normas e interpretación

V. Logic / Lógica

I. Theory of Argumentation / Teoría de la argumentación

José Manuel Cabra Apalategui, Málaga

Discurso, racionalidad y persuasión

Toda argumentación, entendida como la práctica consistente en dar y pedir razones a favor o en contra de una creencia, tiene por fin conseguir la adhesión del interlocutor, tanto de aquellos que, no teniendo una opinión formada, aceptan la propuesta, como de aquellos otros que, sosteniendo en principio algo distinto e incompatible, mudan su creencia para adoptar una nueva. ¿Qué otra cosa si no significa argumentar? Para muchos, la adhesión constituye no sólo síntoma, sino también criterio de racionalidad y, con ello, de justificación o validez de aquello sobre lo que recae el acuerdo.

En el ámbito de las teoría procedimentales de la razón práctica, frente a las teorías de tipo decisionista y los modelos de negociación basados en el principio de maximización de utilidad de las propias preferencias, las teorías de tipo argumentativo presuponen que las creencias (especialmente relevantes son aquí las creencias normativas) de los individuos pueden ser modificadas en virtud de las razones presentadas en el curso de la discusión. La obtención de un consenso a partir de razones, o mejor, a partir del reconocimiento de la mejor razón (aunque ello suponga abandonar nuestras creencias originales), que resulte de un procedimiento argumentativo desarrollado bajo determinadas condiciones (ausencia de coacción, simetría, etc.), es lo que determina la racionalidad del mismo y, con ello, la corrección de su objeto. Ahora bien, ¿podemos predicar la racionalidad de toda mudanza de creencias producida en el curso de un intercambio de argumentos? En otras palabras, ¿qué significa modificar racionalmente nuestras creencias? Desde perspectivas y ámbitos muy distintos, Perelman y Wittgenstein, distinguieron la *convicción* de la *persuasión* para diferenciar dos formas, una racional y otra no, en que se producen la modificación de nuestras creencias. El trabajo que presento pretende analizar, a partir de esta distinción en Perelman y Wittgenstein, la idea de una modificación racional de nuestras creencias, como fundamento de un consenso racional.

1. El auditorio universal de Perelman

Aunque su obra temprana comparte el escepticismo ético del positivismo lógico[1], a partir de los años cincuenta del pasado siglo Perelman abandona esta opinión convencido de la posibilidad de razón más allá de los principios de verificabilidad empírica y de deducción lógica. Éstos delimitarian sólo una parcela de la razón: aquella gobernada por el razonamiento demostrativo; más allá, en la carencia de pruebas concluyentes, queda la argumentación:

> "La naturaleza misma de la deliberación y de la argumentación se opone a la necesidad y a la evidencia, pues no se delibera en los casos en los que la solución es necesaria ni se argumenta contra la evidencia. El campo de la argumentación es el de lo verosímil, lo plausible, lo probable en la medida en que este último escapa a la certeza del cálculo"[2].

Qué signifique ser racional fuera de la evidencia empírica o la necesidad lógica es algo que debe mostrar una teoría general de la argumentación. El fin de la argu-

1 Vid. *De la Justice*, Bruselas, 1945. [Hay versión castellana, *De la Justicia* (Trad. R. Guerra), UNAM, México, 1964.]

2 Perelman, Ch. / Olbrechts-Tyteca. *Tratado de la Argumentación. La nueva retórica* (trad. J. Sevilla Muñoz), Gredos, Madrid, 1989, p. 30.

mentación es la justificación de aquello para lo que carecemos de la certeza de la demostración, esto es, confirmar la validez en un sentido empírico[3] o moral, según qué sea aquello que se quiere justificar, de nuestras creencias o nuestras acciones. Desde luego, la argumentación no se agota en el hecho de hacer público aquello que a nuestro parecer constituye una razón suficiente, una justificación, para actuar; no se argumenta para informar de qué es lo que nos mueve a actuar del modo en que lo hacemos, sino que, como sostiene Perelman, "*toda argumentación pretende la adhesión de los individuos*"[4], o sea el reconocimiento de las propias razones como buenas razones para actuar. El sentido de la argumentación no es, entonces, un simple poner de manifiesto el nexo causal entre las acciones y las convicciones acerca de lo bueno, lo justo o lo adecuado de quien las realiza, sino una pretensión de validez que aspira a verse confirmada por aquellos a quienes va dirigida la argumentación. El "*conjunto de aquellos en quienes el orador quiere influir con su argumentación*"[5] constituyen el *auditorio*, que se erige como idea central en el planteamiento de Perelman. Entre orador y auditorio tiene lugar una interacción permanente durante el proceso argumentativo. El hecho de que el orador pretenda que sus razones sean reconocidas por el auditorio supone que aquél habrá de disponer su discurso en función de éste, a quien va dirigido. La influencia es así recíproca: mientras el orador busca la aquiescencia del auditorio, el auditorio presupuesto por el orador condiciona el uso de los diversos recursos argumentativos e incluso el contenido de aquello que se quiere justificar. En este sentido, Perelman llega a decir que "[e]n la argumentación, lo importante no está en saber lo que el mismo orador considera verdadero o convincente, sino cuál es la opinión de aquellos a quienes va dirigida la argumentación"[6].

Esta concepción de la argumentación, tan cercana a la sofística, reduce todo a una cuestión de mera racionalidad instrumental cuyo fin último es el éxito en la adhesión del auditorio, cualquiera que éste sea, mediante el uso más o menos hábil de los distintos recursos argumentativos que están al alcance del orador, dependiente de su capacidad para anticipar en las convicciones o preferencias no manifestadas del auditorio y, en definitiva, de su pericia para intervenir en los distintos aspectos de los procesos mentales de razonamiento que concluyen con la adhesión a su propuesta. Poco o nada hay aquí de una teoría de la razón práctica, para la que el fondo del asunto no es, claro está, cómo obtener de hecho la adhesión de cualesquiera auditorios, sino cuándo esta adhesión puede ser considerada, si es que puede, como criterio de racionalidad para justificar aquellas cuestiones, especialmente aquellas de tipo práctico, que escapan a la demostración: qué hace de un argumento que ha obtenido la adhesión del auditorio un argumento racional. El hecho cierto es que la teoría de la argumentación de Perelman, tal y como es presentada en el *Tratado de la argumentación*, no constituye un modelo normativo que establezca las condiciones de validez en el uso o disposición de los distintos argumentos, sino más bien una teoría pragmática de la argumentación orientada a mostrar cómo puede el orador disponer de éstos para alcanzar su fin: la adhesión del auditorio. Sin embargo, la cuestión de la validez, o mejor dicho, la relación entre eficacia y validez, surge de inmediato; y aquí es donde introduce Perelman la distinción entre *persuadir* y *convencer*. Se trata de una argumentación persuasiva aquella "que sólo pretende servir para un auditorio particular", mientras que sería una argumentación convincente "la

3 Pienso aquí, por ejemplo, en el razonamiento guiado por reglas de la presunción racional, que no tienen carácter demostrativo.

4 *Tratado de la Argumentación*, p. 48.

5 *Tratado de la Argumentación*, p. 55.

6 *Tratado de la Argumentación*, p. 61.

que se supone que obtiene la adhesión de todo ente de razón"[7], esto es, cuando pretende la adhesión del "auditorio universal".

El sentido de la distinción establecida por Perelman radica, por tanto, en la construcción previa del auditorio por parte del orador, que determinará su argumentación: frente al auditorio universal no cabe buscar la adhesión por medios, digamos, ilegítimos desde el punto de vista de la razón, pues así sólo se obtendría de algunos, aquellos que estaban predispuestos a ello, pero no de otros. La pretensión de un reconocimiento o adhesión universalizables a partir de las que se define la *convicción* permitiría atribuir a este tipo de consenso un carácter normativo y, de este modo, el éxito de la argumentación, manifestado en la adhesión del auditorio, sería, a su vez, criterio de corrección o racionalidad. Ahora bien – señala Perelman – "*el acuerdo de un auditorio universal no es una cuestión de hecho, sino de derecho*"[8], no es algo comprobable empíricamente, sino una anticipación, una construcción, una hipótesis, del orador. No es, en definitiva, un criterio aplicable en sentido positivo.

En cuanto construcción del orador, el auditorio universal está predeterminado por las concepciones que aquél tenga acerca de quienes forman parte del mismo, acerca de todos los "entes de razón", lo que supone la proyección de su propia concepción de la razón en los miembros potenciales del auditorio universal. En este sentido, el auditorio universal es, al menos en origen, una construcción solipsista. Podría decirse, como hace Alexy, que esta objeción no es del todo justa, pues la prefiguración etnocéntrica o sesgada de un auditorio universal no superaría un intercambio más o menos amplio de argumentos en el que los propios presupuestos de los hablantes son sometido a discusión[9]. Es cierto que en los discursos reales podrían ponerse de manifiesto y corregirse los prejuicios o preconcepciones de una determinada configuración del auditorio universal, pero entonces ya no estamos ante un auditporio universal, sino ante un más o menos extenso auditorio particular. En términos de teoría del discurso, el auditorio universal no es sino la visualización anticipada de un contexto en el que el orador puede formular con éxito una pretensión de corrección.

Cuando Perelman establece la diferencia entre persuadir y convencer en el tipo de auditorio, particular o universal, cuya adhesión se pretende, desplaza la cuestión a la *actitud del orador*. Persuadir o convencer, según sea el caso, es algo que hace el orador al configurar el auditorio al que se dirige, pero ¿es posible proyectar esa distinción al proceso mismo de modificación de las creencias ya existentes en el auditorio? Se trata aquí de saber, no si el orador pretende persuadir o convencer, sino cuándo el auditorio ha sido persuadido o convencido. Lo primero es una cuestión de actitud relativa al objetivo del orador; lo segundo atañe al proceso interno de razonamiento de cada miembro del auditorio y plantea la posibilidad de, independientemente de las pretensiones del orador o interlocutor, distinguir entre la convicción y la persuasión como procesos distintos de modificación de nuestras creencias. Este segundo sentido es el que, entiendo tiene la distinción en Wittgenstein.

2. Wittgenstein y las formas de vida

Para Wittgenstein, los límites de la razón y, con ello, de la posibilidad de una mudanza racional de creencias están en la forma de vida. El concepto de formas de vida fue originariamente formulado por Wittgenstein como parte de la explicación de la

7 *Tratado de la Argumentación*, p. 67.
8 *Tratado de la Argumentación*, p. 72.
9 Alexy, R. *Teoría de la argumentación jurídica* (trad. M. Atienza e I. Espejo), CEC, Madrid, 1997, p.164.

naturaleza del conocimiento y la relación entre lenguaje y mundo en sus *Investigaciones filosóficas* y posteriormente desarrollado, si es que podemos decir algo así de los escritos de Wittgenstein, en la publicación póstuma que conocemos como *Sobre la certeza*. No es una idea fácil y por demás vaga e imprecisa. La forma de vida es, por así decirlo, *acción*, un suceder: es el sustrato o estadio práctico de nuestra *imagen del mundo* (*Weltbild*). La imagen del mundo constituye nuestro acervo epistémico heredado, aquello en que nos basamos para distinguir entre lo verdadero y lo falso: es el fundamento (no racional) de nuestras elecciones racionales y de nuestro conocimiento[10]; en tanto que tal fundamento tiene un sentido casi mitológico[11] y en tanto que transmisible, es lenguaje, tiene naturaleza proposicional.

La imagen del mundo se divide en *fragmentos* a modo de subsistemas interconectados, que son la base de los distintos *juegos del lenguaje* (*Sprachspiel*), construcción con la que Wittgenstein se refiere a los distintos usos del lenguaje, de lo que es posible y lo que no en cada situación. Como los juegos, supone el empleo de *reglas*[12]; ahora bien, como también ocurre en los juegos, no toda actividad/uso está regulado[13]. Como sugiere Strawson en este punto, la imagen de los juegos del lenguaje como modelo explicativo del funcionamiento de nuestros usos lingüísticos ilustra acerca de una noción de *exactitud de significado* correspondiente al papel que desempeñan las reglas en los juegos y en el lenguaje:

> "...la aplicación de la palabra 'juego' no se halla delimitada por una frontera precisa; aunque pueda fijarse una linde con vistas a un objetivo particular (...) Pero lo que es importante reconocer es que esto no le resta utilidad para los fines con que se emplea comúnmente (...) De modo que ni siquiera sería *correcto* en general que hablásemos de inexactitud (...) La idea que Wittgenstein está tratando de explicar aquí es que la demanda de precisión absoluta en su interpretación o en su explicación, carece de sentido. Lo que hace que las reglas sean suficientes, es que el concepto se use con éxito, según el acuerdo general" [14].

Los juegos del lenguaje son, en última instancia, una manifestación de la imagen del mundo y de la forma de vida: "*hablar* el lenguaje forma parte de una actividad o de una forma de vida"[15]. Participar (con solvencia) en los juegos del lenguaje, dominar su *gramática*, sus reglas, implica la pertenencia a una determinada forma de vida y ésta determina la *episteme* de cada individuo en tanto que miembro de la misma. Cada forma de vida es una forma de ser en el mundo mediada lingüísticamente:

10 "§ 94. Pero no tengo mi imagen del mundo porque me haya convencido a mi mismo de que sea la correcta; ni tampoco porque esté convencido de su corrección. Por el contrario, se trata del trasfondo que me viene dado y sobre el que distingo ente lo verdadero y lo falso" (Wittgenstein, L. *Sobre la certeza* (Trad. J. L. Prados y V. Raga), Gedisa, Barcelona, 1997, p. 15).

11 Vid. § 95 y § 97 de *Sobre la Certeza*, p. 15.

12 Kenny, A. *Wittgenstein*, Revista de Occidente, Madrid, 1974, p. 152.

13 § 68. (...) *puedo* darle límites rígidos al concepto de 'número' así, esto es, usando la palabra "número" como designación de un concepto rígidamente delimitado, pero también puedo usarla de modo que la extensión del concepto *no* esté cerrada por un límite. Y así es como empleamos de hecho la palabra "juego". ¿Pues de qué modo está cerrado el concepto de juego? ¿Qué es aún un juego que no lo es ya? ¿Puedes indicar el límite? No. Puedes *trazar* uno: pues no hay aún ninguno trazado. (Pero eso nunca te ha incomodado cuando has aplicado la palabra "juego".)
"Pero entonces no está regulada la aplicación de la palabra; no está regulado el 'juego' que jugamos con ella." No está en absoluto delimitado por reglas; pero tampoco hay ninguna regla para, por ejemplo, cuán alto se puede lanzar la pelota en el tenis, o cuán fuerte, y no obstante el tenis es un juego y tiene reglas también" (Wittgenstein, L. *Investigaciones filosóficas* (Trad. A. García Suárez y U. Moulines), Crítica/UNAM, Barcelona/México D.F., 1988, p. 89).

14 Strawson, P. "Las *Investigaciones filosóficas* de Wittgenstein", en Id. *Libertad y Resentimiento* (Trad. de J. J. Acero), Paidós/ICE (UAB), Barcelona, 1995, cita en pp. 104–105.

15 § 23 de *Investigaciones filosóficas*, p. 39.

"...la gramática se aprende a partir de casos, de experimentar las palabras en ciertos contextos verbales y mundanos. En este sentido depende de la realidad experimentada; en este sentido es anterior al lenguaje, anterior a la gramática (podría decirse, aproximadamente, que es de un año y medio a dos años anterior. El niño tiene una reserva de experiencia preverbal a la hora de comenzar a hablar). Pero debido a que en el aprendizaje de la gramática aprendemos lo que contará como las diversas circunstancias, la gramática es también anterior a la experiencia. Aunque no cronológicamente anterior en el aprendizaje, es anterior, lógicamente, una vez aprendida. Es anterior no tanto en lo que podemos experimentar cuanto en lo que podemos *decir* (y, por tanto, en lo que podemos pensar de modo discursivo) acerca de nuestra experiencia"[16].

Así, el lenguaje, o si se prefiere, la gramática que determina los usos del lenguaje, define la extensión y los límites del pensamiento discursivo, es decir, de *lo común*. La cuestión es cómo evoluciona ese marco cognitivo. Desde el punto de vista de la teoría de la argumentación, se trata de determinar si lo común es potencialmente universal en un sentido racional, es decir, hasta qué punto nuestras creencias, especialmente nuestras convicciones normativas, son permeables a las razones.

Los enunciados que componen nuestra imagen del mundo – *nido de enunciados* (*Nest von Sätzen*) – no forman un conjunto cerrado y estático; bien al contrario, sus límites son borrosos, vacilantes y fluidos. Sin embargo, y aunque nuestra imagen del mundo y nuestras creencias no forman un sistema en sentido racional (completo, consistente), guardan algún tipo de relación entre sí que va más allá de la mera pertenencia a un conjunto; y esa relación fundamenta y da sentido al propio conjunto y a cada una de ellas[17]. En todo caso, nuestras creencias/proposiciones juegan un papel distinto en nuestra imagen del mundo; algunas, aquellas de las que no dudamos[18] (aquellas que están, por decirlo con Wittgenstein, *fosilizadas*[19]), proporcionan un mayor sustento al sistema, constituyen su fundamento. Y son su fundamento porque estamos seguros de esas proposiciones, y ese "estar seguro" es, precisamente, participar de una forma de vida. Así Wittgenstein: "me gustaría considerar tal seguridad no como algo parecido a la precipitación o a la superficialidad, sino como (una) forma de vida"[20], y ello significa que "quiero considerarlo como algo que yace más allá de lo justificado y de lo injustificado; como, por decirlo de algún modo, algo animal"[21]. La forma de vida no es una cuestión de justificación (por qué), sino de gramática (cómo).

Que las distintas proposiciones que conforman nuestra imagen del mundo no son equiparables o igualmente fundamentales lo pone de manifiesto el hecho de que distingamos entre el *error* y la *perturbación* en los juegos del lenguaje, es decir, que reaccionemos de diferente manera ante diferentes anomalías en el uso de las reglas; para el primero "por así decirlo, hay un lugar previsto en el juego del lenguaje", por el contrario, pensamos en la perturbación cuando nos encontramos con una anomalía totalmente excepcional[22]. Puedo equivocarme, por ejemplo, acerca de qué civilizaciones han habitado antes la ciudad donde vivo y haber permanecido instalado en

16 Pitkin, H. F. *Wittgenstein: el lenguaje, la política y la justicia. Sobre el pensamiento de Ludwig Wittgenstein para el pensamiento social y político* (Trad. R. Montoso Romero), CEC, Madrid, pp. 180–181.

17 "§ 142. No son los axiomas aislados los que nos parecen evidentes, sino todo un sistema cuyas consecuencias y premisas se sostienen *recíprocamente*" (*Sobre la certeza*, p. 21); en el mismo sentido, § 140 (*idem*. p.21), § 141 (*idem*. p. 21), § 225 (*idem*. p. 30) y § 410 (*idem*. p. 52).

18 "§ 341. ...las *preguntas* que hacemos y nuestras *dudas*, descansan sobre el hecho de que algunas proposiciones están fuera de duda, son – por decirlo de algún modo – los ejes sobre los que giran aquéllas" (*Sobre la certeza*, p. 44).

19 § 657 de *Sobre la certeza*, p. 87.

20 § 358 de *Sobre la certeza*, p. 46.

21 § 359 de *Sobre la certeza*, p. 47.

22 § 647 de *Sobre la certeza*, p. 85.

el error durante años, pero no se trata de un mero error si afirmo en circunstancias aparentemente normales (esto es, que no me encuentre manifiestamente en un estado delirante por enfermedad o embriaguez) que he vivido toda mi vida en una ciudad distinta a la que en realidad he vivido. "En ciertas circunstancias – dice Wittgenstein –, un hombre no puede *equivocarse*"[23]; entonces no se trataría de un error o de una cuestión de opinión, sino que, con independencia de las dificultades que pueda haber para determinar cuáles sean estos casos, a quien se equivoca de ese modo "lo tomaríamos por loco"[24]. Puede decirse que el error tiene lugar dentro de la forma de vida (sería algo así como un desajuste interno), mientras que aquellas anomalías que nos llevan a pensar en la perturbación o la locura, nos enfrentan a otras formas de vida. La pertenencia a la forma de vida tiene que ver con el dominio de las reglas de uso del lenguaje o, en un sentido más amplio, de las convenciones vigentes en la comunidad. Cuándo un mal uso de las reglas constituye sólo un error o la exclusión de la forma de vida (a lo que antes me refería con la idea de perturbación) es de lo que aquí se trata. Kripke proporciona, partiendo de una actividad simple como la operación de la suma, un buen ejemplo para distinguir entre un, al menos aparente, intento de seguir la regla y la desviación absoluta de la misma:

"...nuestra comunidad actual es (a grandes rasgos) uniforme en sus prácticas con respecto a la adición. Todo individuo que sostenga que domina el concepto de adición será así juzgado por la comunidad si sus respuestas particulares concuerdan con las de la comunidad en un número suficiente de casos, especialmente en los simples (y si sus respuestas 'malas' no son muy seguido *extrañamente* malas (...), sino que parecen concordar con las nuestras en cuanto a *procedimiento*, inclusive cuando comete 'errores de cálculo'). Un individuo que pasa tales pruebas queda admitido en la comunidad como un sumador; un individuo que pasa tales pruebas en un número suficiente de otros casos queda admitido como un hablante normal del lenguaje y miembro de la comunidad (...) Quien de manera incorregible se desvía en numerosos respectos, sencillamente no puede participar en la vida de la comunidad ni en la comunicación"[25].

El error constituye precisamente un supuesto de mala aplicación de una regla en un supuesto concreto (de nuevo, al menos aparentemente, es posible descubrir, *a posteriori* que se trataba de otra regla, pero eso es indiferente a estos efectos), esto es, se ha seguido el procedimiento, pero no exitosamente; la exclusión o ausencia de reconocimiento deriva de que los usos lingüísticos del interlocutor nos resultan irreconocibles y no hay rastro de reglas que nos sean familiares. En casos extremos peligraría incluso la propia comunicación.

La constatación de usos anómalos de las reglas de una comunidad o forma de vida por parte de un individuo o grupo de individuos son la base del error o la perturbación. La cuestión es cómo reaccionan éstos, individual o colectivamente, ante la percepción de este tipo de anomalías como tales; aquí resultan esenciales las ideas de *corrección* y *reajuste* del sistema de creencias. El error constituiría una anomalía admitida, prevista, por nuestra imagen del mundo que no implica modificación o corrección de la misma, se trata, simplemente de aplicar bien las reglas o de modificarlas mínimamente. Otro tipo de anomalías, sin embargo, no son asumibles por el sistema porque el desajuste le afecta, siquiera potencialmente, íntegramente; el reconocimiento de estas anomalías, o mejor dicho, de la misma posibilidad de éstas implicaría una modificación en bloque, si no de la totalidad, sí de gran parte y, sobre todo, de una parte fundamental, del sistema. Por seguir un ejemplo de Wittgenstein, si alguien creyera que los automóviles surgen espontáneamente de la tierra, entonces

23 § 673 de *Sobre la certeza*, p. 89.
24 § 155 de *Sobre la certeza*, p. 23.
25 Kripke, S. *Wittgenstein: reglas y lenguaje privado*. Trad. Alejandro Tomasini Bassols. México. UNAM. 1989, p. 89.

"estaría dando crédito [potencialmente] *a todo* lo que consideramos que es imposible y podría oponerse a todo lo que tenemos por seguro"[26] o, al menos, no sabríamos realmente qué estaría dispuesta a admitir como evidencia y qué no; en definitiva, qué estaría dispuesta a creer y de qué dudaría[27] (puesto que me son ajenas las certezas en las que fundamentaría sus dudas). Y aquello que creo y aquello de lo que puedo dudar constituye mi imagen del mundo. "No todas las correcciones de nuestras opiniones están al mismo nivel"[28], dice Wittgenstein. Pero, más allá del error ¿a qué nos enfrentamos? ¿Cómo reaccionamos ante una anomalía imprevista (por imprevisible en nuestro sistema de referencia)? Aquí yace la cuestión de la modificación de nuestras creencias, que manifiesta una tensión entre el carácter dinámico de las imágenes del mundo y la posición fundamental de algunas proposiciones respecto de la totalidad del sistema, aquéllas respecto de las cuales no es posible el error. Wittgenstein imagina el proceso de evolución de la imagen del mundo como el fluir de un río:

"Sí, el margen del río es, en parte, de roca que no está sometida a ninguna alteración o que está sólo sometida a cambios imperceptibles, y, en parte, de arena que la corriente del agua arrastra y deposita en puntos diversos"[29].

Habría que diferenciar entre esta *evolución*, asimilable al proceso de sedimentación del río, y la *modificación* de la imagen del mundo:

"La mitología puede convertirse de nuevo en algo fluido, el lecho del río de los pensamientos puede desplazarse. Pero distingo entre la agitación del agua en el lecho del río y el desplazamiento de éste último, por mucho que no haya una distinción precisa ente una cosa y la otra"[30]

El desplazamiento del lecho del río, la alteración de la roca, en definitiva, la modificación de la imagen del mundo, se produciría, por lo general, de un modo apenas perceptible. Sin embargo, hay momentos de ruptura (la historia del mundo occidental proporciona algunos ejemplos) en los que la modificación de la imagen del mundo se torna traumática, desconcertante, y del mismo modo que no sé a qué atenerme cuando alguien cree que los automóviles surgen espontáneamente de la tierra, tampoco sabría qué hacer si hubiera de admitir que mi imagen del mundo no es correcta: "Este enunciado me parecía fundamental; si es falso, ¿qué debe ser ahora "verdadero" y "falso"?"[31], ¿en qué puedo confiar?. En la medida en que nuestras creencias forman un sistema en equilibrio, algunos cambios arrastran muchos otros cambios y nuestras certezas presentan un alto grado de resistencia a ser modificadas. Por eso, cuando algo parece contradecir nuestro conocimiento (lo que *sabemos*, aquello de lo que no dudamos), lo desplazamos al campo de lo ilusorio[32] o, en el mejor de los casos, del misterio, un lugar en el que quedan en suspenso algunas de nuestras creencias esenciales, que no es sino una forma de dilación del conflicto entre formas de vida. Pero, como se pregunta Wittgenstein: "¿No se manifiesta aquí que el saber está vinculado con una decisión?"[33]. Esto sugiere algo importante: el papel de la voluntad en la evolución de la imagen del mundo; la cuestión, entonces, no es si nuestras creencias, especialmente aquellas que se consideran fundamentales para nuestra imagen del mundo, aquellas que constituyen nuestra forma de vida como tal, son inmunes a la

26 § 279 de *Sobre la certeza*, p. 36.
27 §§ 231 y 282 de *Sobre la certeza*, pp. 30 y 36, respectivamente.
28 § 300 de *Sobre la certeza*, p. 38.
29 § 99 de *Sobre la certeza*, p. 15.
30 § 97 de *Sobre la certeza*, p. 15.
31 § 514 de *Sobre la certeza*, p. 67. En el mismo sentido §§ 515 y 672 de *Sobre la certeza*, pp. 67 y 89, respectivamente.
32 § 361 de *Sobre la certeza*, p. 47.
33 § 362 de *Sobre la certeza*, p. 47.

argumentación racional, sino el componente volitivo de toda creencia, incluidas las creencias morales. Pienso en el siguiente ejemplo:

"Vuelo desde aquí a una parte del mundo en la que los hombres tienen una vaga noticia sobre la posibilidad de volar o la ignoran del todo. Les digo que acabo de llegar volando desde... Me preguntan si no podría estar equivocado. -Es evidente que tienen una idea equivocada de cómo son las cosas. (Si me hubieran empaquetado en el interior de una caja, sería posible que estuviera equivocado sobre el medio de transporte.) Si me limito a decirles que no puedo estar equivocado, quizá no los convenciera; pero si les describo todo el proceso, se convencerán. Y entonces no preguntarán sobre la posibilidad de un *error.* Pero no obstante, pueden creer – por mucho que confíen en mí- que lo he soñado, o que un *encantamiento* me lo hace imaginar"[34].

Esto es, una vez descartado el error, queda, o bien admitir la explicación y con ello la posibilidad de volar – "¿y qué más?", podrían pensar los habitantes de ese remoto lugar a los que Wittgenstein intenta convencer –, o bien recurrir a alguno de los mecanismos de resistencia de las formas de vida, como pensar que lo ha soñado, que su pensamiento está regido por el encantamiento o, sencillamente, que está loco. Pero, si admitieran la explicación y todo lo que viene detrás (otra forma de vida, en definitiva), ¿qué tipo de corrección sería esa?; ¿podríamos decir que se trata de una modificación basada en razones? Ciertamente hay razones de por medio, pero "la justificación tiene un límite"[35], y este límite "no está en que ciertas proposiciones nos parezcan verdaderas de forma inmediata, como si fuera una especie de *ver* por nuestra parte; por el contrario, es nuestra *actuación* la que yace en el fondo del juego del lenguaje"[36], es decir, la forma de vida. Y ésta ya no es susceptible de justificación racional: "Si lo verdadero es lo que tiene fundamentos, el fundamento no es *verdadero*, ni tampoco falso"[37]; es necesario:

"Cualquier prueba, cualquier confirmación y refutación de una hipótesis, ya tiene lugar en el seno de un sistema [léase aquí *forma de vida*]. Y tal sistema no es un punto de partida más o menos arbitrario y dudoso de nuestros argumentos, sino que pertenece a la esencia de lo que denominamos argumentación. El sistema no es el punto de partida, sino el elemento vital de los argumentos"[38].

Así entendida, la forma de vida es condición de posibilidad de todo razonamiento. Estas afirmaciones, unidas a algunas otras a las que ya se ha hecho referencia, como por ejemplo aquella que mediante la metáfora de la fosilización hacía referencia a las creencias que proporcionan el núcleo duro de las imágenes del mundo, han dado lugar a interpretaciones de las ideas de Wittgenstein excesivamente estáticas o inmovilistas en las que se niega casi los procesos de aprendizaje históricos, individuales o colectivos. En este sentido, tiene razón Alexy cuando afirma que:

"Se debe diferenciar entre la observación de que tanto las fundamentaciones como la crítica no son posibles sin que se presuponga algo, y la tesis de que lo que se presupone, en última instancia, no es discutible (fundamentable y criticable). Lo último no se sigue de lo primero. Contra la posibilidad de que *todos* los presupuestos sean discutibles se puede objetar que, en la discusión de presupuestos, se deben establecer a su vez presupuestos, de manera que no es concebible una situación en la que todo sea fundamentado. Pero la tesis de la discutibilidad de todos los presupuestos no dice, sin embargo, que todo puede ser fundamentado *al mismo tiempo*, sino sólo que no hay ninguna proposición respecto de la cual haya que excluir que alguien aduzca un argumento en su favor o en su contra"[39].

Pero quizá no sea eso lo que pone en duda el argumento de las formas de vida; quizá no se esté negando la posibilidad de modificar cualquier creencia, sino que ello

34 § 671 de *Sobre la certeza*, p. 89.
35 § 192 de *Sobre la certeza*, p. 27.
36 § 204 de *Sobre la certeza*, p. 28.
37 § 205 de *Sobre la certeza*, p. 28.
38 § 105 de *Sobre la certeza*, p. 16.
39 Alexy, R. *Teoría de la argumentación jurídica*, p. 68.

obedezca a un proceso que podamos llamar racional. Es posible que en el curso de una argumentación nuestras creencias, también aquellas que consideramos fundamentales, se enfrenten a razones que nos son completamente ajenas cuya asunción supondría el abandono de muchas de nuestras convicciones actuales. Es posible, incluso, que modifiquemos esas creencias hasta el punto de poder hablar de una forma de vida diferente. El paso de una forma de vida a otra supone la modificación sustancial (¿o debería decirse *sustitución*?) del marco de referencia y, en fin, de los *fundamentos* y esquemas de justificación. Para Wittgenstein, el abandono de una forma de vida por otra, no es una cuestión de razón, sino de *persuasión*[40], de decisión. Al tiempo que condición de posibilidad, la forma de vida, constituye el límite de la convicción, de la modificación de creencias por razones.

La *irreductibilidad* e *inconmensurabilidad* de las formas de vida actúan como frontera del entendimiento sobre la base de razones entre miembros de distintas formas de vida. Sólo en el seno de una forma de vida es posible el acuerdo racional (al menos en un mismo sentido del término racional, porque sólo los miembros de una misma forma de vida comparten los mismos parámetros de racionalidad). Es concebible, no obstante, y dado el carácter fragmentario de la imagen del mundo, que, para alcanzar ese acuerdo, algunos de los miembros de la forma de vida – que sólo participan de un número determinado de fragmentos de la misma – tengan que renunciar a alguna de sus convicciones y lo hagan en función de los criterios de racionalidad vigentes en ese contexto, pero la modificación de nuestras creencias últimas y fundamentales, aquéllas que definen nuestra forma de vida como tal y la distinguen de otras, no es producto de la razón. Y así como la pertenencia a una comunidad de creencias compartidas, y entre ellas, qué deba entenderse por racional, es un hecho dado a los individuos, es decir, sustraído a su reflexividad, el salto de una forma de vida a otra es una cuestión de persuasión o decisión, no de argumentación racional.

3. Algunas consideraciones finales

Los dos planteamientos anteriores, en sus enormes diferencias, comparten una idea: el hecho de la adhesión en la argumentación no es por sí mismo criterio o síntoma de racionalidad y es preciso distinguir entre diferentes modos de alcanzar dicha adhesión. Hasta ahí las similitudes (no obstante, las diferencias no suponen contradicción, antes al contrario, ambos planteamientos son complementarios).

La distinción entre persuasión y convicción tiene en Perelman un sentido manifiestamente normativo y corresponde a una perspectiva externa o activa en el proceso de modificación de las creencias (contexto de justificación): en última instancia, la opción por la eficacia de la persuasión o la validez de la convicción encarnada en la adhesión del auditorio universal depende de la *intención* y de las acciones del orador, de si formula o no de un modo sincero una pretensión de corrección absoluta. Esto es, si se dirige efectivamente a un auditorio universal, que, por otra parte, no puede ser sino *su* auditorio universal. El planteamiento de Perelman, sin embargo, obvia algo que es objeto de controversia en el de Wittgenstein: la racionalidad del hecho mismo de la modificación de las creencias, independientemente de si el orador dispuso su argumentación hacia la persuasión o hacia la convicción. La idea de auditorio universal presupone algún tipo de universal racional (más allá del principio de contradicción): aquello que haría a cualquiera adherirse a la opinión del orador que se dirige a este auditorio. Sobre este presupuesto, y junto a determinadas condiciones

40 §§ 262 y 612 de *Sobre la certeza*, pp. 34 y 81, respectivamente.

en la argumentación (simetría en la participación y ausencia de coacción), es posible construir el discurso orientado a la convicción. Pero, ¿convence todo discurso orientado a la convicción? La pregunta no se formula desde la perspectiva de la eficacia, sino desde un punto de vista estipulativo a definicional. La cuestión es si esta dimensión externa, referida a las intenciones del orador a partir del contrafáctico del auditorio universal y, de un modo indirecto, a las condiciones en que se desarrollan las argumentaciones, agota la idea de que nuestras creencias pueden ser modificadas de maneras diversas y, con ello, ser tenidas por más o menos racionales e, incluso, legítimas desde un punto de vista de la legitimidad racional.

El sentido de la distinción en Wittgenstein intenta dar una respuesta negativa a la pregunta anterior. Convencer o persuadir no es algo que dependa únicamente de aspectos externos a la argumentación, sino que depende también de la génesis y estructura de nuestros sistemas de creencias. En realidad, la distinción entre convencer y persuadir no se refiere a la imposibilidad empírica de un diálogo intercultural o de acuerdos universales, ni siquiera, como puede parecer en un principio, a explicar el porqué de un desacuerdo, sino que determina a qué debamos llamar racional, en relación con los distintos procesos internos de razonamiento, correspondientes a distintas modificaciones de creencias y sus efectos en la totalidad del sistema o, al menos, en aquella parte del sistema explícitamente involucrada en la tranformación. Afirmar que la diferencia entre persuadir y convencer es cuantitativa, de grado, y no cualitativa, quizá no haga justicia a algunos giros o modificaciones en los sistemas de creencias que tienen lugar con el abandono de los fundamentos del sistema, pero se trata, en fin, de una cuestión de palabras. Sea de grado o estructural, lo que parece diferenciar la persuasión de la convicción es la intervención de la voluntad en el proceso de razonamiento. La convicción, sin que pueda asimilarse a la demostración, remite a la idea de consistencia como coherencia, es una cuestión, por así decirlo, de encaje en el sistema; la persuasión tiene que ver con la necesidad, en última instancia, de un decidirse por un marco de justificación de un modo incondicional; y en esto se asemeja a un acto de fe.

Pero ¿en qué sentido es relevante esta distinción en una teoría de la argumentación? La proyección de este planteamiento en un modelo normativo de argumentación (Aarnio) plantea serios problemas que aquí sólo mencionare: de un lado, la identificación de los límites de las formas de vida como sistemas estáticos de creencias; de otro, la paradoja de la condición de posibilidad del argumento de las formas de vida (o cómo determinar cuándo dos auditorios constituyen formas de vida distintas si no es estableciendo desde un nivel superior que con un mismo criterio de racionalidad se consideran racionales normas contradictorias).

Llegados a un punto, sólo tenemos una definición. Las definiciones no son verdaderas o falsas, sino más o menos adecuadas en relación con los estados de cosas a los que nos acercan, esto es, más o menos adecuadas para comprender el mundo. Y en asuntos tan complejos como los procesos mentales de modificación y reordenación de nuestras creencias resulta difícil en extremo configurar un mapa conceptual convincente y definitivo. Si algo parecido a un proceso de globalización y homogeneización cultural tiene lugar, es posible que, al final del mismo, la distinción de Wittgenstein pierda sentido, pero quizá sea el hecho de que da cuenta del mismo lo que la hace interesante para comprenderlo.

Peng-Hsiang Wang, Taipei*

Coherence and Revision – Critical Remarks on the Günther-Alexy -Debate

The aim of this paper is to propose a critical solution to the debate between Klaus Günther and Robert Alexy about the distinction between the justification and the application of norms. One of the main issues in this debate is whether a modified norm serving for the production of an ideal coherent system among the colliding norms has to be justified. This question, in my view, cannot be satisfactorily answered without a clarification of the concept of coherence and its significance for justification of norms. In this paper I will argue that the resolution of norm collision in a certain application situation can be reconstructed as a process of revising an incoherent set of norms to a coherent one. By way of this reconstruction, it can be shown that the modified norm, as Günther claims, is already contained in the resultant coherent set; however, achieving a coherent set of norms is still a procedure of justification. Therefore, the resolution of norm collisions in a certain application situation cannot avoid the problem of justification.

1. The Günther-Alexy-Debate on Justification and Application of Norms

The foundation of Klaus Günther's theory of practical discourse is the distinction between the justification and the application of a norm. According to Günther, the justification of a norm is concerned with its validity, and only its validity. The validity of a norm is justified if all participants could agree with it in a discourse determined by freedom and equality[1]. The application of a norm, by contrast, is concerned only with its appropriateness in a concrete situation. The appropriateness of a norm is determined with regard to all features of a certain situation and all norms which might be applied to this situation[2]. The validity of a norm, however, can be justified only on the basis of limited knowledge and time; it is impossible in a justification discourse to consider all relevant features of every possible situation in advance. The consideration of relevant differences between possible application situations is artificially excluded in the justification discourse and shifted to the application discourse. The justification discourse is therefore situation-independent and limited to justifying prima facie norms only[3]. Prima facie norms are defined by Günther as norms which are only applicable in circumstances being equal in each situation. The prima facie character of a valid norm consists in the fact that its application to a certain situation could be inappropriate. In every situation there might be several valid norms which are prima facie applicable, but only one norm which is appropriate[4]. From this situation-independent character Günther draws the consequence that norm collisions cannot be the subject of a justification discourse, because valid norms collide with each other only in a concrete

* Assistant Research Fellow at the Institutum Iurisprudentiae, Academia Sinica, Taiwan. I am indebted to Carsten Bäcker for his valuable comments on the draft of this paper. I should like also to thank Mr. Kent Suarez for editing the English manuscript.

1 Klaus Günther, *Der Sinn für Angemessenheit,* Frankfurt a. M. 1988, 53 ff.

2 Günther (n. 1), 271, 298

3 Klaus Günther, A Normative Conception of Coherence for a Discursive Theory of Justification, *Ratio Juris* 2 (1989), 156 ff.

4 Günther, (n. 3), 159 f.

situation, and a justification discourse by definition must abstract this situation-dependent problem from its scope[5]. According to Günther, the problem of norm collisions is not concerned with the validity, but rather with the appropriateness of the colliding norms. Although the validity of prima facie applicable norms is presupposed in an application discourse, it does not determine which one of the colliding norms should be regarded as appropriate in a certain situation of application[6]. This question is to be answered by employing the criterion of coherence, which Günther formulated as follows:

"A Norm *Nx* is appropriate in the situation *Sx* if it is compatible with all the other semantic variants *NBn* and all the norms applicable in *Sx*, and if the validity of each semantic variant and each norm could be justified in a justification discourse ." [7]

The criterion of coherence concerns not the justification, but only the appropriateness of an applicable norm. It says the application of a norm in a certain situation is appropriate if it is compatible with all the other norms applicable to this situation as well as their interpretations. The discourse of application turns into a discourse of coherence. To illustrate the construction of a coherent relation among colliding norms in a certain application situation, Günther used a school case[8], in which *a* has promised Smith to attend his party, but hears that his friend Jones has fallen ill and needs his help, before he can fulfill his promise. Help can only be given at the time when the party takes place. In this situation, which shall be called "*S*", there are two prima facie applicable norms, which can be roughly formulated as:

N_1: A promise must be kept.

N_2: Friends in an emergency must be helped.

Assume the validity of N_1 and N_2 has been justified in a justification discourse. It can be easily seen that the application of both norms to the situation S leads to a collision. Since neither norm can be regarded as invalid, this norm collision has to be resolved, according to Günther, through a *coherent interpretation*. To construct a coherent set of valid norms, it must be shown under which conditions the colliding norms N_1 and N_2 will be compatible with each other. These conditions will be given by establishing priority-relations between colliding norms[9]. If the application of N_2 is regarded as appropriate, then the result of the coherent interpretation can be formulated in the following norm:

N_3: One ought to break a negligible promise in order to help friends in an emergency.

N_3 provides the only appropriate justification of the singular norm "*a* ought to help his friend Jones". Furthermore, Günther stresses that producing coherence through new interpretations of situations leads to "change, modification, revision" of the "semantic content" of valid norms[10]:

"If every valid norm requires a coherent completion with all the other norms which can be applied prima facie to the situation, then the meaning of the norm is changing in every situation." [11]

The coherent interpretation N_1 can be modified on account of the coherence interpretation as follows:

5 Günther (n. 1), 300
6 Günther (n. 1), 306; (n. 3), 163
7 Günther (n. 1), 304.
8 Günther (n. 1), 306; (n. 3), 162
9 Günther (n. 1), 162 f.
10 Günther (n. 1), 95
11 Günther (n. 3), 163

N_k: Someone who has promised to do something has an obligation to do it except if he hears that a friend is in an emergency and needs help.

Now it is in question whether the resulting norms of a coherent interpretation such as N_k or N_3 need to be justified. Günther is aware that a coherent interpretation without construction of new norms or revision of the existing norms is not possible. Nevertheless, he denied that the norms which serve for the production of an ideal coherent system among colliding norms have to be justified in a discourse of justification, because such norms, according to Günther, are already contained in the set of valid norms:

"The interpretation moves along the lines and within the boundaries of the meaning of the norms and principles commonly accepted as valid. ....Within those boundaries we strive for an ideal coherent system among the colliding norms. All newly constructed norms which serve the purpose of producing support relations within this ideal system still belong to the set of norms commonly accepted as valid."[12]

Exactly at this point Robert Alexy raises his objection. Alexy's criticism begins with a reconstruction of the application of norms in the above school case. According to Alexy, the application of N_1 and N_2 to S has the following structure [13]

(I) (1) Someone who has promised to do something has an obligation to do it.(N_1)
(2) a has promised to attend Smith's party
(3) a has an obligation to go to Smith's party.

(II) (1) Someone who hears that a friend is in an emergency and needs help, has an obligation to help this friend.(N_2)
(2) a has heard that his friend Jones is in an emergency and needs help.
(3) a has an obligation to help Jones.

Alexy formulated the logical structure of (I) in the following manner:

(I) (1) $(x)\,(T_1x \rightarrow OR_1x)$ (N_1)
(2) T_1a
(3) OR_1a

(1) represents the structure of N_1 as a universal norm. "T_1" represents "has promised to do h", "R_1" represents "does h", "O" is the deontic operator "it is obligatory that...". The logical structure of (II) is formulated by Alexy in a similar way:

(II) (1) $(x)\,(T_2x \rightarrow OR_2x)$ (N_2)
(2) T_2a
(3) OR_2a

In Alexy's view the application of norms only differs from the justification of norms insofar as its subject of justification is not a universal but an individual norm such as OR_1a or OR_2a[14]. The more serious problem arises from the fact the application of N_1 and N_2 to the situation S with the features T_1 and T_2 results in two individual norms which cannot both be fulfilled. This collision, as mentioned above, can be resolved by modifying N_1. Alexy formulates the logical structure of the modified norm N_k as follows:

N_k: $(x)\,(T_1x \wedge \neg T_2x \rightarrow OR_1x)$.

N_k is compatible with N_2. Now both norms can be applied to the situation S without coming into conflict.

After this logical reconstruction Alexy asks whether the resolution of norm collision in such a way can really avoid the problem of justification – in other words – whether the modified norm N_k really does not need to be justified in a justification discourse. For Günther the justification of the modified norm is not necessary, because, as men-

12 Klaus Günther, Ein normativer Begriff der Kohärenz für eine Theorie der juristischen Argumentation, *Rechtstheorie* 20 (1989), 181

13 Robert Alexy, Justification and Application of Norms, *Ratio Juris* 6 (1993), 161

14 Alexy (n. 13), 162

tioned above, a norm such as N_k which serves for the production of an ideal coherent system among N_1 and N_2 still belongs to the set of norms commonly accepted as valid and thereby does not need to be justified again. However, Alexy thinks this thesis is wrong. According to Alexy, N_k shows "an additional normative content" in relation to N_1 and N_2. N_k is not contained in N_1 and N_2 because it does not follow from N_1 and N_2. Only with a further premise could N_k belong to the norms already accepted as valid[15]. Günther offers such a further premise with the idea of an ideal coherent system, but the idea of coherence, as Alexy supposes, refers to "the procedure of justification in a system".[16] If producing coherence is a procedure of justification, then the task of justifying the modified norm N_k in a discourse of justification will be unavoidable.

Whether and to what extent Alexy's criticism is justifiable cannot be satisfactorily answered without a detailed analysis of the notion of coherence and its significance for the justification of norms. In the following I will begin with explicating Günther's idea of coherence, then explain the connection between coherence and justification.

2. The Criteria of Coherence

In a recent work about coherence and legal interpretation Susanne Bracker summarizes the concept of coherence into three criteria: (1) consistency, (2) comprehensiveness, and (3) positive connection[17]. A set of sentences is accordingly coherent if it is consistent, comprehensive, and its elements connect with each other in a positive way. With help of Bracker's analysis, Günther's conception of coherence also consists of these three elements[18]:

(1) The criterion of consistency requires that a coherent set of sentences must not include any contradictions. This demand can be easily found in Günther's claim that the appropriateness of a norm in a certain situation depends on its compatibility with other applicable norms and their interpretations.

(2) The criterion of comprehensiveness requires that a coherent set of sentences should comprise as many relevant elements as possible. This requirement can also be found in Günther's demand that an appropriate norm must be compatible with *all* the other norms that are also applicable to a certain situation. To find out which norms are applicable, one has to take *all* relevant features of the situation into account. Hence the criterion of comprehensiveness in Günther's theory requires that in a situation of application one has to take all possibly applicable norms and all relevant aspects of this situation into consideration[19]. An additional element which Bracker classified into the requirement of comprehensiveness is the deductive or inferential closure[20]. A set of sentences is deductively closed if it includes its own logical consequences. In Günther's theory it is unclear whether the logical consequences of all applicable norms should be also accepted as valid or not. This question has a great significance for clarifying the debate between Günther and Alexy and I will come back to this point soon.

15 Alexy (n. 13), 165
16 ibid. For Alexy's conception of coherence see Robert Alexy and Aleksander Peczenik, The Concept of Coherence and its Significance for Discursive Rationality, *Ratio Juris* 3 (1990), 130 ff.
17 Susanne Bracker, *Kohärenz und juristische Interpretation*, Baden-Baden 2000, 171 ff. Bracker's idea is based mainly on Rescher's coherence theory of truth, see Nicholas Rescher, *The Coherence Theory of Truth*, Oxford 1973.
18 Bracker (n. 17), 102
19 Günther (n. 1), 29 f.
20 Bracker (n. 17), 171 f.

(3) The third criterion of coherence, the positive connection, can be clearly seen in Günther's search for an "implicit theory which establishes an internal context of justification for the otherwise disordered valid norms of a form of life"[21]. Günther tries to get hold of this by employing "paradigms" which put an unordered set of valid norms into a transitively ordered one. The paradigms consist of prima facie priorities offering appropriate solutions to the typical and expectable cases of collisions. Nevertheless, in an unexpected case with a different constellation of features, the existing paradigms could be challenged and new concrete priority-relations between colliding norms would be established[22]. Finally, the positive connection in Günther's model of coherence can be formulated as follows: The elements of a coherent set of norms are connected with each other if definitive priority relations or prima facie priority orders are established between them.[23]

From Günther's statements we may infer that the criteria of coherence are applied to "the set of norms commonly accepted as valid". In order to be comprehensive, this set must contain all those norms relevant for the case to be decided, as far as their validity is not questioned by the participants in the justification discourse. This comprehensive set, for the sake of simplicity, can be regarded as a set of norm-sentences expressing valid norms. With regard to the deductive closure we can further distinguish between *explicitly* and *implicitly* accepted norm-sentences. A norm-sentence is explicitly accepted if and only if it belongs to the set of the relevant norm-sentences. On the contrary, a norm-sentence is implicitly accepted if and only if it does not belong to the explicitly accepted norm-sentences, but follows logically from them. Let us consider the set $H = \{N_1, N_2\}$. Though H contains all relevant norm-sentences in the situation S, it includes only explicit norm-sentences because it is not deductively closed. We use the symbol $Cn(H)$ to denote the set of all sentences following logically from H, i.e. the set of all logical consequences of H[24]. A norm-sentence is implicitly accepted in respect of H if and only if it is included not in H, but in $Cn(H)$.

The first key to resolving the Günther-Alexy controversy is to clarify the question: in which manner shall "the set of norms commonly accepted as valid" be understood? If this set were viewed as H, i.e. the set of explicitly accepted norms, then Alexy's objection to Günther's thesis would be correct in the following way: Günther claims that a modified norm such as N_k already belongs to the set of norms commonly accepted as valid, but N_k is obviously not included in H. Nevertheless, it must be noticed that, contrary to Alexy's claim, N_k does follow logically from N_1. For this is the following justification: "$(x)\,(T_1x \rightarrow OR_1x)$" ($N_1$) is logically equivalent with the conjunction "$(x)\,(T_1x \wedge T_2x \rightarrow OR_1x) \wedge (x)\,(T_1x \wedge \neg T_2x \rightarrow OR_1x)$". Hence "$(x)\,(T_1x \wedge T_2x \rightarrow OR_1x)$" as well as "$(x)\,(T_1x \wedge \neg T_2x \rightarrow OR_1x)$"($N_k$) is deducible from N_1. If the set of norms commonly accepted as valid, on the contrary, were understood as the deductively closed set $Cn(H)$, then Alexy's objection would be untenable in this respect, that N_k as a logical consequence of N_1 is included in $Cn(H)$. Günther's thesis would be correct if he had assumed that N_k was already implicitly accepted in H. However, it is doubtful whether this way of regarding N_k as a member of the set of valid norms implies that the norm revised for the solution of a norm-collision does not need to be justified. This question, again, cannot be answered without an explication of the notion of justification. The second key to resolving the debate between Günther and Alexy is hence to clarify the connection between justification and revision.

21 Günther (n. 1), 307

22 Günther (n. 3), 163 f.; (n. 12), 182 f.

23 For this interpretation of positive connections in Günther's conception of coherence see Bracker (n. 17), 102

24 Since every sentence follows from itself, H is a subset of $Cn(H)$. Hence $Cn(H)$ includes not only implicitly, but also explicitly accepted sentences.

3. Justification and Revision

The concept of justification of norms is understood by Günther in a very special way. According to Günther, the impartial justification of valid norms is identified by means of a "universal-reciprocal consideration of everyone's interest". A norm would be justified in this sense if everybody could accept it because of the stated reason. A norm justified in the justification discourse is therefore universalizable[25]. For Günther's conception of justification the question "which universal norm is correct?" is constitutive. For the application discourse, on the other hand, the question "what is the correct solution in a certain situation?" is decisive. The impartiality of a norm-application consists in not suppressing any feature or any norm which might be alternatively applied. In Günther's opinion the justification of norms necessarily lacks the dimension of application, so that producing coherence in the application discourse is ignored in the universal-reciprocal justification of norms[26].

The concept of justification proposed by Alexy is more comprehensive than Günther's. Alexy employs a semantic-syntactic conception of justification, according to which "a statement p justifies the statement q if and only if q follows logically from p alone or from p together with additional premises". Besides this semantic-syntactic dimension, Alexy characterizes the pragmatic dimension of justification as an "activity which aims at convincing the auditorium of the justifiability and thus the rightness of a claim."[27] Alexy distinguishes further two aspects of legal justification: the internal justification, which concerns the deduction of an individual norm from a universal norm together with the fact-description and other premises (e.g. the semantic interpretations of the concepts contained in the universal norm), and the external justification, which concerns the justification of the premises used in an internal justification[28]. Through this distinction between the internal and external justification, it becomes apparent that the justification of norms in Günther's sense is restricted to justifying the rightness of the universal norms which are used as premises in a deductive justification. Beyond the logical deduction there is another important requirement for the internal justification: the set of premises in a deductive justification must be consistent. The elements of an inconsistent set of sentences cannot be all true or correct; among them there must be at least one which is false. But a necessary condition for a successful internal justification is that all premise uses in the deduction must be true or correct. Otherwise, we could not know whether the conclusion deduced from them is true (correct) or not. Moreover, because of *ex falso quodlibet* one can infer any sentence at all from an inconsistent set so that the justified sentences cannot be distinguished from those unjustified. An inconsistent set of sentences, therefore, cannot be used as an adequate set of premises in an internal justification because it cannot ensure the truth or correctness of its own consequences. To maintain consistency, an inconsistent set of premises must be revised to a consistent one from which only correct or true conclusions follow. Revision is thus a process of selecting the true or correct elements from an inconsistent set of premises and takes place within the context of external justification. In the previous example, two individual norms "OR_1a" and "OR_2a" are deducible from the whole premises, but they are incompatible with each other and cannot be both regarded as the correct solution to the situation S. So the set of premises $H \cup \{T_1a \wedge$

25 Günther (n. 1), 56; (n. 3), 156

26 Günther (n. 1), 207, 305 f.

27 Robert Alexy, Argumentation, Argumentationstheorie, *Ergänzbares Lexikon des Rechts* 1987, 1

28 Robert Alexy, *Theorie der juristischen Argumentation*, 4. Aufl., Frankfurt a. M. 2001, 273 ff. The above schemata (I) and (II) represent the logical structure of the internal justification respectively.

T_2a} needs to be revised. If there is no doubt about the truth of the fact-description, i.e. $T_1a \wedge T_2a$, then only the set of universal norms H is to be considered as the object of revision. In the following I will show that the revision, if its object is a deductively closed set of sentences such as $Cn(H)$, can be understood as a process of applying the criteria of coherence. This construction also offers a solution to the problem of whether the modified norm N_k, which follows logically from N_1 and is thereby implicitly accepted in the set of relevant valid norms, needs to be justified.

4. Achieving Coherence as a Procedure of Justification

The deductively closed set $Cn(H)$, to which the criteria of coherence are applied, is consistent in itself because its base $H = \{N_1, N_2\}$ is consistent. The need for revision arises only from the fact that the expansion of $Cn(H)$ by adding the fact-description, which is noted as $S (= T_1a \wedge T_2a)$ for the sake of simplicity, results in inconsistency. The collision or incoherence of valid norms, as Günther correctly points out, is mostly situation-dependent.

The revision of $Cn(H)$ has the aim of being consistent with S. In order to avoid inconsistency with S, we have to delete enough elements from $Cn(H)$. In our example it is not sufficient to give up N_1 only. As a logical consequence of N the norm-sentence "$(x)(T_1x \wedge T_2x \rightarrow OR_1x)$" must be removed from $Cn(H)$ as well, because it and other retained sentences together are still inconsistent with S[29]. Nevertheless, not every consistence-preserving revision can be regarded as coherent. The consistency with S can be also achieved by giving up the whole set $Cn(H)$, and thereby also the appropriate norms N_k and N_2. An extreme result as such, however, is incoherent because the criterion of comprehensiveness requires that a coherent set shall contain as many as possible of the relevant valid norms, as long as they are compatible with each other. According to this, the criterion of comprehensiveness is transformed into the criterion of maximality, which requires that the revision shall remove as few elements from $Cn(H)$ as possible. If the demands for consistency and maximality are strictly satisfied, then the result of revision will be a maximal subset of $Cn(H)$ consistent with S. A subset M of $Cn(H)$ is maximally consistent with S if and only if M includes as many elements of $Cn(H)$ as possible, such that no further element in $Cn(H)$ can be added to M without generating inconsistency with S. Usually there are not only one, but several such subsets. In the previous example there are at least two alternative subsets maximally consistent with S: one contains N_1, but not N_2; the other one contains N_2, but not N_1. At this point the criterion of positive connection comes into effect. In Günther's model of coherence, the positive connection will be established through the priority-relations between colliding norms. Unlike Günther, the priority-relations are now established not between the elements in $Cn(H)$, but between the maximal consistent subsets of $Cn(H)$. By means of such preference-relations, some of the maximal subsets consistent with S are regarded as "better" than the others. The result of revision will be identified as the intersection of the best maximal subsets, and can be called the "coherent" set of valid norms[30].

29 N_1 follows from "$(x)(T_1x \wedge T_2x \rightarrow OR_1x)$" together with N_k, which is implicitly accepted in Cn (H). Hence N_1 is not really removed if "$(x)(T_1x \wedge T_2x \rightarrow OR_1x)$" is still retained.

30 Such construction is called "partial meet contraction" in the literature of belief revision (cf. Peter Gärdenfors, *Knowledge in Flux*, Cambridge (Mass.) 1988, 80 ff.). For a similar construction see Rescher (n. 17), 80 ff.

Now the connection between coherence and justification of norms is disclosed. We can say in the case S a norm-sentence of $Cn(H)$ is externally justified if and only if it belongs to the result of revision. Because some elements accepted in $Cn(H)$ could be deleted in the process of revision, the acceptance of a sentence in $Cn(H)$ does not ensure that it is already included in the result of revision. Following Günther's usage we may call a norm accepted in $Cn(H)$ "prima facie valid" or "prima facie justified". A prima facie norm becomes definitively valid or justified only if it has withstood the revision. Therefore, the process of revision brings not only the coherent set of valid norms, but also the set of definitively justified norms to light. Although the revision can be seen as a process of achieving coherence and, as Günther thinks, always takes place on the occasion of a concrete situation, it is still a procedure of justification that aims to pick out the true or correct sentences from the initial set $Cn(H)$. Contrary to Günther's thesis, the production of coherence concerns not only the appropriate solution in a certain situation, but also the correctness of universal norms.

After this construction we can answer the question of whether the norm modified for the solution of a collision needs to be justified. Even if the set of norms commonly accepted as valid can be understood as the set $Cn(H)$, the fact that N_k is contained in $Cn(H)$ does not mean it is therefore justified. Because $Cn(H)$, which represents the set of prima facie-valid norms is not identical with the set of definitively justified norms. The latter is rather a proper subset of the former one. N_k will be regarded as definitively justified only if it is included in the result of revision, i.e. in all the best subsets maximally consistent with S. It is not difficult to find out that a maximal subset including N_2 must also contain N_k, but not N_1 or its logical consequences, because N_k and N_2 are compatible in the circumstances S, i.e. N_k and N_2 together with S do not lead to contradiction. If those maximal subsets containing N_2 should be preferred, then N_k will be qualified as definitively justified because it belongs to every preferred subset containing N_2. Certainly one could claim that the set of norms commonly accepted as valid could be understood in a third way now: it could be understood as the set of definitively valid or justified norms, i.e. the coherent subset of $Cn(H)$ obtained by revision. This, however, cannot avoid the problem of justification of N_k. Which maximal subsets are preferred is determined by a preference relation. The determination of this preference relation, for its part, needs to be justified. Hence it needs to be justified why those subsets containing N_2 should be regarded as better or preferable than those containing N_1. As an element alone, N_k is not the direct subject of this justification, but the selection of the preferred subsets, which is based on a certain preference-relation, needs a justification. This is the reason why the modified norms such as N_k can and must be justified. As Alexy correctly points out, the determination of the preference relation cannot be adequately justified without the aid of additional premises. This justification is often grounded in preference criteria, which go beyond the criteria of coherence and generate reasons for or against a certain selection or preference[31]. If they collide with each other, it must be again determined and justified (on the meta-level) which of them are decisive in the situation in question. Thus the justification of norms is inevitable for the resolution of norm collisions.

31 For these preference-criteria in the coherence model of legal interpretation see Bracker (n. 17), 231 ff.

Maurizio Manzin, Trento[1]

Justice, Argumentation and Truth in Legal Reasoning. In Memory of Enrico Opocher (1914–2004)

Abstract

Enrico Opocher, one of the most important Italian legal philosophers in the last century, died on March 3, 2004. For almost four decades, he was Director of the prestigious Insitute of Philosophy of Law and Comparative Law in the University of Padua. Together with Norberto Bobbio, Sergio Cotta, Uberto Scarpelli and few others, he represented a generation as well as a season of deep renewal in Italian philosophy of law and politics. In the legal thought of the postwar period, Opocher became the point of reference for all those who neither wanted to join the old tradition (substantially neo-scholastic) of natural law thinking, nor believed in Kelsen's triumphant legalistic normativism.

My contribution is devoted to focusing on that part of Opocher's thought in which the Paduan philosopher defines "justice" as "a value which makes the law count" (in the sense of its "duration") and puts this peculiar concept of justice in contact with the problem of the verification of truth in trials and lawsuits. My thesis comes from the analysis of the Opocher's conception of "judicial truth" as a truth obtained by reflecting facts which are relevant to norms. In the course of my analysis, I criticize all interpretations which reduce judicial truth-seeking to the empirical method. My aim is to move it from the level of mere factual description to the one of "logical demonstration according to the circumstances". This movement from the descriptive *niveau* to the argumentative one, will be justified through the adoption of the perspective of classical rhethoric, based on Aristotle and Cicero, which shows how judicial truth – intended in the sense of enthymematic demonstration – was much more coherent with the very idea of Opocher's conception of justice.

Enrico Opocher was born in Treviso on 19 February 1914. After being encouraged to take up legal studies by his father, he soon discovered a passion for the philosophy of law. He graduated in 1935 and became assistant to Adolfo Ravà, the leading Italian exponent of neo-Kantianism at a time of rampant neo-Hegelianism. He remained close to Ravà for the rest of his life, sharing his shock and pain at being expelled from the university under the racial laws enacted in 1938. Strongly influenced by the thought of Henri Bergson and by the Christian "positive existentialism" of Giuseppe Capograssi (as opposed to the "negative" existentialism of Heidegger and Sartre)[2], he became a lecturer in 1941. In those years he met Norberto Bobbio when he was appointed director of the Institute of Philosophy of Law at Padua and became his lifelong friend, although he did not share his legal-philosophical doctrines. Between 1943 and 1945 Opocher was a member of the *Giustizia e Libertà* anti-fascist movement and joined the Resistance in Veneto. He was appointed full professor in 1948, and thereafter taught interruptedly at Padua University"s Faculty of Law for the next forty years. He lectured (also at the nearby Faculty of Political Science) in philosophy of law, history of political doctrines, and theory of the state. He directed the Institute of Philosophy of Law from 1948 to 1984 and was Dean of the Faculty of Law from 1955 to 1959 and Rector of the University from 1969 to 1972, suffering a dramatic extremist bomb attack on his office on 15 April 1969. Between 1976 and 1983 he was President of the *Società Italiana di Filosofia Giuridica e Politica* (Italian section of the IVR). Made professor emeritus in 1989, he directed the Philosophy of Law PhD programme at Padua during its early years (I was a student on the course and knew Opocher per-

1 Full Professor of Legal Philosophy, University of Trento (Italy). Director of the Research Centre on Legal Methodology (CeRMeG), Department of Legal Sciences, Trento.

2 See Enrico Opocher, *Lezioni di filosofia del diritto*, 223–237 (1983).

sonally between 1986 and 1989). He died on 3 March 2004 in Padua and rests in the cemetery of his native Vittorio Veneto[3].

Amid Italy's material and psychological reconstruction following the tragedy of World War II, Enrico Opocher represented – together with Norberto Bobbio, Sergio Cotta and Uberto Scarpelli – the generation of scholars that profoundly renewed Italian legal and political philosophy, which hitherto had been essentially neo-idealist (with some rare and important exceptions). Opocher took up a rigorously "non-organic" position in the polarization between a Marxist-oriented political left and a centrism of Christian-social inspiration. He remained extraneous to partisan polemics and defended the autonomy of philosophy against the militancy of political factions. During the fierce conflict of the Cold War years, Opocher's moderation (all the more human and psychological than cultural and philosophical) created a space of freedom between the advocates of an authoritarian political system modelled on the Soviet Union and those who instead proposed a return to a personalist or neo-Thomist Christian philosophy.

As regards philosophy of law, Opocher expressed his non-alignment in a legal theory highly critical of Kelsen's formalism (also in Bobbio's interpretation of it) as well as Scandinavian and North American realism; on the other hand its content and method were closely influenced by Giuseppe Capograssi's existentialism and his conception of freedom as value. It also took from Capograssi the crucial notion of "legal experience" as a set of phenomena (including legal norms) which organize themselves around the judicial process – the true fulcrum of the law.

Opocher's central years of teaching and research were devoted to analysis of the concept of "value" in relation to law. He rejected all value's "immanentist" interpretations (like empiricism or historicism) as well as those founded on an ideology (Marx) or a religious faith. He dismissed all these as dogmatic. He sought to justify the axiological nature of law in a way that was both *theoretical* without lapsing into formalism, and *practical* without lapsing into the "ethic of the fait accompli" or utilitarian pragmatism[4].

In all these interpretations of value, an underlying and sometimes undeclared act of subjetive will chooses the supreme value (natural law's philosophies) or a catalogue of historically-affirmed values ("immanentist" doctrines) from which a set of rules and norms can be deduced. The choice, however, is always within the power of the individual or collective will alone – unless it is justified by criteria which themselves are the fruit of choices and postpone the justification *ad infinitum*.

According to Opocher, these conceptions inevitably give rise to a law which, because the grounds for its choices cannot be ascertained, is reduced to a "technique of social control", to being the mere instrument of the dominant power[5].

In modern theories of positive law, this reduction of *law* to *power* is shown by the concealment of the processes by which reference values are selected. This concealment is made possible by the notion of "metalegal" (i.e. extra-legal, *non*-legal). According to the "panlegalists" who reduce all juridical action to the written law, because these processes are extra-legal (ethical, political, economic, etc.), they cannot be regarded as 'measures' of the law. The latter can instead only be 'measured' in terms of the logical or formal coherence of the norms that make up the legal order, or in terms of its efficacy in producing (or abating) particular subjective behaviours.

3 Opocher's biographical references are based upon information from Istituto Veneto di Scienze, Lettere ed Arti (http://www.istitutoveneto.it/iv/presentazione/opocher_pag.htm). I was also helped by some papers read at the meeting *Omaggio ad un maestro. Ricordo di Enrico Opocher*, University of Padua, April 18, 2005.

4 *Lezioni*, exp. 274–281 (1983).

5 *Lezioni*, 268 (1983).

Opocher opposes this formalist or realist account with a different theory of value which rejects any absolute foundation. But in doing so, it does not dismiss the problem of the foundation as "meaningless" (in Wittgenstein's sense)[6]. Existence as every subject's participation in Being is primarily expressed in the question about the meaning of events. This is a question which concerns the (absolute) totality that forms in the time and space of (relative) existence. It therefore connects the absolute to the relative, the indefinite to the finite, in the mode of *interrogation* and *problematization*, not in the dogmatic one of a subjective assertion which claims to be objective.

Opocher writes that "values always resolve themselves into the attribution of a series of meanings to existence". Value is therefore the free response to a question concerning the meaning of a particular situation. This happens, Opocher says, because of the "structure" itself of existence, which, by means of a process of "objectivization", retrieves existence from the "nothingness" produced by the void of sense and – as Heidegger would put it – "hacks" it out of the mysterious depths of Being[7]. Hence, value is that which in individual existence "makes experience count" by conferring it with a "duration" (in the sense with which that term is used by a philosophical tradition of Augustinian origin which Opocher adopts from Bergson and Capograssi)[8].

Also legal experience has its value, which consists in "asserting the worth" of a series of extra-legal contents which are essentially the "ends" on the basis of which legislator establishes norms, people entrust themselves to the law, and the courts apply it[9]. However, "whilst the other values of practical experience are so to speak 'pragmatic', the law assumes a conceptual definition of the ends of action and therefore introduces a theoretical factor into practical experience"[10]. Achievement of these (pragmatic) ends through the objectification of (theoretical) legal science is the proper value of law, which Opocher, reflecting upon a long historical tradition, analyses under the different perpectives of justice[11].

This is therefore not the justice conceived by the various philosophies of natural law. Rather, it is the ability of the law to confer sense and duration on the concrete situations that arise in experience.

This sense, writes Opocher, consists a set of "conformities": with the positive law ("legal" justice), with the ends deemed desirable by the political community ("ideological" justice), and – "predominant" with respect to the others – with the truth. "Predominant" because in Opocher's anti-normativist theory the centre of gravity of legal experience is the trial or lawsuit[12].

But what is this "truth"? Opocher replies that it is not "truth with a capital T" (of the metaphysicists) but the "most human" truth of what happens in the "affairs of men and therefore in their *history*"[13].

This definition shifts legal experience from the pure plane of the authority and power implied by "legal" and "ideological" justice to that of *rationality* (which uncovers

6 Ibid.

7 *Lezioni*, 283 (1983).

8 For some peculiar considerations on Bergson's philosophy of law see *Lezioni*, 207-209. (1983). Further information on Bergson's influence upon Opocher see Francesco Cavalla, *La prospettiva processuale del diritto. Saggio sul pensiero di Enrico Opocher*, 10–16 (1991).

9 *Lezioni*, 293 and 297 (1991). Thanks to the previous work of Franco Todescan (ed.) see now also Enrico Opocher, *Lezioni metafisiche sul diritto*, 33–38 (2005).

10 *Lezioni*, 299 (1983).

11 *Lezioni*, 310 (1983). In former *Analisi dell'idea della giustizia* (1977) Opocher summarized a number of reflections about the theme of the definition of justice. Many of these are explicitly recalled in the 3rd section of his *Lezioni* (1983).

12 *Lezioni*, 301 (1983). More widely *Analisi*, 45–68 (1977).

13 *Lezioni*, 311 (1983).

the truth)[14]. Thus, the enmity between the legalist perspective (i.e. conformity to the mere positive law) and the ideological one (substantially teleological) in the "ambiguous polemic"[15] between the advocates of positive and natural law is resolved and superseded in the assertion of law, where both legislative action and metalegal ends must square with (judicial) knowledge of truth.

Opocher's axiological approach seeks to achieve two results:

1. to remove law from its dependence on any other value (ethical, political, economic, etc.) or on any inclusive "hierarchy of values" (always depending on subjective choices), and have it instead depend "on the point of view of value in itself"[16];
2. give law a distinctiveness that safeguards it against any other field of experience, so that "the law entails not so much the construction of a specifically juridical objectivity as the protection of the objectivities that arise within other experiences"[17].

The role of law in society is to give a "framework of objectivity" to questions about meaning (which arise at the various levels of individual and collective existence) within which they can aspire to a "duration" extending beyond the circumscribed domain in which they have appeared[18].

According to Opocher, justice as "recognition of the truth" is a concept of biblical origin[19]. It constitutes the perennial aspiration of men when they resort to the law and is therefore the foundation of every other form of justice (understood as both legality and ideology).

It is therefore truth that seeks to be "recognized" by those who resort to the law to fulfil their extra-legal expectations. Yet we should enquire as to whether the trial proceedings in which truth "asserts" the legal experience can be restricted to the "conformity with the order of events" repeatedly cited by Opocher[20].

Opocher's argument in regard to judicial truth is as follows. It is the condition whereby a certain expectation (individual or collective; moral, political or economic) must be recognized as *true*. In this it "endures" beyond the arbitrariness of the will which expresses it, and by conferring a shared ("objective") meaning upon it, retrieves it from the "nothingness" of the absence of that meaning.

As regards the trial or lawsuit, this means that a certain claim or act or fact must be determined so that the parties cannot reject it; in other words, it must be formulated in a manner such that it is recognized as true. Now, it is certainly a *fact* that the parties to a legal proceeding must accept the judge's (or jury's) ruling. But if the rationale for this fact stems from authority or coercion (both made efficacious by a *power*), Opocher's assumption that the law cannot be a mere technical expression of power is contradicted. To prevent this from happening, the parties must be induced to recognize the truth of the judicial decision on the basis of shared elements of reasoning.

From this point of view, truth *qua* "conformity with the order of events" – as expressed by a pair of propositions like: *what are the facts? the facts are such and such* – consists in the type of quality desired for descriptive statements[21]. It is obtained by

14 *Lezioni*, 312 (1983).
15 *Lezioni*, 313 (1983).
16 *Lezioni*, 40 (2005).
17 *Lezioni*, 53 (2005).
18 *Lezioni*, 46–49 (2005).
19 *Analisi*, 66 (1977).
20 *Analisi*, 65–67 (1977); *Lezioni*, 310 (1983); *Lezioni*, 112–115 (2005).
21 The most accurate study on this issue is still Francesco Cavalla, *La prospettiva processuale*, exp. 49–68 (1991). My readers will easily realize that my attempt to confere a rhetorical character to Opocher's concept of judicial truth is largely based upon Cavalla's analysis. My aim is, in a certain sense, to complete the part of his book dedicated to dialectic in legal argumentation (pages 68–78) with some considerations on judicial rhetoric.

ascertaining the congruence of the statement with the "state of affairs" which it describes in the same way as reasoning in the empirical sciences establishes the objectivity of their discourses.

Yet verification of descriptive statements encounters a number of significant difficulties well known to epistemology and philosophy. The first problem is that *there is no "state of affairs" external to language*. Or better, the existence of a "state of affairs" can only be assumed hypothetically, because any verification of correspondence between it and statements about it can only be made *with* and *in* language. Given that there is nothing outside language, lacking is the 'third' and 'external' criterion which alone enables impartial measurement of the fit between facts and words. The second problem concerns the premises of the reasoning. In the case of empirical-descriptive reasoning, its premises are established by defining the terms used, delimiting the field of observation, establishing the criteria for measurement of the phenomena observed, and deciding which instruments are to be used and how. All these operations are regularly carried out – and indeed are tacitly assumed – in scientific description. But they are difficult to perform in the case of the trial, where it is often precisely the ambiguity of the law or of the facts that has given rise to the litigation. Connected to this is the third problem: the hypothetical nature of empirical truth, which constrains assent on the basis of *coherence* between the descriptive statement and the above-mentioned premises. How can the parties in the legal proceeding determine the coherence between the judicial decision and the premises, accepting the decision as *true*, if they have been subject to dispute since the outset? If the reply is that the parties *must* accept the interpretation of the law and the reconstruction of the facts approved by the judge (or jury) as the premises for the reasoning that has led to the ruling, once again judicial truth is determined by power. And this outcome was wanted not by Opocher but by his normativist opponents.

In effect, the method of truth determination typical of empirical science is ill-suited to the trial, mainly because – as has been said – science is essentially *monologic* whereas the trial is by its nature *dialogic*[22]. One of the main differences between the two conditions is that in scientific communication it is possible, indeed necessary, to establish the premises of reasoning, whereas in dialogic situations (especially controversial ones) the reasoning of the parties uses different premises according to their relevance and persuasive force. The truth to which the trial can aspire is therefore different in nature from truth as "description of facts". Whilst empirical truth is conventional and axiomatic (because it is deduced from premises decided by all the parties at the beginning of the reasoning process), judicial truth is sought through a contest between unilateral opinions and interpretations. And in this case we may well follow Opocher in speaking of "truth without a capital T".

From a strictly logical point of view, both types of reasoning must connect the facts together *coherently* so that the conclusion can be accepted as true. However, because the facts are different in nature (empirical in one case, opiniative in the other), the structure of the reasoning will be different, and so will the conclusions. In other words, truth as objective description, and truth as "probability" (in the Aristotelian sense)[23] produced by efficacious persuasion, are the outcomes of two different *methods*.

22 For such distinction (and most of the following reflections) see Francesco Cavalla, *Dalla "retorica della persuasione" alla "retorica degli argomenti". Per una fondazione logica rigorosa della topica giudiziale* 25–82, Gianfranco Ferrari & Maurizio Manzin (eds.), *La retorica fra scienza e professione legale. Questioni di metodo* (2004) [=1 *Acta Methodologica* (2004), Series of the Centro di Ricerche sulla Metodologia Giuridica]. More recently: Id., *La via retorica alla verità*, 113–174, Guido Alpa (ed.), *Ragionare in giudizio. Gli argomenti dell'avvocato* (2004).

23 It is essential, for the understanding of Aristotle's "probability", the concept of *eikos*, mostly

Classical Greek philosophy, and Aristotle in particular, has furnished us with detailed descriptions of methods capable of yielding various kinds of truth and suited to different discursive contexts (scientific, political, moral, legal). Thus the methods considered applicable in disputation are those founded on *topica*: that is, on the ability to identify among the many opinions possible the one that best fits the case in dispute – the most authoritative opinion, the most persuasive one. There are essentially two such methods handed down by classical thought: *dialectic* and *rhetoric*. Dialectic – as a logical procedure able to prove a statement on the basis of the non-contradiction principle – establishes truth which is not provisional in nature. By way of example, the logical inconsistency of the proposition "*Socrates is and is not seated*" does not derive from an empirically verifiable posture of Socrates' body. The proposition is *always* true because it will always be impossible for Socrates or anyone else to be simultaneously seated and not seated. The dialectical argumentation thus shows, by means of the historically determined instance of a reasoning (the bodily posture of Socrates being discussed here and now), an aspect no longer historically determined but perpetual: namely the logical inconsistency of the proposition in question. It confutes the proposition on the basis of a truth unconditioned by the situation; a truth which can therefore be also written "with a capital T". This therefore is not properly the truth of which Opocher speaks.

But, as said, classical thought flanked the dialectical method with another procedure: rhetoric, which like the dialectic bases its reasoning on the "probable" statements identified by *topica*. But its purpose is specifically to identify the proposition which, in a particular situation, is more persuasive than the others ranged against it in the discussion. To be stressed is that, for Aristotle, the persuasive force of a rhetorical discourse does not consist in the psychological suggestion that it is able to induce (which is in any case a *fact*, not a logical condition), but in its ability to counter the objections raised by the interlocutors in those precise circumstances and *in no others*. In other words, rhetoric is the method used to identify propositions which cannot be confuted in the particular circumstances where the discourse takes place. These are therefore propositions which, in the absence of equally good alternatives, must be considered *true* and therefore accepted.

I repeat: this is a situational truth, limited to the here and now, and it is invalid outside the concrete circumstances in which it has been produced in discourse. Nevertheless, at *that* moment, at *that* point in history, it *is* the truth. And it remains such until the situation changes or a better truth is found[24].

This, therefore, is not "truth with a capital T" because it is able to make the content of a proposition "count" only within the finiteness of the "affairs of men and therefore of their *history* ". Nevertheless, within the limits of that finiteness, it "endures" in the minds of the interlocutors and is retrieved from the nullification awaiting propositions whose truth cannot be demonstrated at the moment, and in that way. It "endures"

described in *Rhet.*: "what is true, but not in all cases". That means, from my point of view, *truth in the concrete experience*, for the reason that only an abstract and totally generalizing statement could be "true in all cases". On the argument see recently Enrico Berti, *Il valore epistemologico degli* endoxa *secondo Aristotele*, 111–128, 14–15 *Seminarios de Filosofía*, Instituto de Filosofìa, Pontificia Universidad Católica de Chile (2002). Although I depend on this and many other studies of Berti, I do not completely agree (for what I have just written above) with Berti's interpretation of Aristotle's "probable". In fact it doesn't seem to me "what happens in most of the cases and thus what one could always say that is going to happen" (118) but, more precisely, that actual and "instantaneous" form of truth which is opposite to the "always" of any hypothetical necessity (the concept of "instantaneous truth" is well described by Cavalla: *supra* note 22).

24 *La via retorica*, 172 (2005).

because the minds of the interlocutors do not contain valid negations or better alternatives. It fades as time passes; but at that juncture of history it imbues experience with the glow of truth "with a capital T", of which it is the momentary expression insofar as it cannot be validly contradicted.

Given its characteristics, the truth of rhetoric seems a better fit with judicial truth, and especially with the dialogic and controversial *modus procedendi* typical of the courtroom. Before an impartial judge (or jury), the parties must set out their positions, prove that their contentions and interpretations resist the objections of the adversary, demonstrate the soundness and coherence of their arguments, so that the judge (or jury) cannot but acknowledge their *truth*. In order to achieve this outcome, so that the hearer is persuaded, classical philosophy developed a set of strategies which are perhaps best described by Cicero in his texts on rhetoric.

Obviously, even a brief outline of Cicero's thought would be beyond the scope of this paper. What I intend to do is put forward a new interpretation of Opocher's concept of truth in legal reasoning (truth as "the value of law") grounded on the classical perspective of rhetoric[25].

I am convinced that the law, and in particular trial law, requires a specific methodology different from the application of procedures (empirical for example) better suited to other fields of knowledge. I am equally convinced that rhetorical argumentation is the form of logical reasoning that best interprets Opocher's desire to confer truth upon the law: "without the capital T" and without having to resort to the dogmas of ideology or faith, or to force alone (even that legitimated by the political powers).

But I am above all convinced that an attempt, inevitably arbitrary, to read Opocher's axiological position through the lens of classical philosophy, seeking to save its most enduring and worthwhile aspect (i.e. Opocher's endeavour throughout a lifetime of teaching and research to safeguard the relation between law and truth) is the best tribute that can be paid to his memory.

25 'Re-discoveries' of the classical sources of rhetoric took place in all ages: for the Late Antiquity and Late Medieval period you can see my former studies on St.Augustine (1998) and Francis Petrarch (1994). The most recent and highly remarkable example of return to ancient rhetoric is that of Chaim Perelman and his scholars: their studies on logic argumentation are still today a precious resource for researches on legal methodology. The fact that such authors (and others) are not quoted here depends on the different interpretation of "classicity" and "rhetoric": for wider explanations see _Con-4290CE0B1 \c \s \l, *Ripensando Perelman: dopo ed oltre la "nouvelle rhétorique"*, 17–22, *La retorica fra scienza e professione legale* (2004).

Federico Puppo, Trento*

The Problem of Truth in Judicial Argumentation

Abstract

The paper, through a logical approach, concentrates attention on the problem of truth in the circle of law, in particular in the circle of judicial argumentation.

We move from a brief illustration of some logical theorizations of the 20th century, in particular Gödel's and Tarski's theorems: at first, we focus our attention on the mendacious' paradox (which is on the base of those), pointing out the alethical repercussions; then, the importance of these theories for a discussions about the presence of truth in the judicial circle will be explained. Circle which is characterized by a degree of vagueness, inevitable anyway, due at first to the necessary use of natural language. So vagueness, then lack of precision, which (as demonstrated by the story of formal logic) is not possible to eliminate from any field of knowledge, from the fields explicitly not even for this aim.

The question is very important to suggest in which way is possible to speak of truth in the field of rhetoric and judicial argumentation, so coming to dispel the opinions by which, in those contexts, it is not possible to retain the presence of truth. Truly, it's possible to think that it's not only possible, but instead necessary, to speak of truth in that field, even though according to a particular, yet undeniable, meaning of truth: maybe the same it is possible to read, as filigree, in the reflections on formal logic.

Briefly, it will possible to uphold that the truth shows itself in the classical terms of a continuous allusive research, without the possibility of retaining it in modern, general and exhaustive terms; in this recognizing as the truth should show itself in the hyper-contextual field of experience, the judicial one in particular.

In this paper I shall focus on the problem of truth in the sphere of the law, and in particular of judicial argumentation, using a logic-based approach.

The paper begins with a brief outline of two twentieth-century theories of truth – those formulated by Gödel and Tarski – concentrating on the liar's paradox on which they are based and seeking to show their repercussions at the alethic level. The paper then illustrates the significance of those theories for discussion of the presence of truth in the judicial sphere. Because the latter is characterized primarily by the unavoidable use of natural language, it necessarily comprises a variable degree of vagueness. As testified by the history of formal logic, this vagueness, and therefore this imprecision, cannot be eliminated from any domain of knowledge, not even those formulated for that specific purpose.

These considerations are of fundamental importance for showing how we may speak of truth in the domain of rhetoric and argumentation, and thereby gainsay the belief that the truth cannot exist in those contexts. The paper argues that we can and indeed must speak therein of truth, albeit in a particular yet undeniable sense, which is perhaps the sense that imbues reflection on formal logic. In short, the paper maintains that the truth can only be acquired in the classical terms of a constant allusive quest for it. Its possession cannot be asserted in modern, general and unquestionable terms, but it nevertheless exists in the hypercontextual domain of experience, judicial in particular.

The paradox of the liar is probably the best known and the most important of the classical paradoxes, and it is certainly the one most frequently reprised in the history of logic until the present day[1].

* PhD in Philosophy of Law, Faculty of Law, Trento

1 On the paradox of the liar see for example P. Odifreddi (2001), pp. 131ss.; Id. (2003), pp. 20ss.; Id. (2004), pp. 22ss.; N. Falletta (1983), pp. 89ss.

The liar's paradox was first formulated by Epimenides of Crete, who in the sixth century BC stated that 'all Cretans are liars'. Because he himself was a Cretan, one cannot say whether the statement is true or false. Or better, it is at once true and false, for if Epimenides is lying he is telling the truth, and if he is telling the truth he is lying. The liar's paradox is even more striking in the simple but fundamental circular form of the *pseudomenon*, which occurs when someone says 'I am lying'. Here too, if the person is lying he is telling the truth, and if he is telling the truth he is lying, so that he is simultaneously telling a truth and a falsehood.

Among the various versions of the liar's paradox, of particular interest for the present discussion is a discovery by Bertrand Russell at the beginning of the twentieth century which revolutionized the world of logic. It applied, not to natural language, whose consistency can (and could) of course be doubted, but to mathematics. In a letter written to Frege in 1902, Russell told him that Cantor's set theory, on which Frege based his own theory, contained a paradox and was therefore incorrect[2]. Russell had discovered a set which both contained and did not contain its elements: the set of all sets that are not elements of themselves.

In order to understand Russell's reasoning, one should bear in mind that sets can be divided into two categories: the category of sets which are not elements of themselves (for example, the set of professors of philosophy of law is not an element of itself because it comprises people not sets); and the category of sets that are elements of themselves (for example, the set of thinkable things is an element of itself because it is itself thinkable). Consequently, the set of all sets is a set, because it itself is a set and therefore belongs to itself. But is the set of all sets that are not elements of themselves (i.e. the set of professors, researchers, PhD students of the philosophy of law) an element of itself: that is, does it belong to itself? If the answer is affirmative ('yes, this set of sets belongs to itself'), then, because of the definition given to this class of sets (a set is a set if it is not an element of itself), it does not belong to itself. Vice versa, if the answer is negative ('no, this set of sets does not belong to itself'), then it belongs to itself because it satisfies the condition of membership (it is, in fact, the set of all sets that are not elements of themselves). This unresolvable contradiction threw logical-mathematical thought into crisis by showing that it was not the realm of certainty that it claimed to be.]

Thirty years later, Kurt Gödel noted the analogy of his arguments with the liar's paradox[3]. In his formulation of the paradox, Gödel extended the terms of the *pesudomenon* to avoid reference to the speaker: 'this statement is false'. Substituting the concept of 'truth' with 'provability', he obtained the proposition 'this statement is not provable': and this is a proposition that in a specific formal system is demonstrable if and only if it is false, and simultaneously it is true if and only if it is not demonstrable. Therefore, either something false in the system is proved (which is not possible and not permitted) or something true in the system cannot be proved (with the consequence that the system is incomplete)[4].

Gödel applied this reasoning to positive numbers, obtaining his well-known theorem that, in *whatever* formal system of arithmetic, under certain hypotheses a correct

2 We learn this information from P. J. Cohen, R. Hersch (1991), p. 43; C. Mangione, S. Bozzi (1993), pp. 356s

3 On the relationships between liar's paradox, Russell's paradox and Gödel's theorems see for example H. DeLong (1991), A. Tarski (1991), G. J. Chaitin (1991); on Gödel's theorems, E. Nagel, J. R. Newman (1958); G. Lolli (1992); J.-Y. Girard (1989) and C. Mangione, S. Bozzi (1993). For a not formal exposition of Gödel's theorems see D. Gillies (1996) and P. Odifreddi (2003). On the subject see also R. D. Hofstadter (1979).

4 See H. DeLong (1991), p. 29.

system is incomplete, and under certain hypotheses a correct system does not prove its correctness. In other words, there are formal statements such that the sys-tem is either incorrect (it proves false statements) or incomplete (it contains truths not provable in the system).

Gödel's theorems dealt fatal blows to both Russeil's foundationist and Hilbert's antagonist programmes: the former (which claimed to reduce the truths of mathematics to those of logic) was confounded by Gödel's first theorem of incompleteness, because the limited truths of logic can be exhausted within a formal system, whereas the unlimited truths of mathematics are inexhaustible and no formal system can capture them all. Gödel's second theorem marked the demise of Hilbert's project (which sought to give a finitist basis to mathematics by demonstrating its non-contradictoriness), because the consistency of a system can only be verified from outside. It was then Gödel himself who obtained in 1972 what he called the best and most general repudiation of Hilbert's programme: the fact that, under certain hypotheses, a consistent system does not prove the truth of all the real propositions provable in it.

In a certain sense, this reprised the proof of the indefinability of truth obtained by Tarski in the 1930s, and according to which a formal system cannot express its own truth[5]. Or put otherwise, it is not possible to define within a theory the notion of truth for the theory itself without falling into contradiction. From this Tarski derived his well-known classification of language into several levels whereby it is only possible to speak of the truth of a language in the higher-level metalanguage. Consequently, the unitary or global concept of 'true' is replaced by partial concepts of truth: one does not say that a statement is true, but that 'it is true in the object language' or that 'it is true in the metalanguage', or that 'it is true in the meta-metalanguage', and so on. But what happens when we reaches the highest meta-level, that of natural language, the most powerful linguistic means of expression available to us? As implied by Tarski's theory, we encounter the impossibility of a non-contradictory definition of the concept of truth for language itself[6].

The foregoing discussion is, I believe, of particular importance for a theory of judicial argumentation, because the discovery of the logical paradoxes discussed above makes a complete and coherent formal system impossible to conceive. It does so because it entails the impossibility of creating an artificial language with which precise canons of validity can be established[7], and thus obliges logic to take account of the vagueness of language. Hence any adjectivization intended to give negative characterization to language's 'naturalness' or 'vagueness' is pleonastic. Consequently, expressions like 'natural language' or 'vague language', however much they are used, are redundant. The history of logic, and of formal logic, demonstrates that there exists only one language, vague by its very nature, and which at most can be subjected to a process of formalization intended (not without repercussions) to restrict the natural vagueness of language, but which can never eliminate it.

Therefore, any discourse that claims to be true must necessarily take account of the vagueness of language[8]. In other words, we cannot say that where there is vagueness of language there cannot be truth, unless we want to forfeit any claim of an alethic kind. For the vagueness of language cannot be eliminated, and if we persist in

5 On Tarski see for example P. Odifreddi (2001), pp. 151ss.; Id. (2004), pp. 213ss.; N. Falletta (1983), pp. 95ss.; C. Mangione, S. Bozzi (1993), pp. 575 ss.; G. Ferrari (1981).

6 In this sense, C. Mangione, S. Bozzi (1993), p. 584.

7 See S. Haack (1978), p. 193.

8 Cfr. C. Luzzati (1990).

the belief that this vagueness excludes the possibility of truth, then truth can never exist.

This 'begging the question' comprises what others have called the 'scientistic prejudice', according to which there is no truth beyond the artificial language of the formal sciences, and in particular that there is no truth in the judicial process and argumentation – which is perhaps to confuse certainty with truth. But nor is this statement scientifically provable: it is an unproven axiom. And even if we were able to have it depend on an axiom, the problem would still remain of proving the latter, and so on, in a meaningless *regressio ad infinitum*.

This prejudice is exemplified in the work of Perelman, who, as is well known, distinguished between argumentations and proofs[9]. The latter, Perelman maintained, are superior to the former because they can employ a formalized language in order to give univocality to their premises. But argumentations are affected by the vagueness of language and the polysemy of the terms that they use; consequently, they cannot lead to the truth but can at most be persuasive (an effect which can be determined empirically but is entirely independent of truth). It seems, however, that in principle this argument is invalid, for we have seen that proofs, however much they may be formalized, are afflicted by the vagueness of language, with the consequent collapse of the assumption on which the entire theory is based.

This is certainly not to imply that it is impossible to speak of truth in regard to the propositions typical of scientific discourse. Such an assertion would be profoundly mistaken. But nevertheless the truths of scientific knowledge as guaranteed by the methods employed to obtain them pertain to a particular kind of truth which for various reasons, and since a particular moment in history, has been considered by Western culture to be *the* truth, becoming as a consequence *the* knowledge[10].

As regards truth, therefore, we may say that the analytic scientific method guarantees the specific truth which consists in coherence (coherence between the premises hypothetically and conventionally selected and the conclusions), and that the empirical scientific method guarantees the specific truth which consists in verifiability (verifiability of the initial hypotheses by means of experimentation). It is therefore correct to say that one can speak of truth; but one can never speak of objective truth, because in the former case there is always the conventional choice of the premises, and in the latter case subjective interference in the experimental procedure can never be eliminated. (Incidentally, this explains how the predominance of scientific knowledge over other forms results from the operational capacity that distinguishes this type of knowledge from others, given that it is no longer possible to predicate non-evaluativeness or objectivity of it).

It is consequently preferable to speak of truth in the sense of differing degrees of truth; or better, of truth modulated among different gradations, each guaranteed by the method employed by the type of knowledge inquiry concerned. There is therefore a truth typical of analytic knowledge; a truth typical of empirical knowledge; but also a truth typical of rhetorical knowledge. Here, however, 'rhetorical knowledge' is understood in the classical and not modern sense (where 'classical' and 'modern' refer to conceptual rather than chronological categories). According to the classical

9 For the criticism of Pereleman's theories see F. Cavalla (1984), pp. 501–503; Id. (1992), p. 736; Id. (2004) and A. Giuliani (1975).

10 On the predominant role of scientific knowledge in Western culture, see K. Mendelssohn (1976); for a severe analysis of the origin of that type of knowledge (that it possible to find in the neo-platonic philosophy) see M. Manzin (2003).

perspective[11], rhetoric is intrinsically a persuasive activity connoted by its necessary relation with the truth. It has been rightly argued that what the rhetorician must persuade his audience is the truth, and a persuasion that is not a persuasion of the truth cannot be called authentic persuasion. There is therefore true persuasion and apparent persuasion. The latter is more properly called sophistry in that it is a degeneration of rhetoric, not because it lacks technical abilities but because it lacks that fundamental characteristic. For sophistry, in fact, truth is an alien, almost tiresome concept: what matters is obtaining the consensus of the audience in order to convince it of one's thesis.

In the history of thought, this distinction between sophistry and rhetoric has often been blurred, most recently (as we have seen) by introducing the antithesis between science and rhetoric[12]. It has consequently long been wished and believed that science is superior to rhetoric, and rhetoric has been frequently confused with sophistry[13]. Yet, unlike rhetoric, sophistry stops when it has achieved its particular end, which is obtaining consensus, whereas rhetoric goes further than consensus because its end (which is also a means) is persuasion that something is true.

It is therefore not possible to establish a dualism between truth and proof on the one hand, and argumentation on the other, because truth is obtained by means of different methods but always within the context of inevitably vague language. To simplify greatly, in the case of analytic knowledge there is truth when the premises are coherent with the conclusion; in the case of empirical knowledge, there is truth when the initial hypothesis is verified by the experiment; in the case of rhetorical knowledge, there is truth when the orator's conclusion is not a subjective and debatable claim but something that the audience (the participants in the contest) cannot reject without reducing their previous knowledge to meaninglessness[14]. This particular type of truth, typical of epideictic, deliberative and judicial discourse, is guaranteed by the control performed through dialectical confutation[15] based on the principle of non-contradiction. (Note that it is the lack of dialectical confutation that makes the persuasion produced by sophistry only apparent, not in the sense that it does not exist but in the sense that it has no rationale. It is based, in fact, on theses whose soundness, consistency and implications are not known, so that the persuasion is no more than the mere submission of minds to the forcefulness of the sophist[16]).

Contrary to what is believed, the level of dialectic and rhetoric is not inferior to that of scientific knowledge. Indeed it is superior, because it is directly guaranteed by the principle of non-contradiction, which not only cannot be denied but guarantees the validity of the analytic and empirical methods. The principle of non-contradiction, which Aristotle called '*bebaiotetis*' ('the most certain'), has lost this characteristic in the course of time because it has been understood as a mere statement and not as both statement and proof[17]. Proof, that is, of its undeniability, which comes about because

11 For a comprehension of the classical perspective, see in particular A. Zadro (1983); E. Berti (1987); F. Cavalla (1992); Id. (1998); M. Manzin (1998); M. Marinelli (1983).

12 The distinction between science and rhetoric is very problematic: see for example M. Pera (1991) and Id., W. R. Shea (1992).

13 On this confusion often made between rhetoric and sophistry see for example M. Manzin (1994).

14 For this definition of rhetorical truth see especially F. Cavalla (2004); Id. (2005).

15 On the juridical use of dialectic see F. Cavalla (1983), pp. 5–30; Id. (1984), pp. 469–514; Id. (2003), pp. 103–120.

16 On the this definition on the distinction between rhetoric and sophistry see just for example A. Zadro (1983).

17 On the development and on the self-grounded value of the principle of non contradiction see especially E. Berti (1987) and F. Cavalla (1998).

the principle of non-contradiction is the product of neither an act of will nor a deduction from another principle. It is self-grounded because denying it is to affirm it. It is consequently 'the most certain' principle, the ground of every certainty and every certainty-establishing procedure. We shall now see why.

The principle of non-contradiction is defined as follows (Arist., *Metaph.* IV 3, 1005 b 19–20): "The same thing cannot at the same time belong and not belong to the same thing in the same respect". Consequently, those who deny the validity of the principle of non-contradiction must accept that "the same thing can at the same time belong and not belong to the same thing in the same respect". But they would also have to understand this latter statement for what it is intended to express (the claimed invalidity of the non-contradiction principle) and not for its opposite as well (the validity of the non-contradiction principle). They would thus be forced to avail themselves of the meaningfulness of the assertion that they want to deny.

On careful consideration, in fact, the negation produces two alternatives. If it is asserted that the principle of non-contradiction is invalid, this (as we have seen) entails that it is both 1. valid and 2. not valid. In case 1, one asserts that what one wants to deny is valid; in case 2, one asserts (in accordance with the initial intention) that the principle of non-contradiction is not valid. But this gives rise to a second alternative entirely similar to the first. Saying that the principle of non-contradiction is not valid entails that it is both 1 valid and 2 not valid. And so on *ad infinitum*. In all cases, therefore, the principle of non-contradiction cannot be negated. Because it is impossible to negate the principle, every attempt to do so is meaningless because it is either contradictory (alternative 1) or inconclusive (alternative 2). As Aristotle put it, it is not necessary in this case that "the adversary say either that something exists, or does not exist (he could in fact immediately object that this is already an admission to be proved) it is enough to require that he says something that has a meaning for him and the others; and it is necessary that he do this should he desire to say anything" (Arist., *Metaph.* IV 3, 1006 a 18–24).

Nevertheless, modern Western thought, by privileging that aspect of the truth which the analytic method produces, and by identifying certainty in this alone (and therefore the maximum amount of knowable truth), has focused solely on the enunciate of the principle of non-contradiction, while ignoring the decisive theoretical significance of the proof almost as if it were a game of words. Thus forgotten has been the undeniable character of a principle no longer functional to a system of identitarian thought.

We have thus seen that the discovery of paradoxes in logic and the formal sciences (but also in the empirical sciences, as witness quantum mechanics) has made the predication of a non-vague language unsustainable. It has consequently been claimed that only one language exists and that it is always characterized by a more or less high degree of polysemy. The liar's paradox in its various forms has induced us to agree with Gödel that every formal system is incorrect or incomplete: it contains truths that cannot be proved or propositions of which it is impossible to say whether they are true or false. As Tarski's theorem demonstrates, for a formal system to state the truth it must resort to vague and allusive language; otherwise it becomes trapped in a spiral of metalanguages of ever-higher level.

There is therefore no single level of truth, contrary to what has been erroneously argued by those who identify truth with that yielded by the scientific method. It has consequently been possible to acknowledge the status of the truth typical of rhetoric, and therefore of judicial argumentation, which is guaranteed by the principle of non-contradiction and by the dialectic that uses it in an indissoluble union necessary lest rhetoric degrade into sophistry.

The presence of truth is undeniable, therefore. It should be emphasised, however, that it can only asserted in problematic terms. Given the failure of the knowledge model that sought to reduce reality to learning (material or intellective matters little), knowledge cannot be regarded as reducible to a rationalist and encyclopaedic model. For this reason, it must also be set in problematical relation to truth, which can nevertheless be proved as long as the method uses the proper procedures (and therefore not analytic or empirical ones alone), with the consequent differing degrees of truth. The highest of these levels pertains to the principle of non-contradiction (and therefore to the dialectic procedure, but also to those others governed by principles – like that of identity – whose validity depends directly on non-contradiction). It is this level, as said, that attests to the undeniable and imperishable presence of the Truth in language. Moreover, the truth of rhetoric has recently been shown to be 'instantaneous'[18], in that it holds for the audience with which agreement has been reached. If the audience or the context changes, it may no longer hold: it is a truth, therefore, that lasts as long as the instant in which it appears. However, this is not to imply that such truth does not have value: an 'instant' is not the same as a temporal 'corpuscle' so insignificant that it cannot even be quantified. Instead, in this case an instant is a moment that stands out from the others as perfectly exact (because in that setting it cannot be further questioned) and punctiform – and therefore cogent and meaningful to the maximum extent.

It is an attestation of truth which, although revisable and questionable, cannot be denied – as demonstrated by the existence of the various levels of the judicial process. These, in fact, make further questioning always possible; but the questioning itself is only guaranteed if the previous conclusion is susceptible to criticism because it is deemed false, that is, not true. Vice versa, if it is believed that truth has nothing to do with judicial argumentation, it is not even possible to criticise the decision of the judge (or the jury), which thus would be entirely self-grounded and self-referential.

It is therefore only the existence of truth that permits criticism; it is only the existence of truth that permits freedom.

References

Berti, Enrico, 1987: *Contraddizione e dialettica negli antichi e nei moderni*, L'Epos, Palermo.

Cavalla, Francesco,2005: *Retorica giudiziale, logica e verità*, in F. Cavalla (ed.), *Retorica Processo Verità*, Cedam, Padova, pp. 1–100.

– 2004: *Dalla "retorica della persuasione" alla "retorica degli argomenti". Per una fondazione logica rigorosa della topica giudiziale*, in G. Ferrari, M. Manzin (eds.), *La retorica fra scienza e professione legale. Questione di metodo*, coll. Acta Metodologica I, Giuffrè, Milano, pp. 25–82.

– 2003: *Topica e verità nel discorso giudiziale*, in A. Mariani Marini (ed.), *Teoria e tecnica dell'argomentazione giuridica*, Giuffrè, Milano, pp. 103–120.

– 1998: *Il controllo razionale tra logica, dialettica e retorica*, in M. Basciu (ed.), *Diritto penale, controllo di razionalità e garanzie del cittadino. Atti del XX Congresso Nazionale della Società Italiana di Filosofia Giuridica e Politica*, CEDAM, Padova

– 1992: voce *Topica giuridica*, in *Enciclopedia del diritto*, XLIV, Giuffrè, Milano, pp. 720–739

– 1984: *A proposito della ricerca della verità nel processo*, "Verifiche", 4, 1984, pp. 469–514

– 1983: *Della possibilità di fondare la logica giudiziaria sulla struttura del principio di non contraddizione. Saggio introduttivo*, "Verifiche", 1, 1983, pp. 5–38.

Chaitin, Gregory J., 1991: *Casualità e dimostrazione matematica*, "Le Scienze. Quaderni. Logica", 60, 1991, pp. 69–74.

Cohen, Paul J., Hersch Reuben, 1991: *La teoria non cantoriana degli insiemi*, "Le Scienze. Quaderni. Logica", 60, 1991, pp. 43–50.

18 F. Cavalla (2005), pp. 94–97.

DeLong, Howard, 1991: *Problemi non risolti dell'aritmetica*, "Le Scienze. Quaderni. Logica", 60, 1991, pp. 23–34.

Falletta, Nicholas, 1983: *The Paradoxicon* (= *Il libro dei paradossi*, Longanesi&C., Milano, 1999, 2003[3]).

Ferrari, Gianfranco, 1981: *Ricerca scientifica e paradossi*, Franco Angeli, Milano, II ed.

Gillies, Donald, 1996: *Artificial Intelligence and Scientific Method* (= *Intelligenza artificiale e metodo scientifico*, Raffaello Cortina, Milano 1998).

Girard, Jean-Yves, 1989: *Le champ du signe ou la faillite du réductionisme*, in E. Nagel, J.R. Newman, K. Gödel, J.-Y. Girard, *Le théorème de Gödel*, Edition du Seuil, Paris [= *Il sogno del segno o il fallimento del riduzionismo*, tr. it. di S. Cerrito, in E. Nagel, J.R. Newman, *Gödel's Proof*, New York University Press, 1958 (= *La prova di Gödel*, Universale Bollati Boringhieri, Torino, 1974, 1992[2])].

Giuliani, Alessandro, 1975: voce *Teoria dell'argomentazione*, in *Enciclopedia del diritto*, XXV, Giuffrè, Milano, pp. 13–34.

Haack, Susan, 1978: *Philosophy of Logics*, Cambridge University Press (= *Filosofia delle logiche*, Franco Angeli, Roma, 1984).

– 1996: *Deviant Logic, Fuzzy Logic. Beyond the Formalism*, The University of Chicago Press, Chicago and London.

Hofstadter, R. Douglas , 1979: *Gödel, Escher, Bach: an Eternal Golden Braid*, Basic Books Inc. (= *Gödel, Escher, Bach. Un'Eterna Ghirlanda Brillante*, Adelphi, Milano, 1984, 2000[6]).

Lolli, Gabriele, 1992: *Incompletezza. Saggio su Kurt Gödel*, Il Mulino, Bologna.

Luzzati, Claudio, 1990: *La vaghezza delle norme: un'analisi del linguaggio giuridico*, Giuffrè, Milano.

Mangione, Corrado, Bozzi, Silvio, 1993: *Storia della logica. Da Boole ai nostri Giorni*, Garzanti, Milano 2001[3].

Manzin, Maurizio, 2003: *Alle origini del pensiero sistematico. Identità e differenza nella concezione neoplatonica dell'ordine (da Plotino a Dionigi Areopagita)*, UNI Service, Trento

– 1998: *Ordine politico e verità in Sant'Agostino. Riflessioni sulla crisi della scienza moderna*, CEDAM, Padova.

– 1994: *Il petrarchismo giuridico. Filosofia e logica del diritto agli inizi dell'umanesimo*, Cedam, Padova.

Marinelli, Vincenzo, 1983: *L'argomentazione giuridica tra retorica e logica*, "Verifiche", 1, 1983, pp. 51–68.

Mendelssohn, Kurt, 1976: *Science and Western Domination*, Thames and Hudson Ltd., London (= *La scienza e il dominio dell'Occidente*, Editori Riuniti, Roma, 1981).

Nagel, Ernest, Newmann, James R., 1958: *Gödel's Proof*, New York University Press (= *La prova di Gödel*, tr. it. di L. Bianchi, Universale Bollati Boringhieri, Torino, 1974, 1992[2]).

Odifreddi, Piergiorgio, 2004: *Le menzogne di Ulisse. L'avventura della logica da Parmenide ad Amartya Sen*, Longanesi&C., Milano

– 2003: *Il diavolo in cattedra. La logica da Aristotele a Gödel*, Einaudi, Torino.

– 2001: *C'era una volta un paradosso. Storia di illusioni e verità rovesciate*, Einaudi, Torino.

Pera, Marcello, 1991: *Retorica e Scienza*, Laterza, Roma-Bari.

Id., William R. Shea (eds.), 1992: *L'arte della persuasione scientifica*, Guerini e Associati, Milano.

Perelman, Chaim, 1976: *Logique juridique*, Dalloz, Paris (= *Logica giuridica. Nuova retorica*, a cura di G. Crifò, Giuffrè, Milano, 1979).

– 1968: *Droit, morale et philosophie*, Libraire Générale de Droit et de Jurisprudence, Paris (= *Diritto, morale e filosofia*, Guida, Napoli, 1974).

Id., Olbrechts-Tyteca, Lucie, 1958: *Traité de l'argumentation. La nouvelle rhétorique*, Presses Universitaires de France, Paris (= *Trattato dell'argomentazione. La nuova retorica*, a cura di N. Bobbio, Einaudi, Torino, 1966)

– 1952: *Rhétorique et philosophie. Pour une théorie de l'argumentation en philosophie*, Presses Universitaires de France, Paris (= *Retorica e filosofia*, intr. di F. Semerari, De Donato, Bari, 1979).

Tarski, Alfred, 1991: *Verità e dimostrazione*, "Le Scienze. Quaderni. Logica", 60, 1991, pp. 8–21.

Zadro, Attilio, 1983: *Verità e persuasione nella retorica classica e nella retorica moderna*, "Verifiche", 1, 1983, pp. 31–50.

C.E. Smith, Leiden

Sincerity in Legal Argumentation Theory

Abstract

When judges justify their rulings, they ideally attempt to obtain the approbation of three different audiences: the parties involved in the dispute, the legal practitioners and the society at large. To obtain their consent, their argumentation has to be effective, that is, they have to show, inter alia, that their rulings are in accordance with the rules, principles and values which govern the specific legal area of the issue settled.

According to current argumentation theory, the effectiveness of an argumentation is not dependent upon the beliefs of the person who argues. It is sufficient that the protagonist holds consistently the beliefs s/he argues for, irrespective of what s/he really believes. The virtue of sincerity is, therefore, not supposed to be a requirement of effective argumentation.

In my opinion, in legal argumentation sincerity, conceived of as concurrence between the officials' real and stated beliefs, is a necessary condition to be effective. As law is a practice in time, settled by innumerable officials, its rules can only consistently adjudicated if the officials hold firmly true the underlying values and ideals. Although sincerity is conceived as one of the non-argumentative means of persuasion (ethos), it affects the efficacy of the argumentation in strict sense (logos).

1. Ethos and Logos in Legal Argumentation

Modern argumentation theory focuses on the mode of persuasion, which passes under the term of *logos*. According to Aristotle, *logos* is one of the three modes of persuasion by the spoken word, being effected through the speech itself, when a truth or apparent truth is made by means of the persuasive arguments suitable to the case in question. By means of the other modes of persuasion – *ethos* and *pathos* – the speaker tries to acquire the public's approval either by making the audience think him credible or by putting the audience in a certain frame of mind.[1]

It is said that the approval of an audience is lasting when it rests upon argument, but unstable when it depends upon such transitory factors as the audience's state of mind or the alleged credibility of the speaker. Persuasion by means of *logos* is, so to speak, persuasion *de iure*, since every reasonable audience would have judged similarly when faced with the issue under comparable conditions, irrespective of the person who argued. Persuasion by means of *ethos* and *pathos* is nevertheless indispensable for obtaining approval *de facto,* for these modes affect the willingness of the audience to agree upon the speaker's assumptions and argumentation. Trust and emotion, therefore, are non-argumentative modes of persuasion: they facilitate or hamper the acceptance of an argumentation on different grounds than the proof or apparent proof of a contested proposition.[2]

Argumentation theory in general, therefore, rightly focuses primarily on persuasion through *logos* or proof. By proof I mean a reasonably stated belief that the argumentation holds. Argumentation theory, thus, investigates what makes such a belief a reasonable or justified one. In doing so, we might concentrate on the way in which conclusions may validly be derived from premises, which is the field of formal logic. When studying argumentation as it occurs in everyday discourse, regarding the actual

1 Aristotle, *Rhetoric,* 1356a.

2 F.H. van Eemeren (et al.), *Fundamentals of argumentation theory: a handbook of historical backgrounds and contemporary developments,* Mahwah, N.J: Lawrence Erlbaum Associates 1996, p. 43.

reasoning processes and the contextual surroundings in which they take place, we are within the field of informal logic or argumentation theory.[3] Although argumentation theory is concerned with argumentation and persuasion in real life, its interest is directed, not towards discovering the means for achieving approval as such – that would be mere sophistry – but towards discovering the proper methods and conditions to settle a dispute. In this respect, argumentation theory is rightly looked upon as an element of logic.[4] In both formal and informal logic then, the argumentation is considered apart from the contingent qualities of a particular speaker or audience, being accessory conditions of persuasion.[5]

This approach seems to hold especially for *legal* argumentation theory. The judiciary can be seen both as audience and as speaker. On its face, in both two qualities, neither *pathos* nor *ethos* are effective modes of persuasion. As audience, the professional skills of the judges should negate an overly-emotional appeal in the case at issue; wherein the judges' assessment of the credibility of the litigants, who try to persuade the court, should primarily be based, not upon the litigant's claims concerning his or her credibility, but upon proof, witnesses, consistency of pronouncements, and so on.

The same seems true for the court's argumentation. Although selected on account of their professional skills and personal qualities, the courts consist of officials, who can easily be replaced by others. Together the judges form, as it were a caste, judging not as individuals, each with his or her personal preferences and prejudices, but as members of an occupational group. The ruling has to be convincing because of the adduced arguments, not because we were made to think that the judge who framed the ruling is reliable. If we are to be convinced by an appeal on *ethos* at all, it is because every judge would have judged similarly on equal grounds – which is a different way of saying that the persuasion is based upon argument, not character.

In legal argumentation, persuasion by mode of *pathos* will also be ineffective. The ruling is addressed, not only to the parties involved, but also to society as a whole. It is difficult, if not impossible, to play upon the emotions of a universal audience, not least because the case, and as a corollary the ruling, will evoke different emotions on different groups. Persuasion by means of an appeal to emotions will compel only part of the audience, but let down others.[6]

In this paper I would like to challenge the premise of current legal argumentation theory that sincerity, being part of the official's *ethos*, is not a requirement of persuasion by means of *logos* of argumentation in a strict sense. In my opinion, judges have to be sincere, that is, they really have to believe in the arguments they adduce in justifying their rulings, in order to make legal argumentation convincing in the long term. To make this thesis plausible, we have to dig deeper into argumentation theory in general, and legal argumentation theory in particular.

2. Sincerity and the Defence Principle

One could object to my assertion that argumentation theory is mainly concerned with *logos*. If we take *logos* to connote the field of inquiry in which the validity and soundness of an argumentation is examined, then *logos* seems to be the province of formal

3 Van Eemeren (et al.) 1996: 11.
4 Ibid.
5 Aristotle, *Rhetoric*, 1354a.
6 A similar point is made by Van Eemeren (et al.) 1996: 119 further, when criticizing Perelman's and Olbrechts-Tyteca's *New Rhetoric*.

logic (for testing the validity of the argumentation) and dialectic (for the discovering of suitable premises), but not of argumentation theory. For argumentation theory is not confined to the argumentation in a strict sense, but extends its field of research mainly towards the preconditions of proper argumentation in a variety of social fields and scientific disciplines. It does not concentrate on abstract premises formally structured by logical constants, but directs its attention towards the pragmatic factors that play a part in the communication process.

One of these factors is the requirement of sincerity. To make the thesis plausible that argumentation theory is mainly concerned with *logic,* not with *ethos* or *pathos,* I will limit my argument to the requirement of sincerity. In doing so, I will simultaneously adduce arguments to my main thesis, that in legal argumentation sincerity has to be considered a requirement, not only of *ethos,* but of *logos* as well.

In argumentation theory, we meet the requirement of sincerity as part of a general framework of standards that underlies the reasoning discourse. This framework is known under different denominations, like the Co-operative Principle (Grice) or the Principle of Communication (Van Eemeren and Grootendorst). It encloses those standards or preconditions which a reasoned discourse has to satisfy to be qualified as a genuine critical discussion. Next to such standards as clarity, efficiency and relevance, a critical discussion demands the maintenance of the standard of honesty or sincerity.[7] Now, what exactly is meant by the 'sincerity' of a speech act such as argumentation? And, secondly, in what way does the argumentation theory address this requirement?

If the propositional content of the speech act is an assertion, then according to Searle, the requirement of sincerity demands that the speaker *believes* what he asserts. To assert something sincerely, therefore, is to believe that the content of the assertion is true. In the case that the speech act is a promise, the sincerity of the promise means that one *intends* to do the act promised. But promises can also be insincere. In making an insincere promise, the speaker lacks the intention to perform the act promised, although he purports to have that intention. Insincere promises are nonetheless promises, and argumentation theory deals with this phenomenon to revise the sincerity condition into the condition that the expression of an intention charges the speaker to take the *responsibility* for having the intention. To say, "I promise to do A" is to take responsibility for intending to do A, whether or not the utterance was sincere. According to Searle, to allow for insincere promises in speech acts, we have to reduce the sincerity condition to the requirement that the speaker intends that the promise will make him responsible for intending to do the promised act.[8] Applied to assertions, the sincerity condition could be rephrased as the requirement to demand that the speaker intends that the assertion will make him responsible for intending to believe the assertion is true.

In argumentation theory, we view the sincerity condition as one of the rules or commandments of critical discussion. Van Eemeren and Grootendorst for example, restate this principle into the following rule:

A party that advances a standpoint is obliged to defend it if asked by the other party to do so. [9]

It is foremost by his acts, not merely by his utterances, that we measure the speaker's sincerity. Being responsible for intending to believe the assertion is true obliges the speaker to defend his assertions if challenged by the interlocutors. I will

7 This requirement is called 'honesty' by Van Eemeren (et al.) (1996:12) and 'sincerity' by J.R. Searle, *Speech acts. An essay in the philosophy of language* Cambridge, Mass: Cambridge University Press [1969] 1994: 60.

8 Searle 1994: 62.

9 Van Eemeren (et al.) 1996: 283.

call this obligation the *defence principle.* As long as the speaker complies with this principle, his sincerity is assumed. The focus has now been shifted from the speaker's real intentions towards the way he acts, or should act, within the setting of a rational discourse. In fact, the principle states a precondition of rational discourse as such, a condition without which a critical discussion could not be held at all, because a discussion is about a disagreement. Not defending one's standpoint, if challenged, puts off the disagreement and dissolves the discussion in consequence.

If the protagonist falls short of defending his standpoint, his argumentation will fail to be convincing. Conceived of from this angle, the defence principle not only expresses one of the preconditions of critical discussion, but also serves as a standard for *evaluating* the argumentation. If, for example, the protagonist defends a different standpoint than advanced at the confrontation stage,[10] the argumentation fails to be rationally convincing, because, as Van Eemeren and Grootendorst put it, the protagonist is guilty of the fallacy of irrelevant argumentation or *ignoratio elenchi.*[11] By using the fallacy as evaluative standard, they look upon the violation of the defence principle from the viewpoint of *logos.*[12]

But a violation of the defence principle could nevertheless be regarded from a different perspective, that is, from the angle of *ethos.* If the protagonist does not defend his original standpoint, this could be a sign that the speech act was insincere: he asserts A, but doesn't believe A, and, as a result, falls short in defending A.

But do intentions really matter? There could be several reasons for not complying with the defence principle, one of them being insincerity, but also lack of debating experience or lack of knowledge. It will not only be difficult to prove whether or not the protagonist had been insincere, but even without taking this into consideration, we are entitled to reject his argumentation on account of the argumentation itself. It is in this respect that the requirement of sincerity, originally part of the speaker's *ethos,* appears in argumentation theory as a mere requirement of rational discourse, that is, of *logos.*

3. Interpretation and Sincerity

Although it is said that argumentation theory differs from formal logic by regarding the actual reasoning processes and the contextual surroundings in which they take place, even within argumentation theory it cannot fully be avoided to formalize the real life circumstances in which argumentation takes place. In doing so, it seems to me that argumentation theory is wrong to discard the speaker's *ethos,* (one of) the evaluative standards of critical discussion. This reproach especially holds true for legal argumentation.

Legal argumentation theory studies the production, analysis and evaluation of legal materials, notably the judgements of the courts. One can hardly overestimate the importance of case law for legal practice. The significance of a legal verdict is not limited to the legal issue it settles, but extends to future cases and legal dogmatics, for

10 See, for example, Van Eemerens's and Grootendorst's rule 3 and 4 of critical discussion, which are designed to see that attacks and defences in the argumentation stage are correctly linked to the original standpoint of the protagonist: Van Eemeren (et al.) 1996: 284–285.

11 Van Eemeren (et al.) 1996: 301.

12 An argument is fallacious either because it is not valid (incorrect) or unsound (the argument contains an unwarranted premise or ignores known or available relevant information). In both cases, the argument fails to satisfy the requirements of *logos:* H. Kahane, *Logic and Philosophy. A modern introduction,* Belmont, California: Wadsworth 1982: 206.

it is in its application in concrete cases that the law reveals its actual meaning.[13] Therefore, case law is thoroughly examined by lawyers and other legal professionals, the judgements not considered apart from one another, but as a series of findings that shed light on the meaning of the law as a whole. To obtain full sight of the judge's standpoint and his underpinning argumentation in a single sentence, we have to connect this sentence with other sentences which deal with the same legal issue. And these sentences, on their part, are being connected with other branches of the law, relevant for the actual development of the law as a whole and expressing the underlying values and principles which are said to govern all legal interpretation and application. As such, the law is seen as a seamless web for which the application in the past serves as a repository of arguments for the application of the law in fresh cases.[14]

This makes legal argumentation a special case of argumentation in general. In order to analyse and evaluate the argumentation of a single legal judgement, we have to take into consideration a whole series of judgements and investigate which values or principles could reasonably be said to have grounded this particular judgement. These values and principles serve as the political-moral justification of the law. As a rule, they are not explicitly stated, but have to be discovered by judges and other legal professionals as the leading standards of the law. But does, in this context, the word 'discovering' properly describe the judge's activity? The rules are *treated* as being instances of more general principles, and by formulating a general principle as expressing the underlying common purpose of a set of specific rules, the judge *rationalizes* the existing law. As MacCormick puts it: "He does not simply find and state the rationale of the rules; to a greater or less degree, he makes them rational by stating a principle capable of embracing them."[15]

Here, morality comes in. A principle is only capable of embracing a set of specific rules, if the principle *justifies* the duties imposed on us by these rules, that is, if we consider it a matter of reason and equity. And to consider it a matter of reason and equity, we have to believe in the principle's justifying power. The judge, stating a principle as justifying the interpretation and application of a set of specific rules, thus believes, or assumes to believe, that this principle really justifies his ruling.

4. Sincerity as a Precondition of Logos

What then is the difference between an argumentation in general and legal argumentation in particular? Why bother about the judge's sincerity? Just as the protagonist is *supposed* to believe his assertion is true, it could be argued that the judge is *supposed* to believe that the principle he stated is reasonable and equitable, as long as he complies with the defence principle and of course, other requirements of argumentation.

The difference between argumentation in general and legal argumentation in particular is that legal argumentation is a protracted activity, exercised, not by a single speaker or protagonist, but by many. Dworkin rightly compares legal practice with the

13 See for application in general, and legal application in particular, H-G Gadamer, *Truth and Method*, transl. by J. Weinsheimer and D.G. Marshall of *Wahrheit und Methode*, London: Sheed & Ward [1975] 1989, p. 307 f.

14 For example R. Dworkin, *Taking Rights Seriously*, Cambridge, Mass: Harvard University Press 1977, ch. 4 ('Hard cases'), and, by the same author, *Law's Empire*, London: Fontana Press 1986, esp. ch. 7 ('Integrity in Law').

15 N. MacCormick, *Legal Reasoning and Legal Theory*, Oxford: Clarendon Press 1978, p. 126.

making of a chain novel. According to this metaphor, every judge is co-author in the chain of common law. Law as an interpretive practice asks a judge who has to decide a common-law case to think of past decisions as part of a long story he must interpret and then continue this story in such way that his ruling both fits and justifies what has gone before, so far as that is possible.[16] So, every judge has to decide which principles of justice, fairness and due process best justifies the community's practice. In this respect, the interpretation and application of the law is intimately linked together with his political and moral convictions.

A single judge could insincerely set up a convincing argumentation that serves as a justification for the ruling, and appeal to some values or principles. His insincerity is due to the position he takes up: he considers the law from an external perspective or, to paraphrase Oliver Wendell Holmes: from a bad man's point of view. His argumentation is merely instrumental, invoking values and principles to convince his *audience,* not because he himself thinks it convincing. But without an already existing set of principles which best justifies the community's legal practice, the insincere judge would be unable to frame a convincing argumentation. His argumentation is, as it were, a parasitic one, making use of the justificatory force of these values in legal discourse. As long as he does not depart too far from the core of settled meaning of the legal materials he uses for underpinning his ruling, his insincerity is invisible. All this, nevertheless, presupposes a judiciary that holds firmly true to the values and purposes it invokes in legitimizing their rulings. These standards serve as the political-moral perspective from which the understanding of the law and its application springs. Without a shared and genuine belief in these values, the law wouldn't display a 'point' or rationale that explains its ongoing development when applied to fresh cases.[17]

If all this is true, we are made to draw a paradoxical conclusion. The requirement of sincerity is not only a non-argumentative mode of persuasion – something that merely facilitates the audience's acceptance of an argumentation because of the alleged moral and intellectual qualities of the speaker – but is a precondition of legal argumentation, that is, of *logos*, as well. Without a genuine belief in the political-moral foundation of the legal practice, the rulings of the judiciary would not be guided by principle, but by personal preference. If principles no longer matter, the legal rules would be deprived of their rationale and persuasion, as a result, would no longer be rooted in *logos.* In the long term, this would affect the law as a coherent system of rules and principles. It is this non-arbitrary scheme of priority between competing principles that offers the decisions in hard cases their rationale and makes them susceptive to persuasion by mode of argumentation. Although even without a sincere belief in these principles, each ruling considered apart from one another could allegedly be justified by sound reasoning, case law *as a whole* would no longer make any sense.

Here we meet with the special character of legal argumentation: case law cannot be studied in isolation. Each ruling is connected with other rulings and together they express the political morality of the legal order. Without a sincere belief in these interconnected values, the rulings of the judiciary would be deprived of their rationale and become, as such, unintelligible.

An insincere judiciary would, in short, expel reason from the law. Legal argumentation, therefore, presupposes the sincerity of the judiciary as a whole.

16 Dworkin 1986: 239.

17 Each judge's convictions about the alleged 'point' of the law, that is, the justifying purposes or goals or principles of legal practice as a whole, will inevitably be different in detail from those of other judges, but correspond on main points: Dworkin 1986: 88.

5. Conclusion

Sincerity, being not only a non-argumentative mode of persuasion, but a precondition of legal argumentation as well, should therefore be taken into account by legal argumentation theory as one of the requirements of proper legal argumentation. But sincerity as such can not be measured. It is by acts, that is, by rulings, that the judiciary proves to be sincere. Whereas sincerity is a necessary condition for coherence in law, incoherence on a large scale could be an indicator that the judiciary as a whole does not hold true the values and purposes which are invoked when justifying the rulings. I would suggest, therefore, that in legal argumentation theory the defence principle should be supplied with the requirement of coherence.

Bibliography

Aristoteles 1991; Aristotels, *The Art of Rhetoric,* translated by H.C. Lawson-Tancred, London: Penguin 1991

Dworkin 1977: R. Dworkin, *Taking Rights Seriously,* Cambridge Mass: Harvard University Press 1977

Dworkin 1986: R. Dworkin, *Law's Empire,* London: Fontana Press 1986

Van Eemeren (et al.) 1996: F.H. van Eemeren (et al.), *Fundamentals of argumentation theory: a handbook of historical backgrounds and contemporary developments,* Mahwah N.J: Lawrence Erlbaum Associates 1996

Gadamer 1989: H-G Gadamer, *Truth and Method,* translated by J. Weinsheimer and D.G. Marshall of *Wahrhei und Methode,* London: Sheed & Ward [1975] 1989

Kahane 1982: H. Kahane, *Logic and Philosophy. A Modern Introduction,* Belmont, California: Wadsworth 1982

MacCormick 1978: N. MacCormick, *Legal Reasoning and Legal Theory,* Oxford: Clarendon Press 1978

Searle 1994: J.R. Searle, *Speech acts. An Essay in the Philosophy of Language,* Cambridge Mass.: Cambridge University Press [1969] 1994

II. Analysis and Representation of Argumentations / Análisis y representación de argumentos

Eveline T. Feteris, Amsterdam

The Rational Reconstruction of Teleological-Evaluative Arguments

Abstract

In this contribution I develop an instrument for the rational reconstruction, that is the analysis and evaluation, of complex teleological-evaluative argumentation in which a judicial decision is justified by referring to the consequences in relation to the purpose and values the rule aims to promote. To develop this instrument, I integrate ideas from legal philosophy and legal theory about the function and use of forms of legal interpretation and reasoning, and argumentation-theoretical ideas about the analysis and evaluation of argumentation. I show how these ideas can be used to develop a model that can serve as a heuristic tool for making explicit the underlying assumptions in the analysis and a critical tool for establishing the forms of critique that are relevant in the evaluation. The model is applied to reconstruct concrete examples from legal practice. I demonstrate that the instrument thus developed can offer an instrument that can bridge the gap between more abstract discussions of forms of legal argumentation on the one hand, and legal arguments as they occur in actual legal practice on the other hand.

1. Introduction

Teleological-evaluative argumentation in which a judge refers to the consequences of application of a legal rule in relation to its goal is an important form of argumentation to justify a legal decision in hard cases in which the outcomes of alternative interpretations of a legal rule must be evaluated in light of the purposes and values the rule aims to promote. As MacCormick and Summers (1991) observe in *Interpreting statutes*, it often constitutes the finally justifying argumentation in cases in which judges refer to the fundamental values of the legal order. Because legal rules are an instrument to realize certain legal, social or economic goals and values, argumentation in which a judge refers to the consequences of the decision in relation to the purposes and values of the rule is considered as an important form of argumentation.[1] However, because this form of argumentation allows a judge a discretionary space to make certain choices that are based on value judgements of the interpreter, from the perspective of the legitimacy of judicial decision-making this raises the question whether such justifications can be considered as rational. To answer this question, it is necessary to establish on what kinds of arguments such justifications are exactly based and under what conditions such justifications can be considered as rational.

In the literature on legal interpretation and legal reasoning authors concentrate on the logical analysis of 'classical' forms of single arguments used in the context of teleological interpretation and consequentialist reasoning. However, they do not address the role of these forms of single arguments used in the justification of judicial decisions that consist of complex argumentation in which consequences, purposes, principles, values and interests are used in balancing various alternative interpretations of a rule and they do not specify under what conditions such justifications could be considered as rational. No attention is paid to methods for analysing and evaluating complex forms of teleological-evaluative argumentation as they are used in legal practice.

The aim of this contribution is to develop an instrument for the rational reconstruction, that is the analysis and evaluation, of complex teleological-evaluative argumentation in which a judicial decision is justified by referring to the consequences in

1 See for example Fuller (1964), Wróblewski (1992, pp. 103–107), Lyons (1993, pp. 125–126).

relation to the purpose and values the rule aims to promote. To develop this instrument, I integrate ideas from legal philosophy and legal theory about the function and use of forms of legal interpretation and reasoning, and argumentation-theoretical ideas about the analysis and evaluation of argumentation.[2] I show how these ideas can be used to develop a model that can serve as a heuristic tool for making explicit the underlying assumptions in the analysis and a critical tool for establishing the forms of critique that are relevant in the evaluation. The model is applied to reconstruct concrete examples from legal practice. I demonstrate that the instrument thus developed can offer an instrument that can bridge the gap between more abstract discussions of forms of legal argumentation on the one hand, and legal arguments as they occur in actual legal practice on the other hand.

2 The Justification of Legal Decisions and the Role of Teleological-Evaluative Argumentation

The rationale for using teleological-evaluative argumentation referring to the consequences of application of a legal rule in relation to the purpose of the statute can, as has already been said, be found in considering legal rules as an instrument for realizing certain legal, social and economic goals. As Fuller (1958: 665) states it, the meaning of a legal rule should be established on the basis of the good the rule aims to promote or the evil it seeks to avert.[3] Legal rules are designed to promote certain values that are considered essential from the perspective of justice or public good. Various authors in legal philosophy and legal theory such as Bell (1983), Eskridge (1994), Fuller (1948, 1958), Gottlieb (1968), Lyons (1993: 41–63), MacCormick and Summers (1991: 518–519), Summers (1978), Wróblewski (1992: 103–107) contend that in the application of legal rules judges should apply and interpret them in such a way that the consequences are conducive to realizing such goals and values. The purpose of a statute so understood forms an evaluative ground for considering the consequences of possible interpretations as favourable or unfavourable for realizing the postulated purpose. Application of a rule that would lead to consequences that are contrary to their purposes would be undesirable from this perspective.

In their international research project *Interpreting Statutes* MacCormick and Summers (1991: 514 ff.) call the forms of argumentation used in the context of the interpretation of statutes when referring to the purposes and values that are supposed to be realized by a statutory rule teleological-evaluative argumentation. Within this category of argumentation on the basis of consequences and goals various forms of argumentation can be distinguished: teleological argumentation, functional argumentation, argumentation from consequence, and reductio ad absurdum, argumentation from substantive reasons based on conceptions of rightness.

According to MacCormick and Summers (1991: 384–385) every interpretation of a statute can be refuted by teleological-evaluative arguments if their adoption would

2 For a more extensive application of the pragma-dialectical theory to the reconstruction of legal argumentation see Feteris (1999), (2002a,b), (2003), (2004).

3 According to Fuller (1958 p. 666), the meaning of a statutory provision should be established in the light of the purpose, objective, goals, or the rationales underlying a legal rule. In a pure version of the purpose theory of interpretation the meaning of a rule should be established on the basis of "the good the rule aims to promote or the evil it seeks to avert", even if this would imply deviating from the plain meaning of the words of the rule. In Fuller's (1948 pp. 625–626) view, if a court implements the purpose of the rule and deviates from the plain meaning, the court does not supplant the will of the legislator but instead makes that will fully effective.

generate unacceptable consequences. In their view, consequentialist arguments and the purposes and values they invoke often constitute the finally justifying arguments in cases in which judges refer to the fundamental values of the legal order. Such arguments are often used in a context in which there is a conflict between the standard ordinary or technical meaning and the meaning that would best serve the ultimate purpose of the statute (1991: 484–485). In such contexts, in his argumentation the judge will have to balance the rival interpretations on the basis of the consequences in relation to the purpose of the statute. In some cases argumentation on the basis of purpose and consequences has the function of extending the scope of application, in other cases it has the function of limiting the scope of the rule.

Although they acknowledge that teleological-evaluative argumentation plays an important role in justifying a legal decision, the authors in legal philosophy and legal theory do not pay specific attention to the content and structure of this complex form of argumentation, and they do not pay any special intention to the analysis and evaluation of concrete examples of this complex form of argumentation.[4] In order to establish how such complex argumentation can be reconstructed in a rational way, I will use the pragma-dialectical perspective for developing an instrument for a rational reconstruction and illustrate how it can be applied to some concrete examples.

3 A Pragma-Dialectical Instrument for the Rational Reconstruction of Teleological-Evaluative Argumentation

From a pragma-dialectical perspective, argumentation is reconstructed as part of a critical discussion which implies for the reconstruction that it should reflect the dialogical context in which the judge justifies his decision against certain forms of critique. The reconstruction should first reflect the complexity of the argumentation in relation to the nature of the dispute and second the way in which the judge reacts to or anticipates various forms of rational critique. In what follows I will describe how the complex argumentation can be modeled so as to clarify the underlying choices and levels in the justification.

3.1 The Complexity of the Argumentation in Relation to the Nature of the Dispute

In pragma-dialectical terms, a judge who argues that application of a legal rule (from a statute or other legal source) would have desirable or undesirable consequences in relation to the purpose of the rule does this in the context of a mixed dispute in which one party argues that a particular rule should be applied in the concrete case and the other party argues that this rule should not be applied.[5] This implies that the reconstruction on the level of the main argumentation should reflect the choice between the rival points of view of the parties in dispute regarding the preferred interpretation and should therefore reflect the balancing of the two positions on the basis of desirable and undesirable consequences in relation to the purpose of the rule.

4 Alexy (1989) and Peczenik (1989) describe the logical form of single arguments used in the interpretation of legal rules such as teleological argumentation and the argument from unacceptability. However, they do not give a reconstruction of how these single arguments are used in complex justifications and they do not pay attention to how the logical descriptions should be used to analyze and evaluate examples from actual legal practice.

5 For a description of the structure of various forms of disputes see van Eemeren and Grootendorst (1992, chapter 2).

If a judge chooses for the application of a rule X in a specific sense or interpretation X', and rejects the opposite view to apply X in an alternative sense or interpretation X'', by taking into consideration the consequences of application, on the first level the ar-gumentation should consist of the following two single consequentialist arguments which can be schematized as follows:

(1a)
1' Application of rule X (in interpretation X') is desirable
1.1a Application of rule X (in interpretation X') leads to Y'
1.1b Y' is desirable

(1b)
1'' Application of rule X (in interpretation X'') is undesirable
1.1c Application of rule X (in interpretation X'') leads to Y''
1.1d Y'' is undesirable

The complementing argument in which the balancing of the two alternatives reconstructed as (1a) and (1b) is expressed can be reconstructed as follows:

1.1e If application of rule X (in interpretation X') leads to Y', and Y' is desirable, and if application of rule X (in interpretation X'') leads to Y'' and Y'' is undesirable, then application of rule X (in interpretation X') is desirable

Underlying the single arguments (1a) and (1b) is an argumentation scheme that is in pragma-dialectical theory called pragmatic/instrumental argumentation. The arguments 1.1a and 1.1c are descriptive arguments expressing a causal relation between application of X and the consequence Y.[6] The arguments 1.1b and 1.1d are normative arguments expressing the (un)desirability of Y.

On the first level the complex argumentation should be reconstructed in such a way that it reflects the choice between the two rival alternatives. When the argumentation is reconstructed, it results in making explicit the complex argumentation that reflects the structure of the mixed dispute which implies that a combination of two single arguments and a preference for one of the two should be reconstructed (although in practice often the argument 1a remains implicit).

3.2 The Complexity of the Argumentation in Relation to the Reactions to Various Forms of Critique

From a pragma-dialectical perspective, a judge who puts forward the pragmatic/instrumental argumentation reconstructed as (1a) and (1b) above has a burden of proof for answering the critical questions belonging to this argumentation scheme which can be formulated as follows: [7]

1. Does application of rule X (in interpretation X') lead to Y?
2. Is Y indeed (un)desirable?

In the context of our form of complex argumentation question 2 is of interest which asks for a justification of argument 1.1b and 1.1d. As an answer to this question the judge should specify why the consequences are (un)desirable from the perspective of the goal or purpose of the rule. Thus, in the reconstruction a second level of subordinate argumentation should be reconstructed that reflects the supporting argumentation

6 The consequences can be the causal consequences for the parties in the concrete situation or the consequences of application of the rule in a similar way in future similar situations.

7 For a description of the various relevant critical questions belonging to pragmatic argumentation in a legal context see Feteris (2003).

justifying the (un)desirability of the consequences in relation to the purpose that can be considered as an answer to this critical question:

(2a)
1.1b Consequence Y' is desirable
1.1b.1a Consequence Y' is compatible with purpose or goal P
1.1b.1b Purpose P is intended by the historical legislator/ Purpose P is a rational purpose objectively prescribed by the valid legal order
(1.1b.1a–1.1.1b')

If P is intended by the historical legislator/If P is a rational purpose objectively prescribed by the valid legal order, and if Y' is compatible with P, then Y' is desirable

(2b)
1.1d Consequence Y" is undesirable
1.1d.1a Consequence Y" is incompatible with purpose P
1.1d.1b Purpose P is intended by the historical legislator/ Purpose P is a rational purpose objectively prescribed by the valid legal order
(1.1d.1a–1.1d.1b')
If P is intended by the historical legislator/If P is a rational purpose objectively prescribed by the valid legal order, and if Y" is incompatible with P, then Y" is undesirable

In legal theory, this form of argumentation is often characterized as argumentation from coherence with certain legal purposes, goals, policies, principles and values.[8]

The argument 1.1b.1b/1.1d.1b, in its turn, can be questioned. This requires a further justification that provides an answer to the critical question in relation to this argument. Depending on whether the judge has referred to the purpose intended by the historical legislator (and thus opting for a subjective teleological interpretation of the rule) or the rational purpose objectively prescribed by the valid legal order (and thus opting for an objective teleological interpretation), in his supporting argumentation he will have to refer to the intention of the historical legislator or to goals, principles and values underlying the rule that constitute the ratio legis, the rationale or purpose of the rule. This argumentation can be reconstructed as follows:

(3)
1.1b.1b Purpose or goal P is intended by the historical legislator/ a rational goal objectively prescribed by the valid legal order
1.1b.1b.1a Purpose P can be found in the following legal documents (...)/ purpose P is underlying the following rules, principles and values of the valid legal order (...)

For a complete reconstruction of the complex argumentation in which a judge justifies his decision by referring to the consequences in relation to the purpose of the rule, from a pragma-dialectical perspective the main argumentation should be reconstructed as I have described in section 3.1 and the subordinate argumentation as I have described in section 3.2.[9] The main argumentation reconstructed as (1a) and

8 For a more extensive discussion of argumentation from coherence see Bertea (to be published) and MacCormick (1978).

9 In a justification that consists of only teleological argumentation the argumentation on the first and second level that I have reconstructed here are condensed in the example. The intermediate step that refers to the consequences remains implicit. For a pragma-dialectical reconstruction of teleological argumentation see Feteris (2003). For a discussion of the various levels that can be distinguished in the justification of judicial decisions in which various alternative interpretations are balanced on the basis of principles see Burg (2000).

(1b) and the subargumentation reconstructed as (2a) and (2b) are obligatory from the perspective of the burden of proof for answering the critical questions. The argument (3) is an extra justification, depending on whether the purpose P is disputed or not. From the perspective of the legitimacy of a decision based on teleological-evaluative argumentation, the reconstruction makes clear which arguments are underlying a decision based on this method of interpretation and are in need of justification. The reconstruction with the aid of this model forms a heuristic and critical tool to make the balancing between the two interpretations explicit by reconstructing the main argumentation from the horizontal perspective as the schemes (1a) and (1b), supplemented by the balancing argument 1.1e. By reconstructing the subordinate argumentation (2a), (2b) and (3), from the vertical perspective the burden of proof of a judge who uses teleological-evaluative argumentation is reconstructed by making explicit the underlying choices and assumptions.

How the instrument can be applied in different situations in which this form of argumentation is used will be the subject of the next section.

4. Application of the Pragma-Dialectical Instrument to Examples of Teleological-Evaluative Argumentation

In a legal context, teleological-evaluative argumentation can be implemented in various ways. As I have indicated in section 2 it is often used in a context in which there is a conflict between the standard ordinary or technical meaning and the meaning that would best serve the ultimate purpose of the statute. In this section in 4.1 I will discuss two examples from contexts in which the argumentation is used to limit the range of application of the rule and in 4.2 I will discuss two examples from a context in which it is used to extend the range of application of the rule.[10]

4.1 Limiting the Range of Application of a Rule on the Basis of the Absurd Consequences of a Broad Application in Relation to the Purpose of the Rule

The first example (A) is a decision from the US Supreme Court in the famous and classical case Holy Trinity Church v. US (143 U.S. 457) from February 29, 1892. In this case the Supreme Court was called upon to decide whether or not the act prohibiting the importation of foreigners and aliens under contract to perform labour in the United States (chapter 164, 23 St. p. 332) applied to an English Christian minister who had come to the United States to enter into the service of the Protestant Episcopal Holy Trinity Church in the city of New York as rector and pastor.

According to the United States and the circuit judge the church was in error because the contract was forbidden by chapter 164, 23 St. p. 332 according to which it is unlawful for any person to assist or encourage in any way the importation or migration of any alien or foreigner into the United States to perform labour or service of any kind. The opinion of the Supreme Court, delivered by Justice Brewer, is that this immigration statute should, in the concrete case, not be applied to the act of the church, although the act is within the letter of this section. In his view application in the

10 MacCormick and Summers (1991: 472 and 485) make a distinction between the use of teleological-evaluative arguments in a context in which the range of application of a statutory provision is extended (if the meaning of the language of the statute does not go far enough to fully implement the purpose) and a context in which the range of application is restricted/reduced (if the meaning would include more than that required to implement the purpose).

broad meaning would have an absurd result because it would be contrary to the spirit of the statute and the intention of the legislature. He argues that Congress never had in mind any purpose of prohibiting 'the coming into the U.S. of ministers of the gospel'. He maintains that the meaning of a statute can be found in the evil which it is designed to remedy, in this case the practice of large capitalists who contracted their agents abroad for the shipment of great numbers of 'an ignorant and servile class of foreign labourers' under contracts by which the employer agreed to prepay their passage and the labourers agreed to work after their arrival for a certain time at a low rate of wages.

The second example (B) called the Unworthy Grandson is from Dutch civil law and is about the question whether someone who has been condemned to life imprisonment in Australia because he has killed his father and the wife of his father, has a right to his father's legal part of the inheritance of his grandmother. In this case the Court of justice decides that the rule of clause 4: 889 jo and clause 4: 960 of of the Dutch Civil Code that give a child as a substitute a right to the legal part of the inheritance of a deceased parent is not applicable in the concrete case (Court of Justice Amsterdam August 15 2002, NJ 2003, 53). The court argues that in the concrete circumstances it can be justified to make an exception on the basis of reasonableness and fairness because the application would result in an unacceptable consequence that would not be compatible with the purpose and purport of the rule. Furthermore the legal consequence would be unacceptable from the perspective of reasonableness and fairness because the grandson would profit from the intentionally caused death of his father by receiving his father's part in the inheritance.

The reconstruction of the two examples can be schematized as follows:

Example A

Argumentation on the main level

1'	Application of rule X in the narrow interpretation X', implying that the rule does not apply to foreigners who perform labor as ministers of the gospel, is desirable
1.1a	Application of rule X in interpretation X' leads to Y', that ministers of the gospel will be allowed to come to the US
1.1b	Y' is desirable
1''	Application of rule X in the broad interpretation X'', implying that the rule applies to all foreigners who perform labour, is undesirable
1.1c	Application of rule X in interpretation X'' would have the absurd result Y'' ,that ministers of the gospel would not be allowed to come to the US
1.1e	Y'' is undesirable

Argumentation on the subordinate level

1.1b	Consequence Y' is desirable
1.1b.1a	Consequence Y' is compatible with purpose or goal P
1.1b.1b	Purpose P is intended by the historical legislator
1.1d	Consequence Y'' is undesirable
1.1d.1a	Consequence Y'' would be contrary to the spirit of the statute and the intention of the legislature P, implying that the purpose of the rule was to prevent large capitalists from shipping great numbers of ignorant and servile foreign labourers to the US who agreed to work after their arrival for a certain time at a low rate of wages
1.1d.1b	Purpose P is intended by the historical legislator

Example B

Argumentation on the main level

1' Application of rule X, in the narrow interpretation X', implying that the rule does not apply to a son who has murdered his father, is desirable
1.1a Application of rule X in interpretation X' leads to Y' , that the son who is a murderer does not profit from his act of murdering his father
1.1b Y' is desirable

1" Application of rule X in the broad interpretation X", implying that the rule applies to a son who has murdered his father, is undesirable
1.1c Application of rule X in interpretation X" would have the absurd result Y" , that the son who is a murderer would profit from his act of murdering his father
1.1e Y" is undesirable

Argumentation on the subordinate level

1.1b Consequence Y' is desirable
1.1b.1a Consequence Y' is compatible with purpose or goal P
1.1b.1b Purpose P is a rational purpose objectively prescribed by the valid legal order

1.1d Consequence Y" is undesirable
1.1d.1a Consequence Y" would be contrary to the spirit of the statute P
1.1d.1b Purpose P is a rational goal objectively prescribed by the valid legal order
1.1d.1c Consequence Y would be unacceptable from the perspective of reasonableness and fairness

1.1d.c1.1 The grandson would profit from the intentionally caused death of his father by receiving his father's part in the inheritance.

The general pattern of the reconstruction on the main level and the subordinate level is the same in both cases. The argumentation on the main level should be reconstructed as described in section 3.1, where the single argument (1a) represents the preferred narrow application that makes an exception to the statute arguing that this would have acceptable consequences in the concrete case and the single argument (1b) represents the rejected literal broad application arguing that this would have absurd consequences. In the reconstruction, the absurdity of the consequences is defended by subordinate argumentation on the second level in which the judges puts forward teleological argumentation that constitutes a specific implementation of (2a) and (2b). With this argumentation he reacts to the critical question why consequence Y' is desirable and Y" is undesirable. In his supporting argumentation the judge maintains that it cannot have been the intention of the legislature to include the present case in the area of application of the statute. This intention is defended by argumentation (3) in which he refers to the purpose of the rule.

The differences in the two cases concern the implementation of the content of the teleological argumentation on the subordinate level in the arguments (2a) and (2b). In (A) the teleological argumentation refers to the reconstructed purpose of the historical legislator on the basis of the evil the rule was intended to remedy, in (B) the argumentation refers to the reconstructed will of a rational legislator stating the good the rule tries to promote. Depending on the nature of the intention the supporting argumentation (3) on the third level consists of reference to historical documents in (A) and reference to principles and values such as reasonableness and fairness in (B). Furthermore there are various possibilities of further coordinative argumentation that reinforces the chosen exception on the basis of the purpose, such as the common understanding of the term 'labor' (in A) or principles and values such as reasonableness and fairness (in B).

4.2 Extending the Range of Application of a Rule on the Basis of the Absurd Consequences of a Strict Application in Relation to the Purpose of the Rule

The following two examples are from Dutch civil law in which the Dutch Supreme Court had to give a decision about a request for the legalization of a child that has not yet been recognized by the father. In (C) the father dies before he has knowledge of the pregnancy (Hoge Raad December 3, 1992, NJ 1993, 731), in (D) the father lapses into a coma before the child is born (Hoge Raad November 21, 1996, NJ 1997, 422). The central question is whether the rule of article 215, second section (book 1) of the Dutch Civil Code that rules that a request for legalization can be submitted if the man who has knowledge of the pregnancy of a child and has the intention of marrying the mother dies before the child is born without having recognized the child, is applicable in this case.

In its strict sense, in these cases this rule would not be applicable because in (C) the father did not have knowledge of the pregnancy and in (D) it requires that the father dies before the child is born. However, the Supreme Court decides that a strict application of this requirement would lead to an unacceptable result that evidently has not been intended by the legislator, that the child is refused the state of a legal child. In (C) for the sole reason that the father died so soon after the conception that he could not have had knowledge of the pregnancy, in (D) for the sole reason that the father, with whom it was impossible to have any contact for several days before the child was born, died several days after the child was born. The purport of the rule – legalization of a child that has not yet been recognized in cases in which an intended marriage cannot take place because of the death of the father – does not oblige to accept this result. According to the Supreme Court a reasonable application of law therefore implies that the range of application of the rule should be broadened so that it is also applicable to cases like the present case.

Although the standpoint in these two cases differs from the standpoint in the previous two cases because the judge here argues for an extension of the scope of the rule, the general pattern of the reconstruction on the main level and the subordinate level is the same. In the teleological argumentation on the subordinate level the argument referring to the purpose of the rule is reconstructed here as the reconstructed will of a rational legislator. The coordinative argumentation in (D) consists of the argument that the concrete case is (in the context of application of this rule) similar to the case in which the father dies before the child is born. Although the court does not refer explicitly to an underlying principle or value, from this coordinative argument it can be deduced that the court tries to develop a more general principle underlying the concrete cases on the basis of relevant similarities regarding the good the rule is intended to promote, i.e. making it possible to have a child recognized as the child of its father.

5. Conclusion

In this contribution I have integrated insights from legal philosophy and legal theory into a pragma-dialectical framework to develop an instrument for a rational reconstruction of teleological-evaluative argumentation referring to consequences and purposes in the application of legal rules. The instrument offers a tool that can be used for the analysis and evaluation of all forms of complex argumentation in contexts in which the application of a legal rule is disputed and where the judge refers to consequences in relation to the purpose of the rule. It makes clear that this complex argumentation consists of a combination of different forms of single argumentation that supplement and support each other in a specific way and that the single arguments have a different function and content on the different levels.

The rationale for the reconstruction is given by the pragma-dialectical perspective that makes clear that the decision should be analysed as part of a discussion about two rival interpretations of a legal rule where a judge has to react to certain critical questions that are relevant on the different levels of the argumentation. I have shown that in different contexts of the application of legal rules there is a general pattern on the main and subordinate level that can be accounted for on the basis of the dialectical perspective. This perspective makes it possible to show that the complexity of the argumentation is related to the nature of the dispute and the various reactions to different forms of critique. It makes clear how the balancing between two rival interpretations can be reconstructed in a rational way. In this way the instrument offers a heuristic tool for reconstructing the argumentative steps that are required for a complete justification of the decision and it offers a critical tool by clarifying the elements of the justification that should be submitted to critique. By thus applying the instrument to examples from legal practice the gap between normative descriptions of forms of legal reasoning and legal interpretation on the one hand, and actual legal practice on the other hand can be bridged.

Bibliography

Alexy, R. (1989). A theory of legal argumentation. The theory of rational discourse as theory of legal justification. Oxford: Clarendon Press. (Translation of Theorie der juristischen Argumentation. Die Theorie des rationalen Diskurses als Theorie der juristischen Begründung. Frankfurt a.M.: Suhrkamp, 1978).

Bell, J. (1983). Policy arguments in judicial decisions. Oxford: Clarendon Press.

Bertea, S. (2006). Does arguing from coherence make sense? *Argumentation. Special issue on legal argumentation.*

Burg, E. (2000). The model of principles. Dissertation University of Amsterdam.

Dworkin (1986). Law's empire. London: Fontana.

Eemeren, F.H. van, R. Grootendorst (1992). Argumentation, Communication and Fallacies. Hillsdale, NJ: Erlbaum.

Eemeren, F.H. van, R. Grootendorst (2004). A systematic theory of argumentation. The pragma-dialectical approach. Cambridge: Cambridge University Press.

Eskridge, W.N. jr. (1994). Dynamic statutory interpretation. Cambridge, MA: Harvard University Press.

Feteris, E.T. (1999). Fundamentals of legal argumentation. Dordrecht etc.: Kluwer.

Feteris, E.T. (2002a). 'A pragma-dialectical approach of the analysis and evaluation of pragmatic argumentation in a legal context'. In: Argumentation, Vol. 16, No. 3, pp. 349–367.

Feteris, E.T. (2002b). 'The role of arguments from consequences in practical argumentation in a legal context'. In H. Hansen C.W. Tindale, J.A. Blair, R.H. Johnson, R.C. Pinto (eds.), Argumentation and its applications. Ontario Society for the Study of Argumentation.(CD-rom)

Feteris, E.T. (2003). 'The rational reconstruction of pragmatic argumentation in a legal context: the analysis and evaluation of teleological argumentation'. In: F.H. van Eemeren, J.A. Blair, C.W.

Willard (eds.), Proceedings of the fifth ISSA conference on argumentation.
Feteris, E.T. (2004). 'Arguments from unacceptable consequences and a reasonable application of law'. In: J.A. Blair, D. Farr, H.V. Hansen, R.H. Johnson, C.W. Tindale (eds.), Informal Logic@25. Windsor, ON: OSSA (CD-rom)
Fuller, L. (1948). 'The case of the Speluncean Explorers' law'. In: J.A. Blair, D. Farr, H.V. Hansen, R.H. Johnson, C.W. Tindale Harvard Law Review, Vol. 62.
Fuller, L. (1958). 'Positivism and the fidelity to law – A (eds.), Informal Logic@25. Windsor, ON: OSSA (CD-rom) reply to professor Hart'. Harvard Law Review, Vol. 71.
Golding, M. (1984). Legal reasoning. New York: Knopf.
Gottlieb, G. (1968). The logic of choice: An investigation of the concepts of rule and rationality. London: Allen and Unwin.
MacCormick, D.N. (1978). Legal reasoning and legal theory. Oxford: Clarendon Press.
MacCormick, N and R.S. Summers (1991). Interpreting statutes. A comparative study. Aldershot etc.: Dartmouth.
Peczenik, A. (1989). On law and reason. Dordrecht etc.: Kluwer.
Pontier, J.A., E. Burg (2004). EU Principles on jurisdiction and recognition and enforcement of judgments in civil and commercial matters according to the case law of the European Court of Justice. The Hague: Asser Press.
Summers, R.S. (1978). 'Two types of substantive reasons: The core of a theory of Common-Law justification', Cornell Law Review, 63, p. 707–788.
Wróblewski, J. (1992). The judicial application of law. (Edited by Zenon Bankowski and Neil MacCormick). Dordrecht etc.: Kluwer.

Harm Kloosterhuis, Rotterdam

Ad Absurdum Arguments in Legal Decisions

1 Introduction

On 27 July 1999 a hot-air balloon owned by Ballon BV landed in a pasture belonging to Verburg; the tip of the balloon ended on the adjacent property of De Jong. Verburg and De Jong threatened to prevent the balloon's removal until they had received an amount of 5000 Dutch guilders in damages from Ballon BV. The company paid under protest. Ballon BV then sued Verburg and De Jong before the sub-district court, stating that Verburg and De Jong had wrongfully forced Ballon BV to pay an amount that was not due. In response, Verburg and De Jong argued that they had merely exercised their right of retention under Section 5:23 of the Dutch Civil Code with a view to receiving an advance on the damages that were due to them. The plaintiff had not been wrongfully forced to make payment, therefore, nor was the payment made by the plaintiff undue, because the balloon's landing had caused at least the amount of loss and damage demanded.[1] The sub-district court held as follows:

> Section 5:23 of the Dutch Civil Code provides (in summary) that an object (or animal) that finds its way onto another person's property other than through the wilful or negligent act of the owner may be traced and removed by the owner if and when he so requests. The defendants [Verburg and De Jong] argued that the balloon's landing in the case at hand did not fall within the scope of Section 5:23 because the plaintiff had wilfully landed the balloon on their land. Consequently, the plaintiff did not have a right per se to remove the balloon.[2]

As to the question of whether or not the plaintiff had acted wilfully as required under Section 5:23 of the Dutch Civil Code, the sub-district court held as follows:

> The plaintiff might have been deemed to have acted wilfully as defined in Section 5:23 if the plaintiff had had the intention from the very beginning of the flight to land the balloon on the defendants' land. No such wilfulness was asserted or proven, however. The fact that the plaintiff decided in the last phase of the flight to land the balloon on the defendants' land does not make the landing a wilful act. If this were different, each and every successful landing should be regarded as wilful, which is at odds with the fact that Dutch aviation law permits untethered balloons to land everywhere except on public roads and in high-density developed, industrial and port areas. Consequently, Section 5:23 of the Dutch Civil Code does apply, and the plaintiff was entitled to remove the balloon from the property or properties concerned.

In the case described above, the court justified its interpretation of the term 'wilful act' as used in Section 5:23 of the Dutch Civil Code by resorting to an *argumentum ad*

1 Verburg alleged that the landing had caused damage because one of his broodmares in foal had panicked and bolted as a result of the landing. The mare had sustained leg injuries for which the plaintiff had to call in a veterinarian. The defendant feared that the event would trigger a miscarriage in the critical period, between the seventh and eight month of gestation. The veterinarian fees and the new stud fee amounted to NLG 1,908.88.
De Jong claimed that damage had been caused because his breeding ducks had panicked and fled beneath a grid, where 371 ducks had died of suffocation. Another 350 ducks had escaped, 80 of which had later returned and another 59 of which had been recaptured by De Jong. His damage was estimated at NLG 7,887, and the plaintiff's insurance company had already paid this sum to De Jong.

2 Section 5:23(1) of the Dutch Civil Court reads as follows: If an object or animal finds its way onto another person's land other than through the wilful or negligent act of the owner, the land owner must allow him, on request, to trace and remove the object or animal. Section 5:23(2) provides as follows: If any loss or damage is caused by the owner when tracing and removing his object or animal, compensation must be paid to the land owner, who will have a right to retain the object or animal with a view to receiving such compensation.

absurdum, which is one of the argument schemes regarded as a *specific legal reasoning method* in legal theory. In this kind of argumentation, also referred to as *reductio ad absurdum*, the interpretation of a rule of law is defended by pointing to the absurd, illogical, undesired or otherwise negative effect that would arise if any *other* (e.g. an opposite) interpretation were to be defended. The unwanted interpretation is put forward in the reasoning by way of an hypothesis.[3] In the example above, the interpretation of the term 'wilful act' as used in Section 5:23 is justified by the argument that any opposite interpretation would have an illogical consequence.

In this paper, I will examine which types of *argumentum ad absurdum* can be used in cases where this reasoning is used to defend a particular interpretation of a rule of law. Taking Alexy's analysis of the *argumentum ad absurdum* as a basis, I will first formulate a number of objections to the way in which the reasoning is described in legal theory. I will then attempt to characterize this type of reasoning based on the typology of constructive reasoning developed by MacCormick and Summers (1991), thereby specifically focusing on the relationship between the *argumentum ad absurdum* and pragmatic reasoning.

2 Analyses of the *Argumentum ad Absurdum* in Legal Theory

In legal theory, the *argumentum ad absurdum* is generally analyzed as a form of logical reasoning. Authors such as Alexy, Klug and Schneider try to answer the questions arising from the argument's analysis and evaluation by using a reconstruction method in which the question of whether the conclusion can be deducted from the premises forms the centrepiece.[4] Alexy (1983: 345) defines the *argumentum ad absurdum* – which he terms *Untragbarkeitsargument* – as follows: (...)[5]:

(1) $O \neg Z$
(2) $R' => Z$
(3) $\neg R'$

The conclusion (3) in this reasoning model is that interpretation R' of norm R is false ('nicht zulässig') because R' will trigger consequence Z (2) and consequence Z must be regarded as prohibited ('als verboten') (1). The logical structure underlying this reasoning is Modus Tollens.[6] Using this modus, Alexy reconstructs the *argumentum ad absurdum* as a logically valid reasoning. However, to test the overall reasoning not just against its logical validity, but also in terms of acceptability, Alexy asserts that premises (1) and (2) must be tested against their acceptability. Premise (1) can be justified by general practical arguments, premise (2) by empirical arguments.

3 See Gerlofs (2000: 184), who refers to the *argumentum ad absurdum* in the context of her analysis of argumentation processes in which hypothetical statements are presented.

4 See Diederichsen (1973: 158), who stated that, in logics, the *reductio ad absurdum* is defined as 'ein *Beweisverfahren* [...], das *entweder* aus der Ableitung unmöglicher (widersprüchlicher) Konsequenzen aus einer Behauptung diese widerlegt *oder* deren Richtigkeit dartut, indem der Nachweis geführt wird, daß aus ihrem Gegenteil, der Negation dieser Aussage, unmögliche (weil widersprüchliche) Konsequenzen folgen. Gleichsam in einem vulgarisierten Sinne läßt man als 'reductio ad absurdum' aber auch den (nicht exakt zu führenden) Nachweis gelten, daß eine Behauptung zu sinnlosen oder aus irgendwelchen Gründen sonst inakzeptablen Folgerungen nötigt.

5 'O' stands for the deontic operator 'must'.

6 Modus Tollens provides for the following reasoning: "If P, then Q – Q is false – therefore P is false". Alexy and others assume that this logical structure is also fully applicable to argument schemes in which a hypothesis is accepted that the debater does not consider to be binding on him.

The general objections that exist with regard to the logical reconstruction of other legal reasoning schemes are also valid in respect of this reconstruction of the *argumentum ad absurdum* scheme. The context of the argument structure is made abstract in the analysis, and no attention is paid to the question of why the court resorts to the *argumentum ad absurdum*. An abstract approach such as this makes it impossible to explain the 'specifically legal' aspect of the reasoning. This approach to the *argumentum ad absurdum* and other argument models can be characterized as monologic and product-oriented: monologic because the dialectical context of the reasoning is made abstract in the reconstruction; product-oriented because the reconstruction is aimed at the end product of the argumentation process.[7]

Another problem in this type of analysis is the fact that no attention is paid to any forms of complex argumentation that may arise from using the *argumentum ad absurdum* in practice. Most of the logical reconstructions of the *argumentum ad absurdum*, therefore, involve a simple reasoning model with two premises and a conclusion. Added to this is the fact that no explanation is given of how to arrive at a reconstruction of the argumentation.

In a logical approach, an evaluation of the *argumentum ad absurdum* is limited to an assessment of the acceptability of the premises and an assessment of the reasoning's logical validity. In the assessment of the acceptability of the premises, no account is taken of the specific hypothetical nature of either premise. As Gerlofs (2000) and others put it, hypothetical statements presented by way of an argument should not be treated as 'normal' statements, because a person making a hypothetical statement does not accept the same commitments. He will not be bound, for instance, by the truth of the proposition in the antecedent.

Finally, in terms of evaluating the acceptability of the *argumentum ad absurdum*, the analyses described above fail to have regard to the pragmatic norms for using the argument structure. Similarly to the other legal reasoning schemes, the *argumentum ad absurdum* forms part of a coherent collection of interpretation methods that may only be used in specific circumstances.

3 Towards an Adequate Characterization of *Argumentum ad Absurdum* Argumentation

How can the analyses suggested by Alexy and others be worked out in greater detail so as to fit into a comprehensive and systematic method for reconstructing the reasoning used in *argumentum ad absurdum*? To answer this question, I will begin by examining the types of interpretation method that may cover this specific argumentation. If the *argumentum ad absurdum* is to be fitted into a reasoning model (informally), the fol-lowing two variants, a positive and a negative one, may be taken as a basis.

The *positive* variant can be summarized as follows:

Proposition: Interpretation X is true
Because: If X is false, it will lead to Y
And: Y is at odds with Z[8]

7 For a more detailed discussion of these components of a logical approach to legal reasoning, see Kloosterhuis (2001), Chapter 3.

8 Modus Tollens: If X is false, then Y; Y is false; therefore X is true.

The *negative* variant would then be as follows:

Proposition: Interpretation X is false
Because: If X is true, it will lead to Y
And: Y is at odds with Z[9]

In the case described above, the court used the second, negative variant. The court's reasoning can be summarized as follows:

Proposition: The interpretation that a 'wilful act' as defined in Section 5:23 of the Dutch Civil Code must be assumed to have been performed if a decision for a specific landing site is made in the last phase of the flight is false.
Because: If this interpretation is true, each successful landing will be a wilful act.
And: The assumption that each successful landing is a wilful act is at odds with the provision in Dutch aviation law that allows untethered balloons to land everywhere except on public roads and in high-density developed, industrial and port areas.

What are the general characteristics of this reasoning? To continue my argument, it is important to first identify the nature of the proposition expressed in the standpoint in greater detail. The standpoint claims that a certain interpretation of a rule of law is true/false or (un)acceptable. It is a *descriptive* proposition (Van Eemeren and Grootendorst 1992: 159). A proper characterization of the type of proposition is important because different kinds of proposition give rise to different types of reasoning and critique. The criteria for propositions that are descriptive are different from those that apply to evaluative or inciting propositions.

Then the argumentation itself, which is marked by three different features. First of all, the *argumentum ad absurdum* is indirect proof. It starts from an assumption that is the opposite of the debater's proposition, *i.e.* an assumption presented by the de-bater as un acceptable interpretation. Some theorists regard this first feature as a fundamental flaw in the argumentation. How can one defend a statement by *initially* assuming that it is false?[10] Secondly, the *argumentum ad absurdum* attaches a specific consequence to the antecedent. Some theorists hence regard this reasoning as a specific form of causal argumentation. The third feature is connected to this second feature. It concerns the specific nature of the consequence invoked to defend the proposition: a contradiction, an inconsistency, an absurd consequence or an otherwise negative effect. In our example, the court invoked a generally accepted principle of the system of the law and relied on the consistency of that system in order to disqualify a specific hypothetical interpretation of a legal norm.

Because of the assumed causal nature of the reasoning and the inherent evaluation of the consequence, some authors (Alexy, Feteris, Golding) regard the *argumentum ad absurdum* as a pragmatic form of reasoning. Pragmatic reasoning can be

9 Modus Tollens: If X, then Y; Y is false; therefore X is false.

10 For those who are interested in this form of critique and the response it may trigger, I would recommend Hodges's article entitled 'An editor recalls some hopeless papers' . Gerlofs (2000:183) points out that a hypothesis can be criticized based on two different elements of that hypothesis: (i) the antecedent and (ii) the link between antecedent and consequence. Criticism of the antecedent focuses on the hypothetical context: Is the context such that a fellow debater will accept it as a basis for further reasoning? Where the link between antecedent and consequence is criticized, the assumption must be that the listener accepts the hypothetical context, but denies the consequence attached in that context. Gerlofs elaborates on this rough distinction between types of critique.

described as an argumentation defending the desirability or undesirability of a specific act or course of action. The reasoning that 'the installation of traffic lights is good because it will reduce accidents' is a simple example of pragmatic reasoning. In terms of interpreting rules of law, pragmatic reasoning means that somebody takes the position that a certain interpretation is desirable, or undesirable, because it has (un)desirable consequences. In its simplest form, in which the consequence is not defended in any greater detail, the argumentation consists of a normative statement that consequence Y is desirable and an empirical statement that act X will incite consequence Y (Feteris 1997: 98). Feteris distinguishes between two forms of pragmatic reasoning:

Positive variant:
Interpretation X is desirable
Because: X incites Y
And: Y is desirable

Negative variant:
Interpretation X' is undesirable
Because: X' incites Y'
And: Y' is undesirable

If these schemes are compared to the *argumentum ad absurdum* schemes described above, there are two noticeable aspects that merit further attention. Firstly, the proposition does not refer to a true/false or (un)acceptable interpretation, but uses the term desirable, or undesirable. The proposition is evaluative: it recommends a specific measure or course of action (Van Eemeren and Grootendorst 1992: 159). Secondly, unlike the *argumentum ad absurdum*, this reasoning always makes reference to the (un)desirable consequences incited.

This gives rise to the following question. Is the qualification of the *argumentum ad absurdum* as a form of pragmatic reasoning correct? I believe that this question can be answered both in the negative, *i.e.* where the *argumentum ad absurdum* is defined strictly, and in the affirmative, *i.e.* if the *argumentum ad absurdum* is interpreted more broadly. I will explain this answer in greater detail based on the typology of constructive arguments developed by MacCormick and Summers (1991).

MacCormick and Summers have developed a method for interpretation that defines the justification and context of the various interpretative arguments. Their ideal model for legal interpretation is based on a categorization of 11 types of argument types divided into 4 main groups: linguistic, systematical, teleological and intentional arguments. Which of these 11 types of argument comprises the *argumentum ad absurdum*? To answer this question, I believe that a distinction must be made between the *argumentum ad absurdum* in a strict sense and the *argumentum ad absurdum* in a broad sense.

The reasoning based on an *argumentum ad absurdum* in a strict sense involves a contradiction or inconsistency between a proposed interpretation of a rule of law and an undisputed, generally accepted legal interpretation or assumption. For instance, in the case described above, there is an inconsistency between the assumed meaning of the term 'wilful act' in Section 5:23 of the Dutch Civil Code and the generally accepted statutory rule that untethered balloons may land everywhere. I would qualify this form of *argumentum ad absurdum* as a systematical argument. In MacCormick and Summers's typology, it belongs to the group of contextual-harmonization arguments: "These arguments arise from the part of the statutory section in which the words in issue appear, from usage in other parts of that section, in related sections of the same statute, and in sections of closely related statutes." Therefore, if the *argumentum ad absurdum* is taken in a strict sense, the court engages in a legal interpretation that stays within the system of the law – or at least, this is how the court sees its use of this specific form of *argumentum ad absurdum*. It is understandable, therefore, that the proposition formulated in this reasoning speaks of a true/false or (un)acceptable interpretation. The proposition is descriptive. Given the law that is in force, the interpretations in question are “true”, “false”, “acceptable” or “unacceptable” rather than “desirable” or “undesirable”.

If the *argumentum ad absurdum* is defined in a broad sense, on the other hand, the inconsistency is not between a specific interpretation of a rule of law and an accepted fact within the legal system; it is between a specific interpretation and a desired effect that cannot be regarded as an undisputed principle of the legal system. In these situations, the *argumentum ad absurdum* is an argument consisting of substantive reasons rather than a systematical argument. This category of arguments is described as follows by MacCormick and Summers: “Arguments consisting of substantive reasons the weight or force of which is not essentially dependent on any authoritativeness that the reasons may also have. This type of argument consists of direct invocation of substantive reasons, that is, moral, political, economic or other social considerations.”

Therefore, when applying the *argumentum ad absurdum* in a broad sense, the courts do not stay within the bounds of the law that is in force, but create new law. In those cases, obviously, the interpretations in question qualify as “desirable” or “undesirable”, not as “true”, “false”, “acceptable” or “unacceptable”. The proposition is inciting (or evaluative) rather than descriptive. It is also defensible in those cases to qualify the *argumentum ad absurdum* as a specific form of pragmatic reasoning. Both the proposition and the argumentation involve ‘desirabilities’. The structure can be illustrated as follows:

Positive variant:
Proposition: Interpretation X is desirable
Because: A rejection of interpretation X incites Y
And: Y is at odds with Z (the result desired)

Negative variant:
Proposition: Interpretation X is undesirable
Because: Acceptance of interpretation X incites Y
And: Y is at odds with Z (the result desired)

5 Conclusion

In this paper I addressed the problem of reconstructing ad absurdum arguments in legal decicions. I have tried to formulate some leads for solving this problem by arguing that the concept of *argumentum ad absurdum* can have very different meanings in law (and probably in other areas as well). In a strict sense, the argument structure may qualify as a systematical argument; in a broader sense, it can be regarded as consisting of substantive reasons. These are very different argument schemes, each having its own criteria for analysis. The question as to what consequences this will have for an analysis of the divergent forms of argumentation is yet to be resolved. Confusion of the two variants may, for instance, lead to a judgment in which a correct interpretation is defended by reference to a desirable consequence. No member of the legal profession would want to be guilty of any such fallacy.

Literature

Alexy, R. (1983). *Theorie der juristischen Argumentation. Die Theorie des rationalen Diskurses als Theorie der juristischen Begründung.* Frankfurt: Suhrkamp.

Eemeren, F.H. van en Grootendorst, R. (1992). *Argumentation, Communication and Fallacies.* Hillsdale: Erlbaum.

Eemeren, F.H. van & R. Grootendorst, 'Het analyseren en beoordelen van betogende teksten.' In: *Tijdschrift voor Taalbeheersing*, 9–1, 1987, p. 48–66.

Feteris, E.T. (1997). 'De deugdelijkheid van pragmatische argumentatie: heiligt het doel de middelen?' In: E.T. Feteris e.a. (red.) *Op goede gronden.* Nijmegen: Ars Aequi, p. 98–106.

Feteris, E.T. (2000). 'De rol van pragmatische argumentatie in het recht: zelfstandige of aanvullende argumentatie?' In: E.T. Feteris e.a. (red.) *Met recht en reden.* Nijmegen: Ars Aequi, p. 99–107.

Fisher, A. (1988). *The logic of real arguments.* Cambridge: Cambridge University Press.

Garssen, B. (1997). *Argumentatieschema's in pragma-dialectisch perspectief. Een theoretisch en empirisch onderzoek.* Amsterdam: IFOTT.

Gerlofs, J.M. (2000). 'Het belang van de argumentatieve functie voor de analyse en beoordling van hypothetische uitspraken in discussies.' In: R. Neutelings, N. Ummelen en A. Maes (red.), Over de grenzen van de taalbeheersing. Den Haag: Sdu Uitgevers, p. 183–192.

Hodges, W. 'An editor recalls some hopeless papers.' *Bulletin of Symbolic logic*, 4 (1998), 1–16.

Golding, M.P. (1984). *Legal reasoning.* New York: Knopf.

Kloosterhuis, H. (2002). *Van overeenkomstige toepassing. De pragma-dialectische reconstructie van analogie-argumentatie in rechterlijke uitspraken.* Amsterdam: Thela Thesis.

Klug, U. (1982). *Juristische Logik.* (4e herziene druk). Berlin/Heidelberg/New York: Springer-Verlag.

MacCormick, N. (1978). *Legal reasoning and legal theory.* Oxford: Oxford University Press.

MacCormick, N., R.S. Summers (ed.) (1991). *Interpreting Statutes. A Comparative Study.* Aldershot ets.: Dartmouth.

Schneider, E (1965). *Logik für Juristen.*

Günther Kreuzbauer, Salzburg

Visualization of Legal Argumentation

Abstract

The analysis of legal argumentation is one of those topics of legal philosophy that are also practically relevant. Usually, arguments used in legal discourse cannot be analyzed in their natural status but have to be specially prepared before. The aim of this paper is to provide a special methodology for this preparation – based on visualization. On the first pages fundamental concepts and classical methods of legal argument visualization are discussed. Because all existing methods have some disadvantages, the author develops a new one, which is basically a combination of Stephen Toulmin's argument scheme and the "standard scheme" of argument visualization. It distinguishes between two kinds of premises (data premises and rules of inference) and conclusions, linked together within a diagram. The advantages are that it provides an in-depth analysis of the anatomy of arguments and is also flexible enough to visualize simple logical relations, including conditionals.

1. Introduction

The 1971 World Congress for Legal and Social Philosophy (Brussels, 9 August – 3 September) is usually credited with being the first scientific event dedicated particularly to the study of legal argumentation.[1] Many years have passed since then, and legal argumentation has developed into one of the most important topics of all legal philosophy. Furthermore, it has the potential to lead to a paradigmatic change of legal sciences as a whole. According to Bertea, there are two schools within contemporary legal sciences: the traditional and the alternative.[2] The traditional view takes legal reasoning and argumentation as a significant though peripheral complement of legal domain.[3] From this perspective it surely stands in the shade of interpretation[4] as the primary method for gaining legal information. Contrary to that, the alternative school considers argumentation as the "vantage point from which to analyze legal systems".[5] At present the traditional school still prevails, above all because it is strongly backed by most scientists in the dogmatic disciplines. However, the alternative version is gaining ever more support, and among legal philosophers it already seems to be the standard view. If argumentation becomes more important, there is need of a practical instrument for one of its most important tasks, the analysis of legal argumentation. So, the aim of this paper is to present a newly developed methodology for this purpose, based on visualization.

Legal visualization is a discipline of legal theory, even younger than legal argumentation. Until now it has focused particularly on historical, art-historical and didactic aspects.[6] Historical and art-historical research have engaged in the analysis of historical illustrations, i.e. pictures of legal allegories, symbols, institutions etc. Didactic research has tried to produce illustrations for the purpose of legal training, such as

1 It is interesting that in the proceedings of this conference (see Hubien 1971) we find the term 'argumentation' only in the German version of the title ("Die juridische[sic!] Argumentation"), whereas in the English and the French versions ("Legal Reasoning" and "La raisonnement juridique") the term 'reasoning' is used.

2 Bertea 2004, 465

3 Bertea 2004, 465

4 Cf. Feteris 1999, 7–9

5 Bertea 2004, 466

6 Among many others cf. Kocher 1992

comic strips showing legal cases. Besides these two key approaches, researchers have also tried to visualize abstract legal structures by using influence diagrams, tree charts, flow charts and the like.[7]

Visualizing legal argumentation is a matter of theory and also of training. It is a matter of theory, because to build a visual model a great deal of theoretical knowledge and work is needed, and the model itself provides many new insights for building further theories. But, it is also a matter of training: in any course on legal argumentation,[8] one of the typical tasks for a teacher is to analyze with the class the legal argumentation involved in a court decision. Therefore very often a method for showing the inner structure – the "anatomy" – of legal arguments in a practical and comprehensive way is required. A good analogy fulfilling exactly the same purpose in the biological sciences would be the famous double helix model of the deoxyribonucleic acid constructed by Francis H. C. Crick (1916–2004) and James D. Watson (*1928). For this purpose, the author developed the method of visualization which is the topic of this paper. It is essentially a combination and an extension of some "classical" methods and was first introduced in an essay by the author in the Swiss legal online journal *Jusletter* in 2004.[9]

2. Visualization

2.1 Visual Communication and Visualization

The term 'visualization' belongs more to everyday English than to any scientific language. One has to distinguish between "visualization in the broader sense" and "visualization in the stricter sense".

Visualization *in the broader sense* can mean either a process or the outcome of a process. As a *process* it is the transformation of any non-visual information into a visual one, by using visual signs. The purpose of this transformation is to make information appropriate for visual communication. This is all communication orientated to the eye as a sensory organ, as opposed to the ear, nose, etc. Visual signs have a semiotic dimension,[10] but not all visual media, such as abstract paintings, consist of signs. The *outcome* of the process of visualization can be, for instance, a picture, diagram, graph, sculpture, architecture, facial expression, gesture, fashion style, photograph, performance, film, video or writing.[11]

Usually the term 'visualization' is taken in the *stricter sense*, because typically it is used only to describe the transformation by applying *unmoving, two-dimensional* visual signs. Consequently the outcome is also an *unmoving, two-dimensional* picture, graph or diagram. This outcome differs in many aspects from neighbouring entities: in contrast to spoken or written language, visualization is non-linear; in contrast to film and video it has no temporal dimension, and in contrast to sculpture and architecture it has no spatial dimension.

7 One of the pioneers in this field is the Austrian legal scholar Friedrich Lachmayer (cf. Lachmayer 1977 and his graphs in Brauneder 2003). Based on legal logic, Lachmayer developed a special visual language to represent almost all kinds of relevant legal structures, such as the interactions between constitutional and administrative law, the process of legislation etc. In 2003 German legal scholar Eric Hilgendorf published the first volume of the "dtv-Atlas Recht" (Hilgendorf 2003). To the author's knowledge, this is the only book on a legal subject consistently visualized.

8 The author has held courses on legal argumentation for the past seven years in the Faculty of Law at Salzburg University (Austria).

9 Cf. Kreuzbauer 2004; see also Kreuzbauer 2005

10 Cf. Nöth 2000, 471–480

11 Cf. Röhl 2003

In this paper we will use the notion of visualization – whether in the sense of process or of outcome – in an even stricter sense. We will use the term only for the transformation of non-visual information into *information graphics* which, according to Harris, are "charts, graphs, maps, diagrams, and tables whose primary function is to consolidate and display information graphically in an organized way so a viewer can readily retrieve the information and make specific and/or overall observations from it."[12] Therefore information graphics *consist mostly of abstract visual signs*.

2.2 Tasks in Visualizing Legal Argumentation

We have already mentioned that argumentation visualization is an important teaching tool for legal argumentation courses. But it is also a teaching subject in itself, since students can apply this method for their own studies and their later work as a legal professional. In daily work, a jurist is confronted with a constant flow of linguistic utterances. Some utterances are arguments, some are not. Some are even good arguments and some are not. Finally, some need a good response and some do not. Thus to be successful means being able to properly analyze other people's argumentation. In this analysis the typical first task is to determine whether or not a given sequence of information is of argumentative nature. If it is, the second task follows: the in-depth-analysis. Basically, this involves establishing the argumentation schemes used, which leads to the question of whether the argument at issue is weak or strong. The third task would be the composition of adequate contra arguments, but we will not focus on this.

Jurists usually do all this on the basis of their experience, using no more elaborate instruments than common sense. This raises the question of whether there is any possibility of professionalizing this procedure. This is certainly no new idea. Legal theorists and philosophers have been trying for a long time to provide better instruments. From the second half of the twentieth century onwards, legal logic promised to deliver such an instrument. For the most part, the logical approach failed;[13] as an instrument, legal logic is the first choice for reconstructing structures of deductive inference and evaluating deductive validity of argumentation. However, the key problem of almost any legal argumentation is not deductive validity but inductive strength. This is roughly speaking a matter of the content of the premises of an argument and – almost by definition – cannot be analyzed by legal logic at all, or – to put it a little less strongly – by a legal logic that is simple enough to be used by people with no mathematical background.

For some years, legal argumentation theory has claimed to have the solution, i.e. to provide a new method for the precise and straightforward analysis of legal argumentation. In the process of argumentation analysis there are a few major obstacles. One of the most important is that arguments are pieces of natural language. For numerous reasons they frequently cannot be analyzed in their natural form. This is not unique to legal argumentation theory, because biologists, for instance, face the same problem: a huge part of a biologist's work is to analyze (and classify) natural objects. However, these objects can often not be analyzed in their natural state. Before researchers can observe them under the microscope, they have to be specially prepared.

12 Harris 1999, 198, s.v. "Information Graphics"

13 We should not overlook the fact that only recently substantial progress has been made in legal logic (cf. Prakken 1997, Prakken & Sartor 1997, Hage 2005), basically due to a shift towards non-monotonic logic and artificial intelligence. Nevertheless, these approaches seem to be too complicated for legal practice.

The same principle applies to legal argumentation theory: like biological objects, many arguments of natural language have also to be specially prepared before they can be analyzed. The first step in argumentation analysis is therefore this preparation of natural arguments. The second step is the analysis as such, and therefore something like a "*microscope for arguments*" is needed, which reveals the "anatomy" of an argument. Together, the two steps offer a more professional method of argument analysis than by common sense alone, as well as a deeper understanding of the underlying mechanisms. Both steps need some methodology, which has to be provided by legal argumentation theory, and visualization is one of these, since it helps in accomplishing the first task: the preparation of arguments.

2.3 Requirements for Visualization

For adequate preparation we suggest that a method of visualization has to meet the following requirements:
(1) completeness
(2) logical consistency
(3) neutrality of translation
(4) unambiguity
(5) intuitive comprehensibility
(6) easy reproducibility
(7) aesthetic minimum.
Completeness means that a method of visualization must be capable of trans-forming all relevant aspects of the information at issue into the visual realm. Therefore a method of argumentation visualization should translate all arguments, including their internal structure (anatomy), their position within the entire argumentation, and all other relevant moves within the framework of the discourse. The second requirement, *logical consistency*, means that the method has to be free of logical contradiction. *Neutrality of translation* says that the method should neither add nor omit relevant information. Thus especially in terms of rationality, the original argument should be neither impaired nor improved. *Unambiguity* means that all visual signs used within a method of visualization (arrows, shapes, etc.), must be well defined and used only in the predetermined way. The last three requirements, *intuitive comprehensibility*, *easy reproducibility* and *aesthetic minimum*, emphasize the didactic background of the method and are self-explanatory.

3. Argumentation and Arguments

As indicated in requirement (1), we do not restrict ourselves principally to the visualization of arguments alone, because there are other important moves which have also to be translated, such as the choice of topic, types of interaction between opponents, etc. Nevertheless, we need some definition of the two core concepts "argumentation" and "argument".

Concerning the notion "*argumentation*" we will not delve into a discussion of the pros and cons of its various definitions, but rely on a quite new definition by the so-called "Amsterdam School" or "Pragma-Dialectical Approach" of the group around Hans van Eemeren and Rob Grootendorst (†), largely because this is the most influential and best elaborated approach within the whole of argumentation theory. It reads: "Argumentation is a verbal, social, and rational activity aimed at convincing a reasonable critic of the acceptability of a standpoint by putting forward a constellation of propositions justifying or refuting the proposition expressed in the standpoint."[14]

The second notion, "*argument*", has also many different meanings, as in mathematics, logic, literature, linguistics, etc.[15] Most common are those two meanings of "argument" as a controversial discussion and "argument" as the atomic part of an argumentation. We will use the term in the second sense only, and take this definition offered by Irving M. Copi and Carl Cohen in their classic textbook on logic: "An argument is any group of propositions of which one is claimed to follow from the others, which are regarded as providing support or grounds for the truth of that one."[16] In other words, an argument is a system transforming[17] the input "premises" into the output "conclusion" by means of a certain mechanism.

Kopperschmidt formulates this basic idea in his fundamental formula of argument: "p (holds) because q (holds)".[18] For our purpose it is more convenient to use a slightly different terminology and transform Kopperschmidt's formula into:

A (holds), therefore B (holds),

when "A" and "B" are statements. The term 'therefore' is used as an *argument indicator*, which represents a whole family of possible indicators, such as 'hence', 'thus', 'so', etc. This basic formula contains much more information, as can be seen at first glance. It implies:

(1) the assumption that the statement "A" is valid, is justified;
(2) the assumption that the statement "B" is valid, is justified;
(3) the justification of the assumption that the statement "B" is valid, follows from the justification of the assumption that the statement "A" is valid;
(4) the assumption that the statement "A" is valid, is relevant for the assumption that the statement "B" is valid.

Nevertheless, it is important to make a sharp distinction between arguments and *explanations*,[19] *(material) implications*. In contrast to arguments, explanations are not put forward with the intention of convincing other persons. The speaker wants only to elucidate the causes and effects within a certain phenomenon. Implications are pieces of artificial (usually formal) language – be it on the meta- or the object-level. One of the differences between these two and arguments refers to relevance, because whether an argument is strong or weak depends, among other factors, on the relevance of the premises' content for the conclusion, whereas relevance plays no role for the question of truths or validity of implications.[20]

In this fundamental formula there is no distinction between different kinds of premises (and conclusions). Therefore there is just one class of premises, and we will call this a *homogeneous argument scheme*. In the next sections we will introduce some argument schemes with more than one class of premises. These schemes will be

14 Eemeren & Grootendorst 2004, 1
15 Cf. Lumer 1990, 25–30
16 Copi & Cohen 2002, 6
17 Cf. Peczenik's theory of transformation (Peczenik 1983, 5–9)
18 In the original German version (Kopperschmidt 2000, 55) this formula reads "p (gilt) weil q (gilt)". Here 'weil' ['because'] is used as the argument indicator. This is heavily discussed in literature, because since 'weil' is also used for causal relations, this could be interpreted as confusing cause/effect-relation with premise/conclusion-relation (see Eggs 2002, 397–398). The same holds for the English equivalent 'because'.
19 Cf. Klein 2001, especially 1316 and Walton 2004
20 For efforts to develop some relevant logic see Anderson & Belnap 1975; Anderson, Belnap & Dunn 1992.

called *heterogeneous*. The best-known example of this category is Stephen Toulmin's famous argument scheme, which will later be discussed in detail.

4. Classical Methods of Visualization

In this section some well established methods of argumentation visualization will be discussed.[21] These are: (1) the classical epicheirema, (2) the method of John H. Wigmore, (3) the "standard scheme"[22] of argument visualization (developed mainly by Monroe C. Beardsley), and (4) the argument scheme of Stephen Toulmin.

4.1 The Classical Epicheirema

Philosophy and rhetoric have always been interested in the fundamental mechanisms of argumentation and reasoning. Therefore they have dealt with the basic schemes of argumentation and logic, in ancient times especially with *categorical syllogism*, *enthymeme* and *epicheirema*.

Greek and Roman philosophy were particularly interested in the *categorical syllogism*, an idea introduced mainly by Aristotle. Categorical syllogism is a complete and deductively valid argument scheme consisting of two premises (the major and the minor premise) plus one conclusion, and containing exactly three terms (major, minor and middle term) distributed according to a special pattern over premises and conclusion.[23] The categorical syllogism is completely determined by the combination of its "mood" and "figure", which leads to exactly 15 valid forms. Since there are two classes of premises, the categorical syllogism is a heterogeneous scheme.

Another important argument scheme was the *enthymeme*[24], used in philosophy as well as in rhetoric. The meaning of this term has never been completely consistent. Today, philosophy uses the term 'enthymeme' for any incomplete argument, i.e. arguments lacking one of their premises.[25] In contemporary rhetoric it has almost the same meaning, except that enthymemes in this sense are taken to deliver probable conclusions only, as opposed to secure ones.[26]

The third of the classical schemes and the one in which we are most interested is the *epicheirema*. This was the most important argument scheme, especially of Roman rhetoric. Nevertheless, this term also is traditionally ambiguous. In ancient times, the term 'epicheirema' had four different meanings: (1) synonymous with the term 'enthymeme';[27] (2) an extension of the classical categorical syllogism by two additional premises, of which one supported the major premise and the other the minor one; (3) a vaguely determined argument scheme consisting of thesis, reasons and quintessence; (4) a generic term for all rhetorical argument schemes.[28] Contemporary usage relies mainly on Cicero and Quintilian. According to the most common practice of his day, Cicero's epicheirema was a five-part argument scheme.[29] Quintilian's

21 For an overview see Kirschner, Buckingham Shum & Carr 2003, 4–18
22 Naming by the author
23 Copi & Cohen 2002, 217; see also: Thom 1998 , Wolters 1996.
24 See Kraus 1994, Schepers 1974, Thiel 1980
25 Copi & Cohen 2002, 269
26 Ueding & Steinbrink 1994, 266
27 Lausberg 1990, 200
28 Klein 1994, 1251
29 Klein 1994, 1253

scheme, by contrast, contained only three parts.[30] In literature the more frequently used five-part epicheirema is traditionally shown as a diagram:

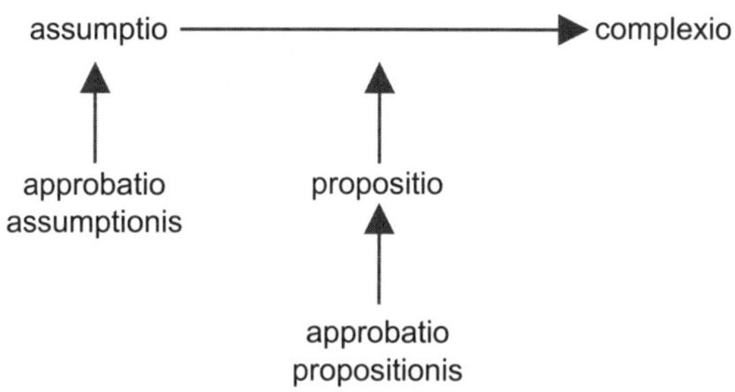

Here, the conclusion is called *complexio*. The *assumptio* functions like the minor premise of a categorical syllogism and the *propositio* like its major premise, usually stating a *general rule or principle*.[31] The other two premises, *approbatio assumptionis* and *approbatio propositionis*, support the assumptio and the propositio. Thus the epicheirema is obviously a heterogeneous, visual argument scheme with the main direction of inference going from left to right.

4.2 The method of John H. Wigmore

One of the most important pioneers of argument visualization was the American legal scholar John H. Wigmore.[32] The method which he introduced in the first half of the twentieth century was explicitly designated for use in legal trials.

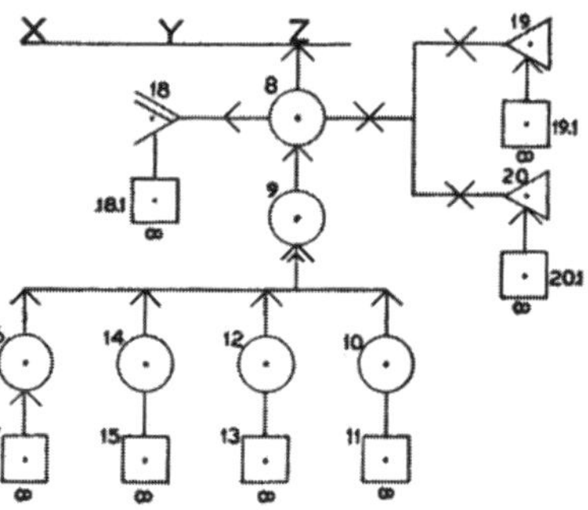

Wigmore's method of argument visualization (source: Kirschner, Buckingham Shum & Carr 2003, 6)

30 Quintilianus 2001, 368 (V 10.5)

31 Klein 1994, 1253

32 See Wigmore 1913 and Wigmore 1937; cf. Goodwin 2000, Kirschner, Buckingham Shum & Carr 2003, 6, Tillers 2005, 294–296

This diagram shows the "Commonwealth vs. Umilian" trial of 1901. It shows the full complexity of Wigmore's method, which cannot be discussed in detail here. As the example shows, Wigmore uses arrows and geometrical shapes. Arrows symbolize inferences or attacks.[33] In principle this can go in any direction, but the main direction of inference goes from the bottom to the centre. Among the geometrical shapes there are squares, triangles and circles, distinguished by their numbers and connected with accompanying text outside the diagram (not shown here). In our example the final conclusion is the circle with the number 8. In Wigmore's method squares are used for testimony, triangles for explanations and attacks on explanations. All other content is symbolized by circles.[34]

Geometrical shapes can comprise certain signs such as question marks (?) and full (• and ••) or empty points (o and oo). A question mark signifies doubt, the points stand for weaker or stronger credibility (full points) or incredibility (empty points).[35]

Wigmore's method can be described as a heterogeneous method of visualization with a vertical main direction of inference. For representing complex argumentation it is more suitable than other methods. Nevertheless, it is the most complicated of all available methods. Since it does not contain text within the diagram, it is not intuitively comprehensible. Therefore Wigmore developed a method for a more or less complete representation of the Anglo-Saxon trial. However, its excessive complexity prevents it from providing any real support for a judge, as it was originally intended.[36]

4.3 The "Standard Scheme" of Argument Visualization

Many books on the theory and practice of argumentation show and recommend visualization as an appropriate tool for argument analysis. In most cases authors use more or less the same scheme, consisting of geometrical shapes and arrows and resembling well-known flow diagrams or tree diagrams.[37] The origin of this method is mostly unknown to the public. *Monroe C. Beardsley*, the American logician and scholar of argumentation theory, is usually credited with being the author of this scheme. But in his "Practical Logic"[38], which is generally seen as the original source of the scheme, Beardsley presented only a preliminary version. Following Copi and Cohen,[39] therefore, we will also count *Stephen N. Thomas* and *Michael Scriven* amongst the fathers of this method.[40] Because of its wide distribution and high acceptance we will call it the "*standard scheme of argument visualization*". Its atomic form is:

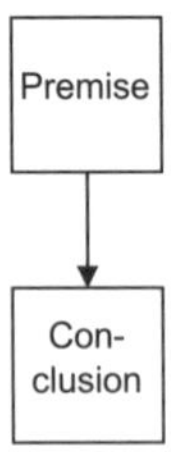

33 Goodwin 2000, 224–225
34 Goodwin 2000, 225
35 Goodwin 2000, 225
36 Goodwin 2000, 230; Tillers 2005, 294
37 Cf. Harris 1999, 153–156 and 421–422
38 Beardsley 1950
39 Copi & Cohen 2002, 13 (Fn 13)
40 Thomas 1973; Scriven 1976

This atomic form can be combined in a cumulative and an alternative way. In cumulative combination the conclusion follows from all premises *together and only together*. In alternative combination the conclusion follows from *each premise alone*.

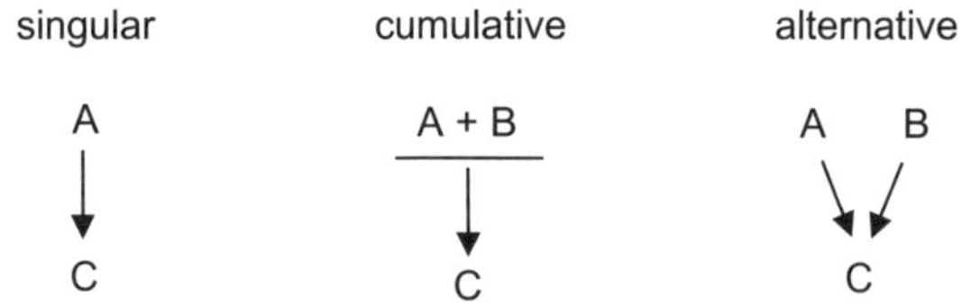

The standard scheme is a homogeneous visual argument scheme with its main direction of interference going from top to bottom. The advantages are that it is fairly clear and easy to use, in particular if highly complex argumentations have to be visualized. Its disadvantages will be discussed in detail below.

4.4 Stephen Toulmin's argument scheme

The last and most important method of argument visualization is *Stephen Toulmin's* argument scheme, which he introduced in 1958 in his book *The Uses of Argument*.[41] Together with *New Rhetoric*[42] by Chaim Perelman and Lucie Olbrechts-Tyteca, the publication of this book marks the very beginning of modern argumentation theory. The most common version of Toulmin's scheme is a diagram consisting of five parts. Therefore it has some similarities with the classical epicheirema (although the two schemes are not identical at all):

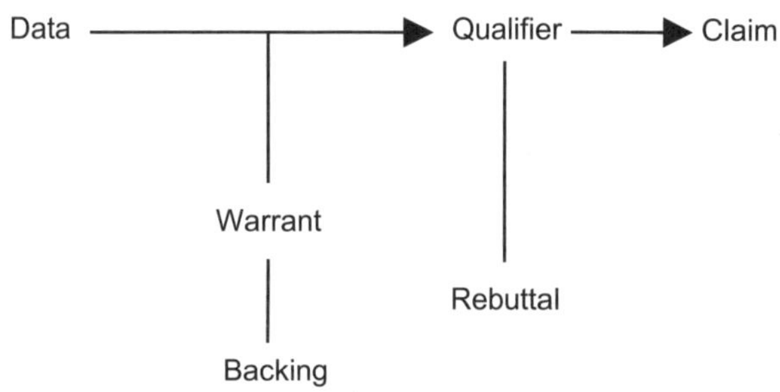

In his scheme Toulmin calls the conclusion "*claim*", by which he means the statement, whose validity has to be proven.[43] The claim is supported by *data* and *warrant*. "Data" is all facts, usually used for founding the claim.[44] Warrants are rules of inteference, i.e. general hypothetical statements, functioning as bridges between data and claim.[45] The warrant is supported by the *backing*. The second part of Toulmin's scheme consists of *qualifier* and *rebuttal*. The qualifier works like an alethic modal operator and adds a certain degree of strength or weakness to the whole argument.[46]

41 Toulmin 1958; see also Toulmin, Rieke & Janik 1984
42 Perelman & Olbrechts-Tyteca 1958
43 Toulmin 1996, 89
44 Toulmin 1996, 89
45 Toulmin 1996, 89
46 Toulmin 1996, 92

For example it can state that the claim is necessarily, surely or only probably, presumably, etc. supported by the premises. Finally, the rebuttal identifies certain conditions that have to be met, so that the premises really support the claim.[47] In other words, it states that the argument at issue is a standard case and not an exception.

To sum up, Toulmin's scheme is a heterogeneous visual argument scheme with the main direction of inference going from left to right.

4.5 Results

So far, we have presented four different methods of visualization, all showing some particular advantages and disadvantages. The *epicheirema* and *Toulmin's scheme* are capable of showing the anatomy of an argument. But both are too complicated for application in legal practice. This holds in particular if combined arguments are to be visualized. Their main horizontal direction of inference makes them inappropriate for visualizing longer argumentations in the classroom, because paper, in particular on the flip chart, is usually used in an upright position. So the requirements of completeness, intuitive comprehensibility and easy reproducibility are not fulfilled. *Wigmore's scheme* is suitable for visualizing complex argumentation, but it is by far the most complicated scheme. Since there is no explanatory text within the diagram, it is almost incomprehensible. Nevertheless, the most important disadvantage of this scheme is a factor we also find in the *standard scheme* of argument visualization: its homogeneity. This needs some explanation.

It is almost a truism that in natural discourse nearly all arguments are incomplete, usually lacking some of their premises or the conclusion. Thus most of them are enthymemes in the modern sense of the word. The evident reason is that it is much more efficient to provide only the essential information and not more. Basically, one could expect that this affects all classes of premises to the same extent. However, this is not the case. If we adopt Toulmin's distinction between data premises and warrants (the latter we will call here "*rules of inference*"), it turns out that these rules of inference are much more likely to be missing than the data premises. This is also quite plausible, because the data premises usually contain the *specific information of the single case*. Without it the argument could not be understood at all. The missing of a rule of inference is less vital for the general comprehensibility, so in terms of general communication this is not so problematic. Nevertheless, in terms of argumentation it is highly so, because such rules are also *often fallacious*. This entails the difficulty that exactly those premises which are most likely to be absent are also most likely to be fallacious. Therefore it is an important task of argument analysis to make these missing rules of inference visible and to scrutinize them. Since any method of visualization should be of some help in accomplishing this task, it should first of all help by adding the missing rules of inference.

If we take the statement, say, of a hasty inspector who asserts: "Mr. Doyle is the murderer of Mrs. Christie, since the pistol with which the victim was shot belongs to him", it is clear that this is a very weak argument. Obviously, the rule of inference is missing here. It could read: "The owner of the pistol used in a crime is always the murderer." And since this of course is not the case in general, the argument is weak, because the rule of inference is weak: from the fact that somebody is the owner of the pistol used in a crime it cannot be inferred that this person is automatically the murderer.

47 Toulmin 1996, 92

Using a heterogeneous method, such as the epicheirema or Toulmin's scheme, would help us to find this out. Since there is a slot to insert the rule of inference, a person analyzing the argument has to think about what this rule could be. Homogeneous schemes such as the standard scheme and Wigmore's method do not force us in this direction. Since this is one of the most important tasks in argument analysis, homogeneous schemes are generally less useful than heterogeneous ones.

5. A New Method of Visualization

5.1 The Atomic Form of the Scheme

The last section shows the direction in which we have to proceed. The obvious goal is to develop a heterogeneous method of argument visualization without the disadvantages of the epicheirema and Toulmin's method. Therefore we start with a simplified version of these two models:

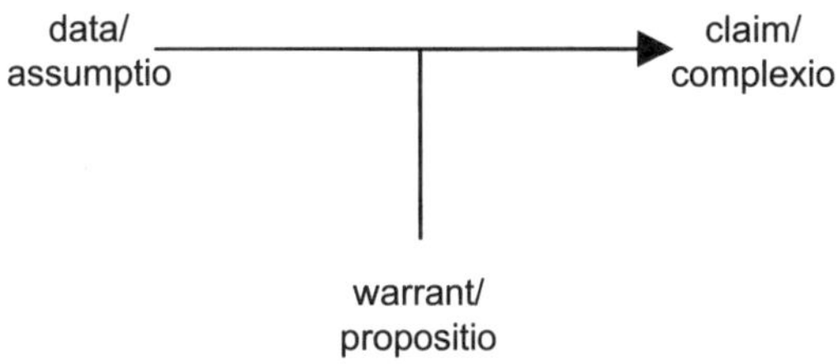

From this model we take the idea of heterogeneity. The other features, i.e. visualization of cumulative and alternative relations as well as the vertical main direction of inference, are taken from the standard scheme. As a result we gain the following *atomic form* of the new method:

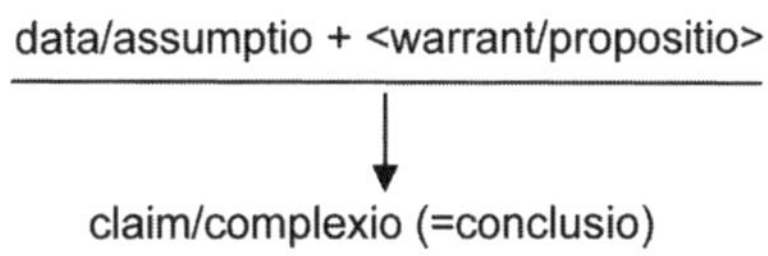

The scheme consists of the three elements "data/assumptio", "warrant/propositio" and "claim/complexio",[48] linked by the sign '+',[49] a horizontal line and a vertical arrow. All three elements have the same meaning as in the standard scheme of argument visualization. We will use the Latin words 'assumptio' for the data premise/s, 'propositio' for the rule/s of inference and 'conclusio' for the conclusion/s. Since any argument can have more data premises, rules of inference and even conclusions, they all actually represent classes. In a simplified mode the scheme looks like this:

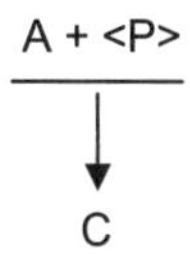

48 We do not use the classical term 'complexio', because 'conclusio' is much more established.

49 The sign '+' connects only the two major categories of premises. When, in one of the next sections, we talk about logic, the usual '$\wedge$' sign will be used for the logical connection.

Here, 'A' (like 'assumptio') stands for the set of data premises, '<P>' (like 'pro-positio') for the set of rules of inference and 'C' for the set of conclusions. For the sake of visual clarification rules of inference are always put into triangular brackets ('< >'). As mentioned, arguments can have not only more data premises or rules of inference but also more conclusions. This can be shown by the following example: "Peter, John and Paul are brothers of Mary and all her brothers have red hair. Therefore Peter has red hair, John has red hair and Paul has red hair." We can visualize this argument in the following form:[50]

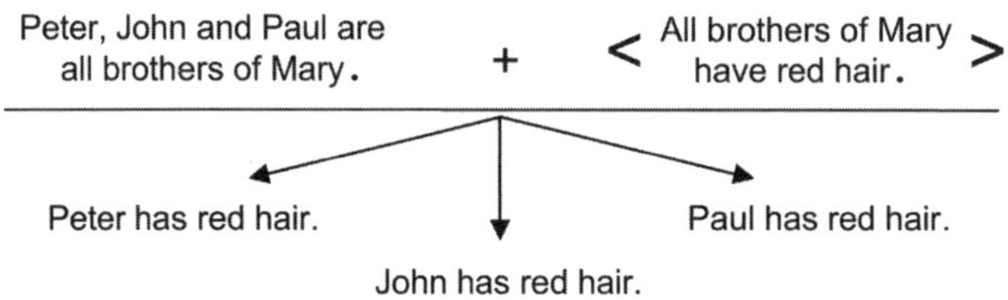

5.2 Missing Premises and their Insertion

As mentioned above, the insertion of missing rules of inference is one of the main tasks in preparing arguments for analysis. Visualization should be an appropriate tool for facilitating this. The method proposed here meets this requirement, which can be shown by using the example given above: "Mr. Doyle is the murderer of Mrs. Christie, since the pistol, with which the victim was shot belongs to him." This would be visualized as:

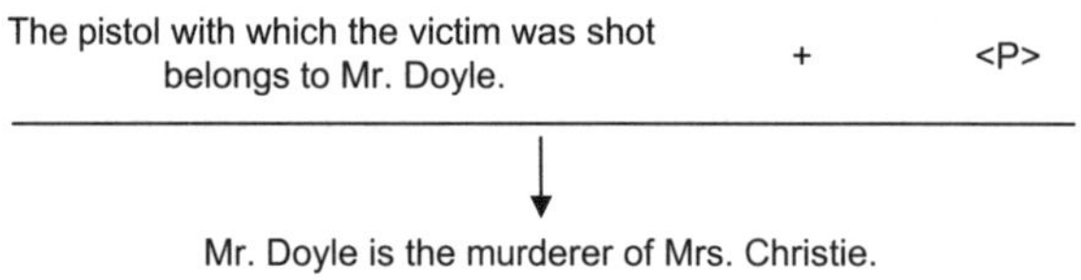

Since the rule of inference is missing, we have to write the variable <P>. This variable functions as an empty slot, and as mentioned above the important thing is that this variable forces us to think about a rule of inference that could be entered here. This is the main difference between this method and the standard method of visua-lization, because the latter does not provide any such "psychological" aid. The missing rule of inference could be: "The owner of the pistol used in a crime is always the mur-derer", and once again it is obvious that this is a very weak argument. But this is not the point. The point is that this method helps us to figure it out in a smooth and easy way.

The question now arises of how far missing premises can and must be added. To recapitulate: people usually understand incomplete arguments perfectly well. This can only work because competent speakers of a language automatically and silently complete the enthymemes they hear, which is necessary for efficient communication. However, although this works for every day communication, it is insufficient for professional analysis. Here all relevant aspects have to be visible, and this requires us to reconstruct the *mental completion by the recipient of an argument*. In other words, when preparing an argument it is not enough to focus on the part of the sender. One has also to take into account the parts that any competent speaker of a language

50 In this example the rule of inference is formulated as a general statement, which could easily be translated into e.g. an implicative form.

would tacitly add. We suggest this idea to be the first rule of completion, which states: *Anything a sender may omit without impairing the comprehensibility of an argument may also be added.*

On the other hand, any natural argument can be completed in an almost indefinite number of ways – but no competent speaker would do this. For the sake of efficiency the speaker would merely supply the amount of information necessary for understanding the argument. This makes the second rule: *An enthymeme may be completed only as far as is necessary for comprehensibility.*

Finally, a principle of charity has to be applied, based on the fact that people usually compose their arguments to be rational and convincing, i.e. as strongly as they can. So there is the third rule: *In case of doubt, missing premises should be inserted so as to strengthen rather than weaken the argument.*

5.3 Modeling Simple Logical Relations

The proposed method is not intended to be a calculus of logic in the technical sense.[51] Therefore we do not claim for it soundness, completeness, etc. Nevertheless, it is also helpful for visualizing basic logical relations, which in textbooks on logic are usually shown in the syllogistic style:

$\underline{A \wedge B}$ (by simplification)
A

This can also be visualized with our method:

$A \wedge B$ + < simplification >

↓

A

The author wishes to emphasize that this is intended only as an illustration for better understanding, because all signs used are not sufficiently elaborated for logic. Nevertheless, it is also easy to show modalities, as used for example in alethic or deontic modal logic. For alethic modal logic for instance one has only to use the appropriate modal operators, i.e. "box" (□) and "diamond" (◊):

□A + < A-necesse-ad-esse >

↓

A

5.4 Modelling Conditional Statements

Visualizing deductive or inductive arguments involving conditional statements, such as modus ponens,[52] etc., is rather more difficult. If we take the simple case, say modus tollens, the visualization is still easy:

51 Cf. Marx, Pólos & Masuch 1996
52 Cf. Copi & Cohen 2002, 327–328

$$\frac{(A \rightarrow B) \wedge \sim B + \langle \text{modus tollens} \rangle}{\downarrow \; \sim A}$$

For the following steps on visualizing more complex conditionals, Stephen N. Thomas's[53] notion of conditionalization will be used (although in a different meaning). Thomas mentions the following example: "If I drive over the speed limit on Main Street, then I will almost certainly get a ticket, because Main Street is always patrolled." According to Thomas – but visualized according to our own method – this example looks as follows:

Main Street is always patrolled. + < P >

↓

If I drive over the speed limit on Main Street,
then I will almost certainly get a ticket.

Although Thomas's example looks quite simple, there is a problem, because in the if-then sentence there is much more anatomy than is shown in this example. The conditional "If I drive over the speed limit on Main Street, then I will almost certainly get a ticket" is very similar to an argument and it is tempting to (falsely) visualize it as:

I drive over the speed limit on Main Street + < P >

↓

I will almost certainly get a ticket.

This is false, because it ignores the conditional quality of the whole sequence, and if we do this, the consequent looks like a conclusion. So we have to look for another possibility. But before we can continue we have to represent the sentences of the example:

'A' = 'I drive over the speed limit on Main Street.'
'B' = 'I will almost certainly get a ticket.'
'C' = 'Main Street is always patrolled.'

Thus we get the following visualization:

$$\frac{C + \langle P_C \rangle}{\downarrow \; A \rightarrow B}$$

To extract all the information from the conditional statement 'A→B' we have to shift the direction of inference from the horizontal to the vertical. The rule of inference has no importance here, so we leave it as a variable. But for clarification that this is only a conditional, we will draw a square around it.[54] Therefore, 'A→B' looks thus:

$$\boxed{\frac{A + \langle P_A \rangle}{\downarrow \; B}}$$

53 Thomas 1997, 201–257
54 Boxes are also used by Thomas, but in a different way (Thomas 1997, 226–232)
55 Cf. Schneider 1995, 121 [translated from German into English by the author]

Here our horizontal line and our vertical arrow have the same meaning as the arrow '_' in a material implication. On some occasions we also have to do the oppo-site, namely to shift a conditional from the vertical direction to the horizontal. Here intermediate steps can be omitted, and to indicate that something is only a shifted conditional we put it in brackets '[]':

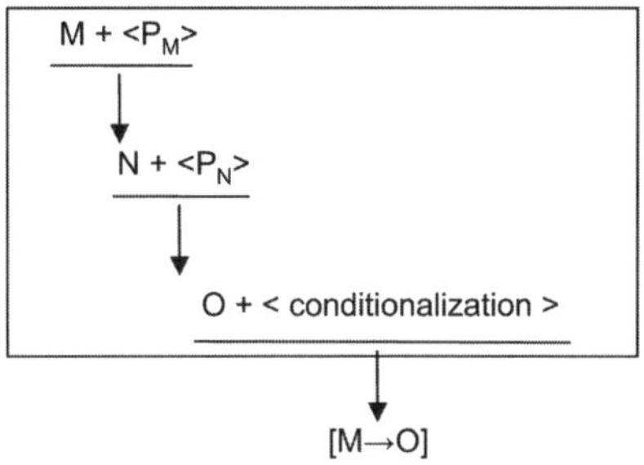

Thomas's example reads:

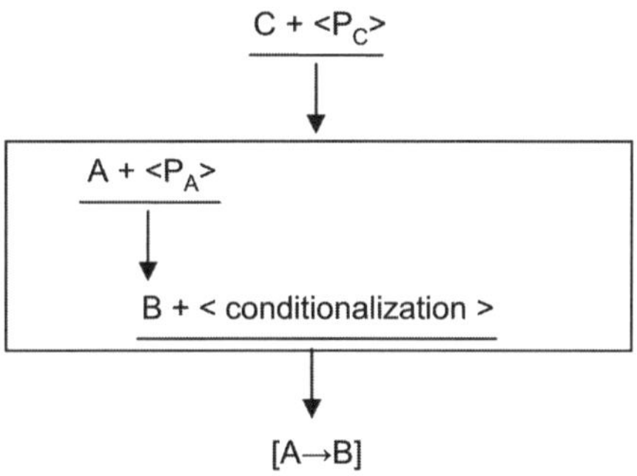

With this method we can analyze the anatomy of any conditional. We will illustrate the application with a practical example in the following section.

5.5 An Example: "The Library of Alexandria"

In his "Logik für Juristen"[55] Egon Schneider shows a classical example of argumen-tation, called "The library of Alexandria". This should now be visualized by using the proposed method. The example reads:

"In the year 642 the library of Alexandra was destroyed by the caliph Omar and it is said that he justified this wrongdoing by the following argument: The library of Alexandra contains either the same as the Koran or not the same. If the library contains the same, it is unnecessary. If it does not, it is harmful. So neither way is it to be preserved."

Students who read this argument for the first time usually find it very convincing and thus hard to attack. It will now be visualized, and therefore represent the senten-ces by letters, according to the following pattern:

'A' = the library contains the same as the Koran,
'~A' = the library does not contain the same as the Koran [for '~' is defined as 'non'],
'B' = the library is unnecessary,

'C' = the library is harmful,
'D' = the library must be destroyed.

The whole argumentation has the structure of a simple constructive dilemma ('$(A \vee B) \wedge (A \rightarrow C) \wedge (B \rightarrow C) \therefore C$'), opened by the first sentence ('$A \vee \sim A$'). The second and the third sentence are both conditionals. These two sentences are the starting point for the visualization:

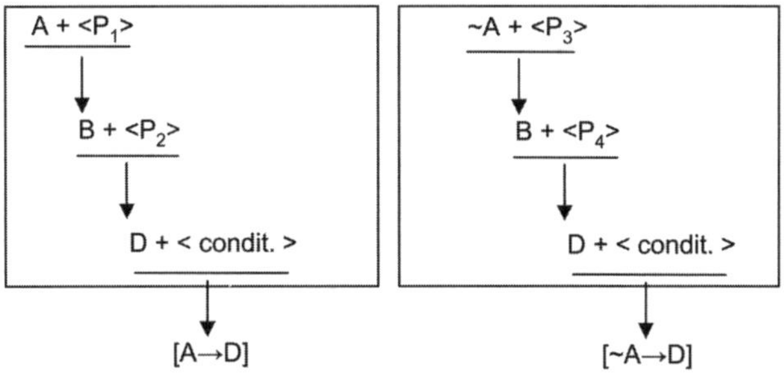

If we add the first sentence ('$A \vee \sim A$') and put all components together, we get:

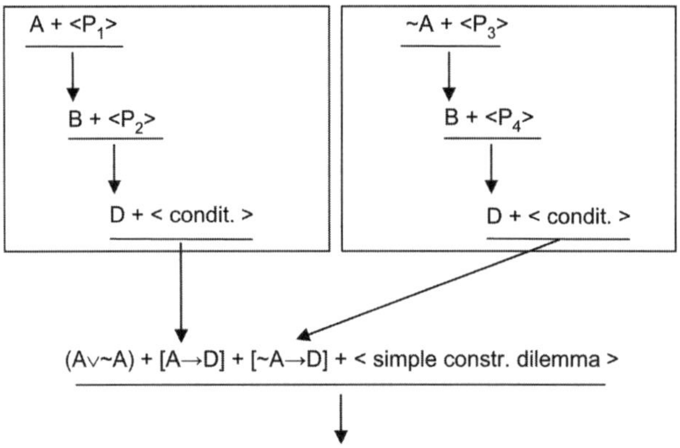

The diagram shows four rules of inference ($P_1 \ldots P_4$) that were necessarily added. So in the next step we have to think of an appropriate content. This could be:

'P_1' = 'Anything containing the same as the Koran is unnecessary.'
'P_2' = 'Anything unnecessary has to be destroyed.'
'P_3' = 'Anything containing not the same as the Koran is harmful.'
'P_4' = 'Anything harmful has to be destroyed.'

All those rules of inference are at least problematic, therefore forming only very weak arguments. The usual result is that after this analysis, students find that the argument that had seemed so convincing can be attacked in numerous ways.

6. Summary

Whenever it comes to the analysis of legal argumentation, a method for preparing arguments of natural language for analysis is needed, because most natural arguments cannot be analysed in their pure form. Visualization is such a method. But since all classical methods of argument visualization have their problems, the author has developed a new method. It is basically a combination of Stephen Toulmin's argument scheme and the "standard scheme of visualization". The new scheme distinguishes between two kinds of premises: data premises and rules of inference, thus providing a deeper analysis of the anatomy of arguments. Since its atomic parts can be combined more easily than those of other schemes, it is also suitable for visualizing complete argumentations. The scheme is also flexible enough to visualize simple logical relations, including conditionals. Here some further research would be needed, most of all a better understanding of the kind of inference and its relation to inference in terms of logic. Beside this, the scheme would have to be extended to visualizing complete argumentative legal dialogues between two or more opponents.

7. Literature

Anderson, Alan Ross & Belnap, Nuel D. (1975). *Entailment: The Logic of Relevance and Necessity*, vol. 1. Princeton University Press, Princeton et al.

Anderson, Alan Ross, Belnap, Nuel D. & Dunn, J. Michael (1992). *Entailment: The Logic of Relevance and Necessity*, vol. 2. Princeton University Press, Princeton et al.

Beardsley, Monroe C. (1950). *Practical Logic*. Prentice-Hall, New York.

Bertea, Stefano (2004). *Certainty, Reasonableness and Argumentation in Law*. Argumentation 18, 465–478.

Brauneder, Wilhelm (2003). *Österreichische Verfassungsgeschichte*. 9th ed. Manz, Wien.

Copi, Irving M. & Cohen, Carl (2002). *Introduction to Logic*. 11th ed. Prentice Hall, Upper Saddle River (NJ).

Eemeren, Frans H. van & Grootendorst, Rob (2004). *A Systematic Theory of Argumentation: The Pragma-dialectical Approach*. Cambridge University Press, Cambridge et al.

Eggs, Ekkehard (2002). *Vertextungsmuster Argumentation: Logische Grundlagen*, in: K. Brinker, G. Antos, W. Heinemann & S. F. Sager (eds.), Linguistics of Text and Conversation: An International Handbook of Contemporary Research. Handbooks of Linguistics and Communication Science, vol. 16/1 [A. Burkhardt, H. Steger & H. E. Wiegand (eds.)]. de Gruyter, Berlin et al., 397–414.

Feteris, Eveline T. (1999). *Fundamentals of Legal Argumentation: A Survey on the Justification of Judicial Decisions*. Kluwer Academic Publishers, Dordrecht et al.

Goodwin, Jean (2000). *Wigmore's Chart Method*. Informal Logic 20, 223–243.

Hage, Jaap C. (2005). *Studies in Legal Logic*. Springer, Dordrecht et al.

Harris, Robert L. (1999). *Information Graphics: A Comprehensive Illustrated Reference*. Oxford University Press, Oxford et al.

Hilgendorf, Eric (2003). *dtv-Atlas Recht: Grundlagen, Staatsrecht, Strafrecht*, vol. 1. Deutscher Taschenbuch Verlag, München.

Hubien, Hubert (1971). *Le raisonnement juridique. Actes du congrès mondial de philosophie du droit et de philosophie sociale*. E. Bruylant, Bruxelles.

Kirschner, Paul A., Buckingham Shum, Simon J. & Carr, Chad S. (eds.) (2003). *Visualizing Argumentation: Software Tools for Collaborative and Educational Sense-Making*. Springer, London et al.

Klein, Josef (2001). *Erklären und Argumentieren als interaktive Gesprächsstrukturen*, in: K. Brinker, G. Antos, W. Heinemann & S. F. Sager (eds.), Linguistics of Text and Conversation: An International Handbook of Contemporary Research. Handbooks of Linguistics and Communication Science, vol. 16/2 [A. Burkhardt, H. Steger & H. E. Wiegand (eds.)]. de Gruyter, Berlin et al., 1309–1329.

Klein, Josef (1994). *Epicheirem*, in: G. Ueding (ed.), Historisches Wörterbuch der Rhetorik. Vol. 2. Max Niemeyer Verlag, Tübingen, 1251–1258.

Kocher, Gernot (1992). *Zeichen und Symbole des Rechts: Eine historische Ikonographie*. Beck, München.

Kopperschmidt, Josef (2000). *Argumentationstheorie zur Einführung*. Junius, Hamburg.

Kraus, Manfred (1994). *Enthymem*, in: G. Ueding (ed.), Historisches Wörterbuch der Rhetorik. Vol. 2. Max Niemeyer Verlag, Tübingen, 1197–1222.

Kreuzbauer, Günther (2004). *Visualisierung im juristischen Argumentationstraining*. Jusletter (http://www.weblaw.ch/jusletter/JusLetter.asp) 30. August 2004.

Kreuzbauer, Günther (2005). *Visualisierung juristischer Argumentation*, in: E. Hilgendorf (ed.), Beiträge zur Rechtsvisualisierung. Logos, Berlin 189–215.

Lachmayer, Friedrich (1977). *Grundzüge einer Normentheorie: Zur Sturktur der Normen dargestellt am Beispiel des Rechtes*. Duncker & Humblot, Berlin.

Lausberg, Heinrich (1990). *Handbuch der literarischen Rhetorik: Eine Grundlegung der Literaturwissenschaft*. 3rd ed. Franz Steiner, Stuttgart.

Lumer, Christoph (1990). *Praktische Argumentationstheorie: Theoretische Grundlagen, praktische Begründung und Regeln wichtiger Argumentationsarten*. Viehweg, Braunschweig.

Marx, Maarten, Pólos, László & Masuch, Michael (eds.) (1996). *Arrow Logic and Multi-modal Logic*. CSLI (Center for the Study of Language and Information) & Folli (The European Association for Logic, Language and Information), Stanford (CA).

Nöth, Winfried (2000). *Handbuch der Semiotik*. 2nd ed. Metzler, Stuttgart et al.

Peczenik, Aleksander (1983). *Grundlagen der juristischen Argumentation*, Forschungen aus Staat und Recht, vol. 64. Springer, Wien et al.

Perelman, Chaim & Olbrechts-Tyteca, Lucie (1958). *La nouvelle rhetorique, Traité de l'argumentation*. Presses Universitaires de France, Paris.

Prakken, Henry (1997). *Logical Tools for Modelling Legal Argument: A Study of Defeasible Reasoning in Law*. Kluwer Academic Publishers, Dordrecht et al.

Prakken, Henry & Sartor, Giovanni (eds.) (1997). *Logical Models of Legal Argumentation*. Kluwer Academic Publishers, Dordrecht et al.

Quintilianus, Marcus Fabius (2001). *The Orator's Education*, transl. by D. A. Russell, ed. by D. A. Russell, vol. II (Books 3–5). Harvard University Press, Cambridge (MA) et al.

Röhl, Klaus F. (2003). *Was ist ein Bild?* in: D. Dölling (ed.), Jus humanum: Grundlagen des Rechts und Strafrechts: Festschrift für Ernst-Joachim Lampe zum 70. Geburtstag. Duncker & Humblot, Berlin, 227–244.

Schepers, Heinrich (1974). *Enthymem*, in: J. Ritter (ed.), Historisches Wörterbuch der Philosophie. Vol. 2. Schwabe, Basel et al., 528–538.

Schneider, Egon (1995). *Logik für Juristen: Die Grundlagen der Denklehre und der Rechtsanwendung*. 4th ed. Verlag Franz Vahlen, München.

Scriven, Michael (1976). *Reasoning*. McGraw-Hill, New York et al.

Thiel, Christian (1980). *Enthymem*, in: J. Mittelstraß (ed.), Enzyklopädie Philosophie und Wissenschaftstheorie. Vol. 1. B.I.-Wissenschaftsverlag, Mannheim et al., 552.

Thom, P. (1998). *Syllogismus; Syllogistik*, in: J. Ritter & K. Gründer (eds.), Historisches Wörterbuch der Philosophie. Vol. 10. Schwabe, Basel et al., 687–707.

Thomas, Stephen Naylor (1973). *Practical Reasoning in Natural Language*. Prentice Hall, Englewood Cliffs (NJ).

Thomas, Stephen Naylor (1997). *Practical Reasoning in Natural Language*. 4th ed. Prentice Hall, Upper Saddle River (NJ).

Tillers, Peter (2005). *Picturing Factual Inference in Legal Setting*, in: B. Schünemann, M.-T. Tinnefeld & R. Wittmann (eds.), Gerechtigkeitswissenschaft – Kolloqium aus Anlass des 70. Geburtstages von Lothar Philipps. Berliner Wissenschafts-Verlag, Berlin, 279–316.

Toulmin, Stephen E. (1958). *The Uses of Argument*. Cambridge University Press, Cambridge.

Toulmin, Stephen E. (1996). *Der Gebrauch von Argumenten*. 2nd ed., transl. by U. Berk. Beltz Athenäum Verlag, Weinheim.

Toulmin, Stephen E., Rieke, Richard D. & Janik, Allan (1984). *An Introduction to Reasoning*. 2nd ed. Macmillan Publishing, New York et al.

Ueding, Gert & Steinbrink, Bernd (1994). *Grundriss der Rhetorik: Geschichte, Technik, Methode*. 3rd ed. J.B. Metzler, Stuttgart et al.

Walton, Douglas N. (2004). *A New Dialectical Theory of Explanation*. Philosophical Explorations 7, 71–89.

Wigmore, John Henry (1913). *The Principles of Judicial Proof, as Given by Logic, Psychology, and General Experience, and Illustrated in Judicial Trials*. Little, Brown & Co., Boston.

Wigmore, John Henry (1937). *The Science of Judicial Proof, as Given by Logic, Psychology, and General Experience, and Illustrated in Judicial Trials*. 3rd ed. Little, Brown & Co., Boston.

Wolters, Gereon (1996). *Syllogistik*, in: J. Mittelstraß (ed.), Enzyklopädie Philosophie und Wissenschaftstheorie. Vol. 4. J.B. Metzler Verlag, Stuttgart et al., 156–158.

III. Contextualized Judicial Argumentation / Argumentación judicial contextualizada

Marko Novak, Ljubljana[1]

Limiting Courts: Towards Greater Consistency of Adjudication in the Civil Law System

Abstract

Civil law countries are facing a growing interest in the argument of judicial precedent. A previous ("pattern") judicial decision has been becoming more and more important in giving grounds for judicial decisions. It is a reflection of the increasing role of the judiciary on the Continent. The creativity of continental judges is now openly being recognized. After all, only (judicial) creativity can make our societies through modern complex situations reflected, e.g., in an increased level of litigation and court delays. The leaders in this new wave of judicial creativity are constitutional courts and, also, those European courts of similar jurisdiction. However, in their ambition to be creative, they can easily overstep the boundaries between creativity and arbitrariness.

In dealing with (de-facto?) precedents, in terms of normative force that courts impose on institutions and parties, civil law lags a little bit behind common law with its formal binding nature of precedent. The reason for this is the fact that, concerning precedent, civil law has not had such a vast experience in terms of discipline, consistency, coherence when courts refer to previous cases. Regarding the general principle of consistency, there is much to be learned from the system of formally binding precedents. For example, in citing previous cases, continental courts have not yet developed a stable method of analogizing and distinguishing cases, which is a basic tenant of precedent law. Moreover, apart from particular constitutional courts, ordinary courts usually do not (properly) distinguish between *rationes* and *dicta*. Making (creative/pragmatic) courts be consistent in their adjudication is a positivist/formalist claim. It differentiates between the "spirit" and the "letter" of a case.

Introduction

In order to have a well-functioning separation of powers scheme, we need strong courts. Courts protecting legality and/or constitutionality keep other branches of power within statutory and constitutional limits. In this respect, we could perceive the tripartite system of government as actually being composed of two substantive poles: the political and the legal.[2] Accordingly, the first pole would be represented by the so-called "political" branches of power, including authorities within the legislative and executive branches, while the second pole by the judicial branch of power constituted of courts and other judicial bodies. In the language of Hamilton,[3] a founding father of the U.S. Constitution, we could label the first pole as the one possessing power and will, whereas the second pole represents judgment and reason.

I know that this is a rather simplified picture because no human being can be reduced to only one dimension, let alone authorities composed of many individuals. But what actually interests us here are prevailing elements that exist in one phenomenon or the other.[4] Thus, these prevailing elements of reason and judgment are those that should make courts capable of imposing limits on other actors in the operation of government.

1 Assistant Professor at the Faculty of Graduate Government and European Studies. Legal advisor to the Constitutional Court of the Republic of Slovenia. LL.M. (Georgetown University Law Center), LL.D. (Faculty of Law, Ljubljana University). E-mail: Marko.Novak@us-rs.si.

2 M. Novak, *Delitev oblasti: Medigra prava in politike* [The Separation of Powers: An Interplay Between Law and Politics], Cankarjeva zalozba, Ljubljana (2003), pp. 89–128.

3 A. Hamilton, Federalist Paper No. 78; in: Federalist Papers, The New American Library of World Literature, Inc. (1961).

4 In the area of psychology, Jung has discovered that if, in the psyche of a person, their predominant

But here we must ask a difficult question: if courts are the guardians of law by means of interpreting such, who will then guard such guardians?[5]

If courts are to successfully impose their rationality on (more "passionate") political actors their rationality must be honest. One of the limitations from within the province of rationality that are imposed on courts is in such regard also the requirement that their adjudication be consistent. There are two possible ways to achieve such: either courts themselves provide such by internal fidelity to the principle of consistency, or, if such limitation is not successful, limits can be imposed on courts from outside, e.g. through the adoption of different legal texts (constitutions, statutes) that courts must respect in their adjudication.

I must admit that I cannot be a zealous adherent of courts' self-restraint, i.e. in view of the first approach to their limitation, as I perceive that hardly any human begin can be self-limiting to an extent essentially comparable to the objectivity that can be imposed from outside. Thus, it is more than often necessary that limitations must be imposed from outside – in this respect, from a wider political system, in the form of institutional limitations. In the continuation of this paper, we will see this important difference between self-restraint and institutional limitations as regards the issue of the following of binding precedents. I will argue that the Continental concept of established case law (or the de facto following of binding precedents), due to its loose (or even vague) formal requirement being thus quite close to the concept of self-restraint, is less faithful to the consistency of adjudication than the common law concept of stare decisis, which is based on more formal or institutional limitations on courts.

I begin, in Chapter 1, with a discussion of problems modern societies are facing today in terms of an increasing number of disputes, which calls for a greater, more effective, role that Continental courts must have in order to combat such. But such a greater role of courts can also cause specific problems: the guardians of law and justice might easily overstep the prerogatives vested in them. In Chapter 2, I demonstrate how awareness of this problem on the Continent has culminated in the Continent's greater interest in (the argument of) precedent being an important limitation on courts' potential arbitrariness. Finally, in Chapter 3, I argue that distinguishing between *rationes* and *dicta* could be the Continent's next step in developing a more formal adherence of courts to the entire idea of binding precedents.

1. The Increasing Role of Courts

1.1. The Outburst of Disputes

Modern societies are becoming increasingly litigious. The number of all kinds of disputes is raised every day, on all possible levels.[6] From day to day there are also more lawyers, judges, courts. The legal profession is flourishing. On the superficial level, the expansion of the law profession seems to be due to its money-making opportunities.

function is rational, their subordinant function will be feeling, and vice versa. See C.G. Jung, The Basic Writings of C.G. Jung, The Modern Library, New York (1993), pp. 252–58. In the history of legal thought, Weber most persuasively wrote on law being typically a rational profession. See M. Weber, Economy and Society, University of California Press, Berkeley (1978). I this context, I am of the opinion that, it is difficult to refute the assertion that people whose predominant psychological function is rational predominantly find their place within the law profession. No doubt, lawyers' rationality contributes a lot to a society's stability and predictability.

5 See M. Shapiro, Who Guards the Guardians?, The University of Georgia Press (1988).

6 M. Novak, *Kriza avtoritete v pravu* [The Crisis of Authority in Law], Nova revija, Vol.XXII, No. 263–264 (2004), p. 318–42.

However, when we look closely at that phenomenon we find a genuine need of the society for dispute resolution, and thus for social stability. To say it metaphorically, it appears to be a similar situation as with the modern appearance of mobile phones, where their operators have made their profit on people's alienation. To sum it up, in the world of increasing disputes, law remains one of the last instruments for the stabilization of social relations.

There are several reasons for the fact that, in the contemporary world, disputes have been increasing. Let me refer to only few of them. First, due to an overall progress which is opening new and new previously unforeseen dimensions, modern societies are also becoming increasingly complex. Every new day brings new products, technologies, new forms of organization, and various inventions. Complexity implies novel situations, which call for their regulation in order to deal successfully with such. But, in turn, detailing the regulation of certain issues frequently opens new points for potential disputes. From this perspective, it seems that we are often caught in a trap: in order to achieve social stability we need more regulation; but if such is too hastened – which today is more a rule than an exception – and not cautiously designed, it can even diminish the stability that existed prior to the adoption of the new regulation.[7]

Second, the increasing number of disputes in modern societies also results from an increased level of anomie. The traditional tie of the individual with their tribe, family, community, and their values is to a certain extent lost. Although, internally, morality remains an important element of directing people's behavior (at least in critical situations), the way of its external influence on the stability of social relations is today much more complicated than before. Moreover, modern pluralism teaches us that various values can necessarily have different contents. In want of more or less fixed rules this necessarily entails a certain extent of disagreement.

Third, and finally, in almost every corner of the world, the increasing global awareness of human rights tends to encourage people to litigate more in order to exercise their rights. Once again, more rights (thus more rules) entail more litigation. The benefits of such emancipation require high costs: more adjudication of disputes.

Have modern societies been prepared for such an increasing number of disputes? The answer is probably no. Everyday we can experience the situation that courts, frequently being the last resort in dispute resolution, can hardly keep pace with new and new litigations. The fact that so many disputes come all the way to courts points to the crisis of other, particularly informal, fora of dispute resolution. Here one should in the first place mention lack of traditional manners of dispute resolution in a community, which today tries to return in various forms of alternative dispute resolution.

However, not only individuals are putting more pressure on courts, but also various political bodies and state authorities. Since political institutions are increasingly unable to resolve their own disputes, they seek such resolution from courts. In this context, one might speak of the crisis of political dispute resolution.[8] Bringing courts into the political "game" unfortunately implies, for the sake of retaining order and stability in a state, that also political disputes must be resolved by legal means.[9]

7 Here I refer to a similar paradoxical idea that people's emancipation (thus more rights and their more efficient exercise) requires new regulation, which, by means of excessive multiplication of regulations, is likely to even lower the already achieved level of emancipation. See S.L. Roach. Anleu, Law and Social Change, SAGE Publications, London (2000), pp. 75–76.

8 J. Sumic-Riha, *Vzpon prava, zaton politike* [The Ascent of the Law, the Descent of Politics]; in: *Pravo in politika* [Law and Politics], Liberalna akademija, Ljubljana (2001), pp. 47–74.

9 Here one cannot forget the intervention of the Supreme Courts of the United States and Ukraine in the resolution of the battles over presidency.

1.2. The Need for an Increasing Role of Continental Courts and the New Consistency-Related Formalism

Case overloads are more or less a global phenomenon. They require from courts greater flexibility or even a certain degnee of pragmatism[10] to combat the remnants of the old formalism, which, by its rigidity and inflexibility, can to some extent be deemed responsible for the mentioned problems. However, "unleashed" pragmatism can be potentially dangerous as it could favor departure from formal justice requirements that courts must traditionally follow. Therefore, in this chapter, after shortly discussing the advantages of the new pragmatism for continental courts, we will also see some of the traps it might set for them. To be clear from the very beginning, I would like to point out that this paper is developing certain (organizational as well as substantive) points which might contribute something to help curb courts' expanding pragmatism. Their pragmatic approach is, however, important as in certain countries, especially in those with numerous court delays, it is so much hoped that past rigidities will be made more flexible. It is only its potential excessiveness that we should be careful of.

Before that, a word must be devoted to the (successful) break of the continental-law environment with the old formalism of the 19th century.[11] There is the impression that, on the path developing democracy, unlike Eastern European courts, Western European courts somehow succeeded in breaking with such formalism. Especially after the Second World War their procedures became less rigid, their adjudication more flexible, their judges began to admit that they take value decisions. However, behind the iron curtain, in the circumstances in which politics prevailed over law, the old formalism was even more formalized. Thus, this seems to be the main reason why the judicial systems of East European countries still have great problems when it comes to their efficiency. Moreover, endeavors to keep track of the modern standards of democracy, human rights, and the rule of law even complicated the situation as it meant new obligations for the already overburdened judiciary. Thus, court delays are a typical problem of these courts, which is also a problem of some Western European countries, which did not entirely succeed in throwing away the old formalism.

The solution to this problem seems to lie in how much these courts, their procedures, and judges can be creative, flexible, pragmatic, goal-oriented, i.e. efficient – in terms of adjudicating cases within the shortest time possible provided, of course, that due respect is given to all the basic constitutional (procedural) standards. But, as we will see later, uncritical judicial pragmatism can cause serious problems.

However the difference between West European and East European ordinary courts in view of their capability to cope with the increasing number of disputes, constitutional courts or courts exercising similar jurisdiction of both parts of Europe seem to speak with one voice. All these courts namely possess enormous power when it comes to legal creativity and policy making. Added to this list of courts "distinguished" by judicial creativity should no doubt also be added the Court of Justice of the European Communities and the European Court of Human Rights, which, as

10 Posner, e.g., sees pragmatism as wanting the law to be more empirical, more realistic, more attuned to the real needs of the people. According to Posner, the typical pragmatic outlook is practical, instrumental, forward-looking, activist, empirical, skeptical, antidogmatic, experimental. See R. Posner, Overcoming Law, Harvard University Press, Cambridge (1995), pp. 11–19.

11 One of its best examples is certainly found in Kafka's The Trial. From the first reading of it, it is obvious that the purpose of the rigidity of court proceedings of that time was to enforce the form of law as the authority of (political) power, not as a power of authority (to resolve people's disputes). As being typical of undemocratic legal systems, such formalism was not only unfavorable to individual rights, but also inefficient when it would need to face increasing disputes.

European "constitutional" courts, are more than relevant for the national legal systems of the member states of the EU and the Council of Europe respectively.[12]

If Continental ordinary judiciary is to become more creative in order to be able to cope with their increasing obligations, it seems that constitutional courts already have learnt that lesson. It often seems that the former still have to learn much from the latter, as there is the impression that – at least in Eastern and Central Europe – the (democratic) reform proceeds from the top to the bottom. Nevertheless, the caveat developed in this paper is intended for both levels of judiciary: the (present) pragmatic constitutional courts and the (future) pragmatic ordinary courts.

In face of a certain extent of pragmatism that courts necessarily have to employ if they want to come out as winners from the battle with the increasing number of disputes, we should ask ourselves where the limits to such pragmatism are. If pragmatism often relies on policies, i.e. ends that it tries to achieve in order to resolve certain social problems, we must ask a Dworkinian question of the existence of principles[13] as limitations to such "easy" application of policies. Are there any principles these courts must not violate even though they seem to be successfully doing their job?

One of the most important limitations that courts must not overstep is certainly the requirement of formal justice or formal equality. It is an ancient requirement inherent in every kind of adjudication. It requires that the same form must be applied to the same situation, or that equal cases must be decided equally. As a paramount democratic virtue,[14] the principle of equality is one of the most desired limitations on courts' adjudication. Therefore, in terms of greater pragmatism which modern Continental courts must employ in order to be able to cope with an increasing number of their everyday tasks, they must not forget the "archetype"[15] of their work: i.e. consistent (equal or just) decision making. Furthermore, people are very much concerned about equality, as this seems to be one of the most important issues of their perception of a well-functioning society. Thus, it cannot surprise us that the greater the consistency of courts' adjudication the greater is their democratic legitimacy.

This paper now turns to discuss, for example, how following binding precedents as previous "pattern" decisions meets the requirement of formal justice in practice. It is also an important limitation on courts' adjudication preventing them from being arbitrary.

12 See M. Novak, The Promising Gift of Precedents: Changes in Culture and Techniques of Judicial Decision-Making in Slovenia, in: J. Priban, P. Roberts, J. Young, Systems of Justice in Transition, Ashgate, London (2003).

13 R. Dworkin, Taking Rights Seriously, Harvard University Press, Cambridge (1977), p. 22. Founding his theory of adjudication on principles, Dworkin can be seen as a formalist as opposed to pragmatists who do not have many problems with courts making purely policy decisions. The consistency-related formalism I am referring to in this paper, is, in this respect, close to Dworkin's insistence that adjudication be the embodiment of applying principles. However, in comparison with his quite strong formalistic perception of adjudication establishing that, especially in hard cases, judges actually follow principles, my formalism is a bit more moderate, or more realistic. Concerning such, I am aware of the necessary gap between the ideal situation and the reality, and of the fact that judges do not always follow principles although they should do so.

14 R. Dworkin, Sovereign Virtue, Harvard University Press, Cambridge (2000). In this book Dworkin remains faithful to or even develops his formalistic or principle-based perception of political theory.

15 To Jung, the great Swiss psychologist and philosopher, archetype or "archaic type" is an almost eternal pattern of human behavior, which does not change essentially in time and place. See C.G. Jung, Man and His Symbols, Picador, London (1978), pp. 31–32. Similarly, if we apply the concept of archetype to the language of law, formal justice or formal equality seems to have been a similar ever recurring theme, or a similar ideal ever imposed on any type of law.

2. The Increasing Importance of the Argument of Precedent in Civil Law Systems

2.1. Generally on Precedent

Hand in hand with the recent greater role of courts in the civil law system goes the Continent's increasing interest in judicial precedent. Here I would like to cite German Professor Lundmark saying that, on the Continent, legal positivism is being replaced by legal realism. It seems, therefore, that there has occurred a major shift of interest regarding the study of law from legislative texts ("law on the books") to court decisions ("law in action").

Thus, a greater interest in courts means a greater interest in their decisions. This is even more so when it concerns powerful courts such as national constitutional courts, the ECJ, and the ECHR. Due to the fact that these courts are important large-scale policy makers, their cases are cited almost every day in almost every European political arena. However, exposing their decisions does not only make them more popular, but also limits their future decisionmaking. In the legal milieu in which, to some extent, courts have traditionally had the formal power to decide like cases differently,[16] the introduction of binding judicial precedent entails their limitation – however limitation to enhance their democratic legitimacy as responsible political actors in the separation-of-powers scheme.

It was not until the post-war 20th century constitutionalism that helped establish Continental courts – at least those exercising constitutional review – as an equal power within the separation-of-powers framework. Before that they had been either servants of the aristocratic monarchies or obedient "mouths of the laws" in first parliamentary democracies. Although Montesquieu's requirement was good in its intention to get rid of arbitrary aristocratic justice predominately serving the Crown, not the people, it missed the point when it came to the significance of interpretation of statutory texts. Of course, the subsequent legal thought found such a vision unrealistic.

The subsequent development of democracy towards constitutional democracy, establishing (constitutional) courts as the primal guardians of constitutions, demanded powerful courts. However, their power should not be centered on, so to say, the jungle of different decisions on similar issues, which is still (!) typical of certain Continental courts, but rather on their consistency and predictability, or, simply, on their clear messages on certain issues. Only such an approach can win public confidence in the prevailing democratic arena.

It seems that the power of courts to reach different decisions in like cases makes them more powerful[17] only in a short run. But, in a longer run, such approach necessarily contributes: (a) to the entire judicial branch being weak as only equal and principled decisionmaking can make it more homogenous and thus stronger; (b) to less just decisions since it favors arbitrariness; (c) to smaller limitations on courts in the separation-of-powers scheme, to the detriment of individuals' rights; and (d) to less effective adjudication as same positions on essentially like issues entail smaller costs and less delays as repeated decisionmaking is thereby avoided.[18]

16 Lasser argued that the fact that French courts could formally reach different decision in like cases made them more powerful in comparison with common law courts, which must follow binding precedents. See M. Lasser, Judicial (Self-) Portraits: Judicial Discourse in the French Legal System, 104 Yale L.J. 6 (1995).

17 As Lasser argued above. See, *supra,* note 14.

18 M. Novak, *Med duhom in crko primera: nosilni razlogi, postranski razlogi in locena mnenja* [Between the Spirit and Letter of a Case: *Rationes, Dicta* and Separate Opinions], Podjetje in delo, Vol. XXX, No. 6–7 (2004), pp. 1047–48.

Is not citing a previously decided case in a new but essentially similar situation, in the metaphorical sense, the same as asking a person to keep their own word? What is after all the meaning of precedent?

Generally, judicial adherence to precedent is defended by pointing to the important values in decisionmaking that are promoted thereby: i.e. consistency, coherence, fairness, equality, predictability and efficiency.[19] Therefore, legal argumentation based on precedents can be viewed as inserting such elements to the operation of the entire judicial system. Furthermore, these elements gathered around consistency (being one of the expressions of equality) necessarily fit with Rawls' political conception of justice that cannot only provide a shared basis for the justification of political and social institutions but also helps ensure stability and continuity of political institutions from one generation to the next.[20] Certainly, this cannot preclude the need for change when the reasons for such occur, which entails that there can be no absolute priority of precedent over text.

2.2. The Advantages of Stare Decisis

The doctrine of stare decisis, or the requirement that courts should not interfere with settled points in their decisions, was adopted on the basis of the positivist movement requiring a stronger consistency of adjudication.[21] Although the doctrine is sometimes criticized as a "mask hiding other considerations and as the doctrine that operates with the randomness of a lighting bolt, which on occasion may strike, but when and where can be known only after the fact,"[22] it still serves important purposes. One of the most important is surely that adherence to stare decisis is that "precedent can contribute to the important notion that the law is impersonal in character, that the court believes itself to be following a law which binds it as well as the litigants".[23] In this respect, Cox opined that the future of judicial review turns on whether law is seen by the profession as only judicial policymaking, or whether room is left for the older belief that judges are truly bound by law both as a confining force and as an ideal search for justice.[24]

As a matter of fact, the main flaw of stare decisis is no different than other flaws of various legal instruments and remedies, which in their (realistic) application can never reach the potentials of their ideal. This, however, does not say that they are unimportant for such reasons.

Though in the common-law system the doctrine of stare decisis has already exhausted much of its potential having established itself as a fundamental doctrine of the system, there is still much to be said about that in the civil-law system. In the hierarchical pyramid of the civil-law system, there are still many ambiguities, inconsistencies, unnecessary overlappings in terms of how strictly courts abide by their own previous decisions or those of superior courts on similar issues. Thus, there is the impression that by the application of this doctrine the negative consequences of these problems could be alleviated by a better organization of the system of decisionmaking. More precisely, what the Continental legal system still lacks is a consistent

19 H. P. Monaghan, Stare Decisis and Constitutional Adjudication, 88 Colum.L.Rev. 723 (1998), pp. 740–53.

20 J. Rawls, The idea of an Overlapping Consensus, 7 Oxford J. Legal Stud. 1 (1987), p. 1.

21 Z. Bankowski, D.N. MacCormick, L. Morawski, A. Ruiz Miguel, Rationales for Precedents; in: D.N. MacCormick, R.S. Summers (eds.), Interpreting Precedents, Ashgate, Aldershot (1997), p. 482.

22 H. P. Monogham, *supra, ibidem.*

23 A. Cox, The Role of the Supreme Court in American Government (1976), p. 50.

24 A. Cox, The Court and Constitution (1987), p. 377.

citing of previous "pattern" cases (i.e. precedents) when similar situations are dealt with, as well as a sufficient analysis and distinguishing of cases in such situations.

It would be mistaken, however, to say that civil law does not provide for any system of precedent. The system of "established case law"[25] serves similar purposes. But there is the question whether the latter is of an equivalent normative force in comparison with the first. If the answer is negative, saying that the system of "established case law" is of a minor normative force, the consequences of such can be serious: lower consistency, coherence, equality, and predictability at least. Thus, in the continuation of this paper, citing the example of the Slovenian approach as one of typical Continental approaches in this matter, I will try to show that, though not radical, there is still an important difference between the normative force of the two doctrines.

2.3. Formally Binding v. De Facto Binding Precedents: Is There a Difference?

At least two general views are possible concerning the comparison of the normative force of the formally binding character of precedents, typical of common law systems, and the concept of established case law, typical of civil law systems. The first view asserts that there is no substantive difference between the two approaches; that is to say, that both are of an equal normative force. Although courts in the civil law system are not formally bound by adhering to previous decisions, in like cases they would in fact respect previous decisions of higher courts and their own decisions. The second view suggests that the system of formally binding precedents implies stronger normativity than the system in which courts follow the so-called established case law.[26] However, no one argues that the civil-law version of following previous cases has stronger normative implications than the common-law approach.

Below I will try to show why I agree with the second view, which argues that the common law's view of precedent implies stronger normative force. Comparing the two prevailing systems of adherence to previous court decisions, my position actually speaks in favor of improving the current situation – in Slovenia, at least – concerning the consistency of adjudication of courts of different levels. Although in similar cases lower courts have usually followed their own previous decisions and those of higher courts there has always been also enough room for the so-called "lawful disobedience" as the doctrine of stare decisis has never formally applied.

The problem is certainly not as serious as, for example, the problem of court delays and still too much bureaucracy in courts' operation. However, slight changes towards greater "uniformity" in like cases would surely contribute not only to a greater consistency of judicial decision-making, in order to achieve greater equality in adjudication, but perhaps, on a more pragmatic level, also to alleviating some of the gravest problems the Slovenian judiciary has been facing.

25 The so-called "established case law" entails that courts are bound to follow their previous decisions or those of superior courts if case law concerning a certain issue is established. As we will see later, in the Slovenian legal system, for example, the word "established" means that there are at least three or four, perhaps five, identical previous decisions on the essentially similar issue. Thus, for case law to be deemed established, only one previous decision is not enough. This seems to give courts too much room such that stricter adherence to previous pattern decisions is thus impossible. Before the number reaches three or four, there could follow different decisions on essentially similar issues, which could entail that in types of cases that very rarely come before courts, it is very difficult to achieve uniformity.

26 A. Peczenik, The Binding Force of Precedent; in: MacCormick, R.S. Summers (eds.), Interpreting Precedents, *op. cit., supra*, pp. 461–79.

A few years ago the Slovenian Constitutional Court became aware of this problem. It constitutionalized the well-settled practice of courts' following "established case law".[27] It reacted to frequent constitutional complaints seeking constitutional protection against lower courts' judgments having failed to follow previously decided "pattern" cases. The Court recognized the concept of established case law, to some extent equivalent to the concept of binding precedents, as being part of Article 22 of the Slovenian Constitution (the equality in the protection of rights).[28] The Court thus promised that when lower courts failed to follow established case law, it would set aside such lower courts' decisions upon constitutional complaints lodged.

Notwithstanding such an important Court decision, trying to improve some organizational and hierarchical aspects of adjudication, at least by providing higher equality of such, there is the impression that, in terms of its normative force, even such an improvement still lags behind of what would be called a system of formally binding precedents. There are several reasons which support such a position.

First, in order for certain case law to be considered "established," there need to exist several cases, at least three or four,[29] in which previous courts have taken identical decisions. Quite different, the *stare decisis* doctrine, i.e. the concept of formally binding precedents, normally sets one single case as binding and controlling. This necessarily entails that the concept of established case law leaves room for several different decisions before an issue becomes established. In Slovenia it is, however, expected that a case or issue is deemed "established" when the Supreme Court, which in accordance with the Courts Act[30] is obliged to provide for the uniformity of case law, issues a principled opinion. But not all, not even the majority, of cases reach the Supreme Court. This makes the concept of established case law even more cumbersome and ambiguous. Cases in which the Supreme Court issues principled opinions are even fewer.

The second reason for arguing that, at least in Slovenia, the normative force of established (or de facto) case law is lower than that of the system of formally binding precedents can be found in the field of constitutional review. It concerns the extent to which the Constitutional Court adheres to its own previous decisions. The situation, however, is much better than in the rest of the judiciary. This can be partially explained by: (a) that not all decisions of ordinary courts are published; (b) that ordinary courts are loaded with thousands of cases in which, devoid of some formal doctrine of precedent, the consistency of following precedents is more difficult to be traced than in the area of constitutional review where fewer cases are dealt with and where a single court controls the situation; and (c) that, once again, it is difficult to provide uniformity of adjudication if the Supreme Court, which is to provide such, has not performed its tasks with the necessary precision and rigor. Nevertheless, even in the milieu of constitutional adjudication, there is still much to be done to improve the consistency of adjudication.

To mention one such example, even though cases were not being decided *de novo,* the Court has not always referred to the precedents controlling certain issues. It

27 See, e.g., Decision No. Up-297/96, dated 15 January 2000, and Ruling No. Up-337/00, dated 26 February 2002.

28 "Everyone shall be guaranteed equal protection of rights in any proceeding before a court and before other state authorities, local community authorities and bearers of public authority that decide on his rights, duties or legal interests."

29 See A. Galic, *"Argument precedensa" ali Stalisca Ustavnega sodisca RS o prepovedi samovoljnega odstopa od sodne prakse* [The Argument of Precedent, or the Positions of the Constitutional Court on the Prohibition of Arbitrary Departure from Case Law], Revus, Vol. 1, No. 1 (2003), p. 52.

30 Article 109 of the Courts Act (Off. Gaz. RS, No. 19/94 et seq.).

rather found the grounds for its decisions in its doctrine or in a new interpretation of the Constitution. The problem in such cases was that it was difficult to see how consistently this doctrine was applied case by case. However, the situation has improved and the Court has become more cautious when it comes to citing precedents when such exist.

Another example, though not of such grave dimension, is the following: on numerous occasions when the Court has cited previous "pattern" decisions it has not always referred to the first in the line of its decisions, in which a certain point of law had been settled. In contradistinction with the rule applying in systems of formally binding precedents, it has cited as precedent a case in the middle of a series of identical decisions, or even the case last decided. For example, rather than referring to the first case in which the Court had taken a certain position, the Court, sitting in a new composition, began to cite its "own" landmark cases although the case law in a particular matter did not substantively change. As a matter of fact, the outcome in such a case was certainly no different than it would be if the Court cited the very first cases in which it had established a certain point of law. However, such an approach gave a negative message when it comes to the consistency and continuity of constitutional adjudication. In a system of formally binding precedents, referring to subsequent cases entails departure from a precedent, which is justified when circumstances substantially change.

Apart from lack of continuity in referring to precedents, in order to meet a higher standard of the consistency of adjudication, the Court has still lots of potential in terms of analysis when a case at issue is compared with a precedent. This also raises the question of whether states of facts are sufficiently summarised in Court decisions to allow such a comparison. Moreover, when precedents are to be overturned, Court decisions seem to lack enough analysis with which to justify such a departure, or such analysis is not consistently applied.

In sum, all these deficiencies preventing Continental courts from being more consistent prove that the absence of some formal doctrine or rule of formally binding precedents give such courts enough room to justify as binding precedents which are actually departures from such. It is not my intention, however, to try to idealize the *stare decisis* doctrine, meaning that it *per se* guarantees absolute consistency of adjudication. Certainly there are cases in which common-law courts, despite the undisputed validity of such a doctrine, are not consistent to the extent that we would expect them to be, or in which they so easily depart from precedents so that the real purpose of the *stare decisis* doctrine is denigrated.[31] What I predominately would like to point to is the existence of a formal framework of the doctrine, which certainly to some extent, at least in a majority of cases, inserts into the system of courts' adjudication some sense of stability, consistency, equality, and perhaps predictability. In my opinion, these elements are much better provided in common law systems than in the systems of civil law.

But this is not the "end of the story". There is another element helping establish that the normative levels of the system of formally binding precedents and the system of de facto binding precedents are far from being on equal footing.

31 In Monagham's words, such cases do little to enhance the Court's reputation as an objective or principled arbiter. See Monagham, *id.*, p. 160.

3. Between the "Spirit" and "Letter" of Cases: The Need for a More Explicit Distinguishing between *Rationes* and *Dicta* in Civil Law Systems

Distinguishing between *rationes decidendi* and *obiter dicta* in court decisions entails an additional limitation imposed on courts' discretion in adjudication. It means taking the argument of precedent a step further. Courts are not only obliged to follow binding precedents, but also those narrower parts of such that are binding *(rationes)*, in comparison with those that are not *(dicta)*.

The history of common law tells that such differentiation was introduced when people wanted to limit the overreaching power of courts, which, prior to that, could refer to a precedent as a whole, without differentiating between the binding and non-binding parts of such.[32] No doubt such differentiation brought more consistency, even equality, to adjudication. Hence courts could cite as binding only specific parts of a case. This brought more certainty to adjudication, as it prevented courts from citing in one case certain parts of a precedent, and in another case other parts of the same.

One could label such a shift from citing the whole, or any part, of a case as binding authority (the so-called "spirit" of a case) to only referring to *rationes* as binding authority (the so-called "letter" of a case), as being positivistic or formalistic. In other words, it can be seen as an additional requirement that courts be consistent in adjudication, in particular when they cite binding authorities.

Such a practice of an explicit distinguishing between binding and non-binding parts of a precedent has traditionally not been typical of civil-law legal systems.[33] Even today, in the civil-law milieu, an explicit referring to *rationes* and *dicta* seems to be more an exception than a rule, though the situation is changing in favor of such more explicit differentiation.[34]

Although civil-law courts have applied a similar technique of differentiation between such parts of a case by finding what is binding in operative provisions, there is an impression that this could be another proof of that the practice of established case law is of a lower normative force than the system of formally binding precedents. The reason for such a position can be found in that when we do not specify what is binding in a case, and what is not, for the purpose of future application of such a case as a binding precedent, we leave room for potential manipulation with the case. Taking as binding what was considered *dictum* in a binding precedent, certainly violates parties' expectations that the court will take as binding from that case something else, which it perhaps took in another case. This can raise equality concerns at least, if not also those of true respect for the rule of law.

32 The demand for stricter formal and hierarchical binding of courts by previous model cases (a stricter conception of the stare decisis doctrine), entailing the requirement that binding and non-binding parts of a precedent must be distinguished, is a reflection of the school of legal positivism of 19th century in Great Britain. One of the critics of courts' broad powers was also Bentham. See Z. Bankowski, D.N. MacCormmick, L. Morawski, A.R. Miguel, Rationales for Precedent; in D.N. MacCormick, R.S. Summers, *op. cit., supra,* p. 537. That school of positivism required that judge-made law or judge's creation of law should be subordinated to legislation, or at least reduced to the minimum. Prior to that, courts were bound by previous cases only the extent that from such cases they only drew up the legal rule or principle that was set in the background of the case. From then on the main reasons for a decision were to be explicitly written down or established. See Z. Bankowski, D.N. MacCormick, G. Marshall, Precedent in the United Kingdom, *id.*, p. 332.

33 *Id.*, p. 537.

34 See R. Alexy, R. Dreier, Precedent in the Federal Republic of Germany, and J.J. Barcelo, Precedent in the European Community Law; in: D.N. MacCormick, R.S. Summers, *op. cit., supra,* pp. 17–64, 407–436.

The Constitutional Court of Slovenia, which had not been always consistent in terms of distinguishing between *rationes* and *dicta,* gradually became aware of the problem. In Ruling No. Up-106/02[35] it held that *"obiter dictum* cannot take the same effects as a legal position on which a judgment is grounded *(ratio decidendi)*". Does it, therefore, mean that it could set aside lower courts' judgments that would not show respect for a proper distinguishing between the binding parts *(rationes)* and non-binding parts *(dicta)* of "established case law", due to a violation of Article 22 of the Constitution (the equal protection of rights)? It seems that the answer should be positive, however, hitherto the Court has not taken its position on this issue.

Conclusion

The new consistency-related formalism in the adjudication of Continental courts, which requires that the courts be more consistent when dealing with precedents, does not bring revolutionary changes. It only strives for a better organization, and thus greater efficiency of the system. However, when it comes to efficiency, it is against efficiency which calls for unleashed pragmatism neglecting the basic formality of law and justice. To simplify it, it is against the assertion that any means justify the ends sought. As a requirement of formal justice, it is more about the means.

Finally, the need for respect for greater consistency of courts' adjudication will not contribute to only alleviating the consequences of present problems that Continental courts are facing, i.e. case overloads, but surely also to enhancing the legitimacy of courts, whose greatest stock in the market is undoubtedly their principled decision-making.

35 Dated 24 April 2002.

Sonia Esperanza Rodríguez Boente

Los principios generales del derecho en la argumentación jurídica

Abstract

El artículo 1.4 del Código Civil español dispone que “Los principios generales del Derecho se aplicarán en defecto de ley o costumbre sin perjuicio de su carácter informador del ordenamiento jurídico”. Con el trabajo que ahora presento, esencialmente descriptivo, pretendo descubrir cuál es el papel que representan los Principios Generales del Derecho en la argumentación jurídica. Junto a este cometido principal persigo otros secundarios pero necesarios para alcanzar aquel objetivo principal: me refiero, por un lado, a la conceptuación de los Principios Generales del Derecho y a la determinación de la fuente de la cual emanan. Por otro lado, es preciso también descubrir cuál es la concepción jurídica que se esconde tras la proclamación que efectúa nuestro Código Civil de los Principios Generales del Derecho como fuente del Derecho subsidiaria y que tiene un carácter informador de todo el ordenamiento jurídico. En este último sentido hay que entender desbaratada ya la idea muy extendida entre las filas del iusnaturalismo de acuerdo con la cual la presencia de los Principios Generales del Derecho en el ordenamiento jurídico es una prueba palpable de la presencia y vigencia del Derecho natural en el sistema jurídico, que vendría expresado en aquellos principios generales. Es cierto que la presencia de éstos en el ordenamiento jurídico hacen pensar en una necesaria revisión del positivismo legalista clásico, que por cierto hoy ya muy pocos mantienen, y en el paso, como dice García de Enterría, de una concepción formal a una concepción sustancialista del Derecho, pero ni de este replanteamiento son responsables únicos los Principios Generales del Derecho, ni, por otra parte, esto puede conducirnos a la aceptación del inquilino Derecho natural en el Derecho. Por último, mostraré cuál es el reflejo de los anteriores planteamientos teóricos sobre el papel de los Principios Generales del Derecho en la labor de nuestros jueces y tribunales. En este sentido, analizaré numerosas sentencias de órganos judiciales españoles, fundamentalmente del Tribunal Supremo, extrayendo de su estudio conclusiones que arrojen luz sobre la cuestión de cuál es la incidencia real de los Principios Generales del Derecho en la resolución de conflictos.

El artículo 1.4 del Código Civil dispone que los Principios Generales del Derecho (en adelante PGD) son fuente subsidiaria, alegables en el caso de que no haya ni ley ni costumbre aplicables al caso, sin perjuicio de su carácter informador de todo el ordenamiento jurídico. La intencionalidad de esta disposición es clara: se trata de garantizar la plenitud del ordenamiento jurídico así como de ofrecer a nuestros jueces la posibilidad de cumplir el mandato que les impone el artículo 1.7 del Código Civil sin grandes problemas. El artículo 1.7 dispone, como sabemos, el deber inexcusable de los jueces y tribunales de resolver en todo caso los asuntos de que conozcan, ateniéndose al sistema de fuentes establecido. Si un juez no encuentra una respuesta al caso que tiene delante en la ley o en la costumbre, podrá acudir a los PGD.

Pero ¿en qué consiste esta apelación en concreto? ¿En qué fuente haya el juez los PGD? Estas preguntas han encontrado respuestas divergentes en los dos bandos tradicionales de la teoría del Derecho: iusnaturalismo y positivismo. A grandes rasgos y sin entrar en diferencias de matiz existentes en el seno de cada una de estas teorías, es preciso decir que mientras los iusnaturalistas mantienen que la fuente de los PGD debe encontrarse en los principios de Derecho natural, los partidarios del positivismo entienden que son las propias normas del ordenamiento jurídico las fuentes de las que se deben inducir los PGD como condensación o sustanciación de lo establecido en ellas.

Me detendré más en la explicación dada por el sector iusnaturalista por ser a día de hoy la que menos adeptos tiene. Desde las filas del iusnaturalismo, se alega que mantener lo postulado por el positivismo llevaría a la paradójica conclusión de que las propias normas jurídico-positivas serían normas subsidiarias de sí mismas. Y es que si, ante la ausencia de normas positivas expresas o, ante la falta de normas consuetudinarias, el juez tiene que extraer la solución al caso de las propias normas positivas, entonces es que, en realidad, no existía tal laguna. Por otro lado, y ésta sería su segunda crítica, la retro y autoalimentación del Derecho positivo condicionará el progreso del Derecho.

En este sentido, del Vecchio no dudó en mantener la existencia de una estrecha relación entre el Derecho vigente y aquel Derecho natural, de tal forma que el criterio y el fundamento adecuado para la investigación de los PGD se encuentra "tan sólo en aquel cuerpo de doctrina general acerca del Derecho, que no es obra artificiosa de un pensador aislado, sino que responde a una verdadera y sólida tradición científica, íntimamente ligada a la génesis de las mismas leyes vigentes"[1]. Con todo, del Vecchio restringe su defensa del Derecho natural al Racionalista, del que se deducen PGD que, más que naturales, son racionales. Así, nos habla de la necesidad de acudir a la "razón jurídica natural"[2] para hallar esos principios, que más tarde o más temprano se suelen incorporar a los Derechos positivos, estableciéndose, entre aquellos principios y las normas incorporadas a los Derechos positivos, una relación de género a especie. La necesidad de recurrir a los principios se mantiene viva porque todo Derecho positivo es necesariamente incompleto.

Puede ocurrir, no obstante, que la relación de género a especie no se produzca y existan contradicciones entre los principios de la razón natural y el Derecho positivo. En estos casos, señala del Vecchio, el intérprete "debe atenerse a las leyes tal y como son y no como debieran ser según los puros principios"[3]. Ello conduce a la conclusión de que los PGD no pueden prevalecer contra las normas de derecho positivo, con lo cual, a pesar de del Vecchio, su virtualidad se pierde sustancialmente. Para el autor los PGD sólo actuarían cuando cumpliesen el papel de generalizaciones de lo estipulado en las normas jurídico-positivas; es decir, del Vecchio parece acabar por reconocer que la relación entre los PGD y las normas jurídico-positivas es estrechísima: la diferencia con el planteamiento positivista estriba en que, para él, éstas derivan de aquéllos, mientras que para los positivistas el proceso es el inverso.

Del Vecchio reconoce que en el supuesto de la existencia de contradicciones entre las normas positivas y los PGD puede parecer superfluo el recurso a éstos, pero "incluso en ese caso, subsiste inalterable la misma jerarquía, en la cual corresponde lógicamente a los principios la prioridad y supremacía, con relación a lo que no son más que sus consecuencias, y estas consecuencias sólo pueden ser plenamente inteligibles merced a aquellos principios"[4]. La utilidad de los PGD todavía se observa con más claridad cuando no existe norma aplicable y es necesario acudir a los "principios de la razón jurídica natural, que constituyen las bases necesarias para definir toda relación humana y social"[5].

Matices distintos presenta la crítica que hace Dworkin al positivismo jurídico, sobre todo al de factura hartiana, alegando que la Regla de reconocimiento de Hart no permite incluir en su seno normas distintas a las reglas, como pueden ser los PGD, con lo cual, concluye Dworkin, de acuerdo con ese punto de vista que cuando los jueces se encontrasen ante un supuesto no regulado por reglas tendrían una "Discrecio-nalidad fuerte", conclusión que resulta para Dworkin descabellada, ajena a la realidad de la actividad judicial y peligrosa también para el sistema jurídico, puesto

1 Del Vecchio, G., *Los principios generales del Derecho*, Bosch, Barcelona, 1979, p. 73.
2 *Ibídem.*, p. 115.
3 *Ibídem.*, p. 118.
4 *Ibídem.*, p. 138.
5 *Ibídem.*

que supondría que los jueces ortentan funciones legislativas que no les corresponden[6].

Teorías sobre los principios como las de Alexy (principios como mandatos de optimización)[7] o MacCormick (principios como normas relativamente generales que son concebidas como racionalización de reglas o conjuntos de reglas)[8], han desbaratado con fundados argumentos la crítica de Dworkin al positivismo jurídico. No es éste el lugar adecuado para detallar lo dicho por estos autores pero, en síntesis, han demostrado la capacidad del positivismo jurídico para incluir en su seno los PGD. La cuestión es determinar qué papel se les asigna en este sentido.

Para descifrar ese papel es preciso distinguir entre tipos de principios. Siguiendo los pasos de Wróblewski[9], Rodríguez Calero, nos propone la distinción entre principios jurídicos positivos o principios explícitos, principios implícitos y principios extrasistemáticos[10]. Los principios explícitos serían los reconocidos expresamente por el ordenamiento jurídico que, como resulta obvio, tienen el *status* propio de las normas jurídico-positivas y, por tanto, es indudable su carácter de auténticas normas, ello sin perjuicio de los problemas que plantea su interpretación y aplicación así como su distinción de las reglas (si es que estas últimas existen o pueden existir). Los principios extrasistemáticos serían los provenientes de otros órdenes normativos: moral, política, etc. y coincidimos plenamente con Rodríguez Calero cuando afirma que no deben ser considerados principios jurídicos por la razón de que la regla de reconocimiento no puede identificarlos como parte del ordenamiento jurídico.

Nos interesan mucho más los principios jurídicos que el autor denomina implícitos y que serían propiamente los PGD. Pero ¿a qué fuente debe acudir el juez para encontrar tales principios implícitos? La denominación que nos ofrece Rodríguez Calero de tales principios ya nos da la pista sobre dicha fuente: se trata de principios implícitos en las normas jurídico-positivas portanto, allí debemos encontrarlos como los principios que justifican, que fundamentan, tales normas. En concreto, dice el autor, para determinar cuáles son los principios de un ordenamiento jurídico "se tendrá que averiguar las normas que para los operadores de ese sistema tienen, dada su generalidad y valor positivo, una función justificadora y explicativa con respecto a las reglas válidas del sistema"[11]. De ahí que los principios jurídicos implícitos no surgirían de un supuesto Derecho natural, racionalista o no, no serían anteriores al propio Derecho, sino que surgen de un proceso de abstracción y racionalización de ese Derecho. Son normas nuevas, en el sentido de distintas a las normas jurídico-positivas, que vienen a cubrir las lagunas de éstas. Con todo, la crítica de Dworkin continúa planeando: ¿permite la regla de reconocimiento identificar estos principios? A juicio de Rodríguez Calero, así es, aunque sea de una forma indirecta, puesto que para extraer tales principios hay que partir de normas que sí se identifican con la regla de reconocimiento.

Rodríguez Calero reconoce que en dicho proceso de abstracción o racionalización de principios sí existe discrecionalidad judicial, que a su juicio no es de tanta entidad

6 *Vid.* Dworkin, R., *Los derechos en serio*, Ariel, Barcelona, 1984, Trad. Marta Gustavino.
7 *Vid.* Alexy, R., *Teoría de los derechos fundamentales*, Centro de Estudios Constitucionales, Madrid, 1993, Trad. Ernesto Garzón Valdés.
8 *Vid.* MacCormick, N., *Legal reasoning and legal theory*, Clarendon Press, Oxford, 1978.
9 Wróblewski, J., "El papel de los principios del derecho en la teoría e ideología jurídica", en *Sentido y hecho en el Derecho*, Servicio de la Editorial de la Universidad del País Vasco, San Sebastián, 1989.
10 Rodríguez Calero, J. M., *Principios del Derecho y Razonamiento Jurídico*, Dykinson, Madrid, 2004, pp. 51 y ss.
11 *Ibídem.*, p. 106.

por cuanto hay que partir de las normas del sistema. Con todo, desde mi punto de vista, una buena forma de limitar el exceso de discrecionalidad sería aplicar el principio de universalización: garantizar que cuando un juez induce un Principio General del Derecho de una serie de normas, mañana y ante un supuesto similar, no puede inducir un Principio General del Derecho que conduzca a consecuencias contrarias.

Pues bien, esto es lo que se puede decir de los PGD desde un punto de vista teórico. Me corresponde ahora analizar la práctica desplegada por nuestros jueces y tribunales con el fin de concluir sobre la incidencia real de los PGD en la resolución de conflictos. En la elección de la muestra de sentencias que he utilizado, he tenido en cuenta distintos criterios que me han permitido la acotación imprescindible en toda investigación. De esta forma, y desde un punto de vista cuantitativo, he analizado un total de 166 sentencias, número que me ha parecido asequible para acometer un estudio en profundidad de las resoluciones judiciales, a la vez que suficiente para llegar a conclusiones certeras. No he acotado temporalmente la búsqueda de las sentencias, pero sí es significativo que sólo una de ellas se remonta al año 1964. Las demás se distribuyen de una forma más o menos uniforme entre los últimos 24 años (desde 1980 hasta 2004).

En cuanto al órgano jurisdiccional del que emanan, y sin partir tampoco en este caso de una acotación consciente, se trata en su mayor parte de sentencias del Tribunal Supremo (150 sentencias), y sólo hay una pequeña muestra de sentencias de Audiencias Provinciales (16 sentencias). Por otro lado, sí ha sido consciente la búsqueda de resoluciones en función del orden jurisdiccional. En este sentido, me he centrado en resoluciones judiciales correspondientes al Orden jurisdiccional civil.

Pues bien, de la lectura de las sentencias he podido deducir distintos "papeles" que se asignan a los PGD por parte de los órganos jurisdiccionales. Pero previamente al estudio de estos papeles asignados a los PGD, conviene que me detenga en dos cuestiones preliminares. En primer lugar, en la confusión terminológica en la que en ocasiones incurren nuestros órganos jurisdiccionales, cuando hablan de "reglas", "máximas", "ideas jurídicas", "cláusulas", "adagios", refiriéndose, parece, a los PGD, pero sembrando la duda sobre si en realidad consideran tales reglas, máximas, etc., como auténticos Principios. Y, en segundo lugar, cuál es la Doctrina general establecida por nuestro Tribunal Supremo sobre las condiciones de aplicación de los PGD. Esto es, el Alto Tribunal establece bajo qué condiciones son alegables y aplicables los PGD.

Vayamos, por tanto, con la cuestión terminológica. El Tribunal Supremo utiliza hasta cinco denominaciones distintas para aludir, en principio (y subrayamos éste "en principio") a los PGD. Así alude a "regla"[12], "máxima"[13], "idea jurídica"[14], "cláusula"[15],

12 Así, en la Sentencia del Tribunal Supremo (en adelante STS), de 3 de julio de 1991 (Sala de lo Civil), en relación con el Principio *pacta sunt servanda*, dispone en su Fundamento de Derecho tercero que "como pone de manifiesto el citado artículo 1091 del Código Civil, "las obligaciones que nacen de los contratos tienen fuerza de ley entre las partes contratantes", sentando la <u>regla</u> básica de la contratación "pacta sunt servanda"...". (Subrayados míos).

13 STS 152/1994, de 24 de febrero, Fundamento de Derecho segundo: "Sin que pueda decirse en modo alguno (...) que el recurrido actuó con abuso de derecho, conducta que, (...) es abiertamente incompatible con el ejercicio legítimo de un derecho por su titular, de acuerdo con la vieja <u>máxima</u> llegada inalterable hasta nuestros días, según la cual "qui jure suo utitur neminem laedit"". (Subrayados míos).

14 STS de 26 de enero de 1990, en el Fundamento de Derecho segundo dispone que "se presume que el vendedor que trafica con la cosa que tiene defectos de fabricación conoce siempre los defectos de que adolece ("unusquisque peritus esse debet artis suae"); <u>ideas jurídicas</u> a las que no es extraña nuestra Ley de Consumidores y Usuarios". (Subrayado mío).

15 STS de 17 de noviembre de 1988, Fundamento de Derecho cuarto: "pero es que en el caso

"adagio"[16], "brocardo"[17] y "apotegma jurídico"[18]. Por otro lado, en dos sentencias se presentan como sinónimos los términos "aforismo" y Principio de Derecho[19].

La confusión todavía se acentúa más cuando un mismo principio es denominado de distintas formas. Así, "nemo plus iuris transfere quam habet", en algunas sentencias es denominado "Principio General"[20], mientras que en otras se le considera una "regla"[21]. O "in illiquidis non fit mora" que en varias sentencias es un "brocardo", en una sentencia es una "regla", y se le llama "principio" en alguna otra[22]. De "da mihi factum, dabo tibi ius" se dice que es un "apotegma jurídico" en alguna sentencia, en otras que es un "Principio de Derecho" e, incluso, más difícil todavía, en la STS 394/1998, de 6 de mayo, se habla de un "principio contenido en el brocardo da mihi factum, dabo tibi ius"[23].

Nos ofrece un cierto deslinde entre los términos aforismo y Principio de Derecho la STS 817/1997, de 29 de septiembre, lo cual le da también al Tribunal Supremo la oportunidad de aportar un concepto de Principio General del Derecho. Así, en su Fundamento de Derecho quinto se dice que "la recurrente, al invocar la infracción del art. 1257 del Código Civil, pone en relación con este precepto el aforismo "venta quita renta" (...) equivalente al aforismo latino "emptio tollit locatum" y afirma que en este aforismo se inspira el precepto contenido en el art. 1571 del Código Civil (...). Este razonamiento, sin embargo, carece de toda consistencia. En primer lugar, porque un aforismo jurídico no constituye fuente del derecho, ni el invocado en particular puede entenderse comprendido entre los PGD (art. 1.4 del Código Civil), puesto que si bien tales principios a veces se formulan como aforismos jurídicos o reglas jurídicas, unos y otras, en la mayoría de los casos, no son la expresión de principios generales del

presente, la cláusula 4ª (...) no es de por sí una cláusula de estabilización, sino un aditamento contractual con una finalidad notoriamente constrictiva de esa libertad contractual que la cláusula de estabilización simboliza, pero siempre en aras del permanente equilibrio de intereses, amortiguadora de la erosión del valor de la moneda y al modo operativo de una cláusula "rebus sic stantibus" de juego continuado y previamente convenido". (Subrayados míos).

16 STS de 25 de octubre de 1989, Fundamento de Derecho tercero: "por la progresiva socialización del Derecho y principios de tutela efectiva de las personas dañadas, el desarrollo de los cauces de responsabilidad objetiva sirva para colmar esa tutela amparando a quienes fueron damnificados incluso por conductas lícitas y ajenas a ninguna erosión de la licitud o respeto del ordenamiento (afín con los adagios "cuius comoda eius incommoda", o "ibi emolumentum ubi onus"". (Subrayado mío).

17 STS 257/1997, de 1 de abril, Fundamento de Derecho primero: "El brocardo "in illiquidis non fit mora" supone o indica, que para cuando la cantidad adeudada no sea líquida, es decir, cuando para determinarla es preciso una contienda judicial, el abono de intereses sólo procederá desde el instante procesal de firmeza de la sentencia que resuelve dicha contienda judicial". STS 2854/1993, de 13 de octubre, Fundamento de Derecho cuarto: "En efecto, el brocardo "in illiquidis non fit mora" supone o indica, que para cuando la cantidad adeudada no sea líquida, es decir cuando para determinarla es preciso una contienda judicial (...)". (Subrayados míos).

18 STS de 26 de enero de 1982, Considerando cuarto: "los Tribunales, en nuestro Ordenamiento positivo gozan de la facultad de indagar y escoger la norma aplicable al caso controvertido, aunque no la hubiesen invocado las partes, como así lo reconocen los apotegmas jurídicos "jura novit curia" y "da mihi factum et ego tibi dabo jus"". (Subrayado mío).

19 STS de 20 de octubre de 1994, Fundamento de Derecho quinto: "es de observar, con la Sentencia de esta Sala de 23 de mayo de 1989, sin duda inspirada en el aforismo y principio de derecho "resoluto jure dantis, resolvitur ius concessum"". STS 226/1995, de 16 de marzo, Fundamento de Derecho quinto: "con la Sentencia de esta Sala de 23 de mayo de 1989, sin duda inspirada en el aforismo y principio de derecho "resoluto jure dantis, resolvitur ius concessum"". (Subrayados míos).

20 STS de 7 de diciembre de 1988.

21 STS 597/1997, de 30 de junio.

22 STS 495/1998, Fundamento de Derecho octavo.

23 Fundamento de Derecho tercero.

derecho entendidos como los principios básicos del derecho legislado o con-suetudinario o de la ciencia jurídica.

Lo cierto es que el intento clarificador de esta sentencia se ha quedado en eso, en mero intento, primero porque el concepto de Principio General del Derecho que nos ofrece es lo suficientemente vago como para impedirnos distinguir cuándo nos hallamos ante un verdadero Principio. Y, segundo, porque dice el Alto Tribunal que las reglas jurídicas y los aforismos jurídicos "a veces" se consideran Principios, pero que, "en la mayoría de los casos", no lo son. Entonces, ¿cómo saber que el caso ante el que nos encontramos, en el que se enuncia una regla o un aforismo es una de esas excepciones a esa "mayoría de casos"? El Tribunal Supremo no responde a este interrogante. Quizá podría adoptarse el criterio de que sólo en el caso de que el Alto Tribunal haya enunciado un Principio como Principio General del Derecho se le pueda considerar tal, aunque haya utilizado en otras ocasiones otras denominaciones que se considerarían, entonces, sinónimas a la de Principio General del Derecho. Y, por lo mismo, desechar aquellas máximas, reglas, cláusulas, etc. que nunca hayan sido denominadas PGD[24].

Quizá en un intento de poner coto a este caos, el Tribunal Supremo se ha aplicado en establecer las condiciones de alegación y aplicación de los PGD. Precisamente el estudio de estas condiciones me lleva al análisis de la segunda cuestión preliminar que anuncié con anterioridad.

Ya en 1985, el Tribunal Supremo se pronunció sobre la inexcusabilidad de dar cumplimiento al mandato de subsidiariedad contenido en el artículo 1.4 del Código Civil, cuando establece que los PGD sólo se aplicarán en defecto de ley o costumbre, sin perjuicio de su carácter informador del ordenamiento jurídico. En este sentido, en la STS de 8 de noviembre de 1985, se establece que el Principio General del Derecho "para poder entenderse violado por inaplicación, ha de ser axiomáticamente aplicable al supuesto de hecho que se contempla y como quiera que el aludido no es tal principio del derecho, doctrinalmente hablando, sino una síntesis de los artículos (...) del Código Civil, ello conlleva, en primer lugar, la inaplicación del hipotético principio general que se invoca, puesto que a tenor del artículo uno-cuatro del Código Civil sólo se aplicarán los principios generales en defecto de Ley y en el presente caso, son múltiples, claras y precisas las normas legales (...)"[25]. La exigencia de recurrir a los PGD sólo cuando no haya ley o costumbre aplicables al caso se repite en la STS de 20 de diciembre de 1991, aunque en este caso se introduce una matización, en el sentido de que, efectivamente, sólo se puede acudir a los PGD en defecto de ley o costumbre, "sin perjuicio de que en un sentido amplio y complementario pueda acudirse a algún principio de derecho". Por tanto, a pesar de que haya ley o costumbre aplicables al caso puede alegarse un Principio General del Derecho, en sentido amplio y complementario, esto es, no como fuente de Derecho directa, sino con

24 De acuerdo con ello, y sin perjuicio del hecho de que es posible que en otras sentencias no analizadas en este trabajo sí se les haya denominado Principios Generales del Derecho, no se incluirían ni el "rebus sic stantibus", que siempre es nombrado cláusula en las sentencias estudiadas, ni "aliud pro alio", al que el Tribunal Supremo no denomina de ninguna de las formas que hemos visto; simplemente no lo conceptualiza. Tan solo en una sentencia se habla del "fenómeno antijurídico del "aliud pro alio"": STS 95/1994, de 13 de febrero, Fundamento de Derecho tercero.

25 Fundamento de Derecho tercero. En la STS de 15 de mayo de 1992, se repite la exigencia de subsidiariedad: Fundamento de Derecho tercero: "El motivo no puede prevalecer: a) Porque en este caso, el fundamento del principio general del derecho alegado aparece claramente reconocido en el art. 1257 CC, lo que da lugar a que según la doctrina de esta Sala no pueda ser admitido, por cuanto dado el rango jerárquico que les confiere el art. 1.1 CC, solamente pueden ser citados con éxito a falta de normas legales o consuetudinarias".

carácter complementario. Con lo cual tendríamos dos tipos de aplicación de los Principios: aplicación *directa,* para el caso de que no hubiese ley o costumbre aplicables al caso y aplicación *indirecta*, como fuente complementaria, dado su papel de informador del ordenamiento jurídico, en el caso de que sí haya ley o costumbre aplicables[26]. En alguna sentencia se concreta este último papel, informador de los PGD, en el sentido de que funcionarían como criterios de interpretación de las normas positivas[27].

Junto a esta exigencia de subsidiariedad, que no es más que la plasmación del mandato contenido en el artículo 1.4 del Código Civil, el Tribunal Supremo introduce, en sentencias relativamente tempranas[28], otro condicionante más para poder aplicar un Principio General del Derecho: éste debe tener una vigencia general y ser aplicable al caso, acogido por el ordenamiento jurídico, lo cual se traduce en que haya alguna norma positiva que lo recoja o jurisprudencia anterior que lo haya alegado[29]. Si ponemos en relación esta exigencia con la anterior, en concreto con los dos tipos de aplicación establecidos con anterioridad, directa e indirecta, tendríamos que concluir que, cuando existe una norma positiva que recoge el principio general, el tipo de aplicación del mismo sería indirecta, por su carácter informador del ordenamiento jurídico, mientras que cuando no existe tal norma positiva (o consuetudinaria) y lo que se hace es citar jurisprudencia anterior que haya aplicado el Principio, sí estaríamos ante una genuina aplicación directa. Una genuina aplicación directa de un Principio General del Derecho es la llevada a cabo por la SAP de Vizcaya 436/1998, de 11 de diciembre que, además de cumplir la condición de citar la sentencia o sentencias anteriores que hayan aplicado el principio, nos interesa especialmente porque aclara cuál es la fuente de la que se ha extraído el Principio General del Derecho aplicado. Así se dice que "para resolver la presente litis debemos de traer a la misma una Sentencia muy reciente del Tribunal Supremo y en concreto de 10 de marzo de 1998 (...). El Tribunal Supremo en dicha sentencia parte de la idea de que la convivencia "more uxorio" no está regulada por la ley, pero tampoco es rechazada por éste (...); pero como situación que es de trascendencia jurídica no regulada por la ley, ni por la costumbre, acude a los principios generales del derecho, última fuente formal de nuestro sistema de fuentes; y estima aplicable el principio general de protección al conviviente perjudicado por la situación de hecho; principio que deriva de normas constitucionales (arts. 10, 14 y 39), de normas del Código Civil (art. 16), de la LAU (Ley de Arrendamientos Urbanos) de 1994 (arts. 16 y 15) y de Sentencias del Tribunal Constitucional y del propio Tribunal Supremo y entre ellas la de 16 de diciembre de 1996". Por último, y por citar una de las más recientes en la materia, en la Sentencia del TS 891/2001, de 8 de octubre, se alude a la doctrina citada en función de la cual

26 A ambos tipos de aplicación alude expresamente la STS 295/2000, de 23 de marzo, en su Fundamento de Derecho tercero: "Respecto a los principios generales, se limita en el desarrollo del motivo, a expresar dos frases jurídicas, sin más, ignorando el concepto doctrinal y el desarrollo jurisprudencial de los mismos: aplicación indirecta a través de las demás fuentes, por su carácter informador (...), aplicación directa, en defecto de ley y costumbre (...)".

27 STS de 5 de junio de 1992, Fundamento de Derecho tercero: "la aplicación de los principios generales del Derecho, en cuanto reconocidos por la jurisprudencia, sólo es posible, en el ordenamiento jurídico español, como fuente subsidiaria de segundo grado (en defecto de ley o costumbre), (art. 1º. del Código Civil) y las circunstancias que justifican aquélla, no concurren en el supuesto; y su apoyo, como criterios de interpretación (carácter informador del ordenamiento jurídico) no cabe que se admita". Subrayado mío.

28 STS de 27 de octubre de 1967; STS de 28 de mayo de 1968; STS de 7 de febrero de 1972.

29 STS 295/2000, de 23 de marzo, Fundamento de Derecho tercero: "necesidad de probar su vigencia general y aplicación al caso, demostrando que es acogido por el ordenamiento jurídico, citando el precepto que lo sanciona o la jurisprudencia que lo recoge".

"para que la infracción de los principios generales del Derecho puedan dar lugar a un recurso de casación preciso se hace la cita de la Ley o sentencias que lo establecen"[30].

Analizadas ya estas dos cuestiones preliminares, me adentraré en el análisis de los distintos papeles asignados por nuestros órganos jurisdiccionales a los PGD en las sentencias estudiadas. En concreto, he hallado cuatro roles distintos, o cuatro formas distintas de entender los PGD:

1º Los PGD aparecen expresamente recogidos en la ley. Por ello, se aplican de forma indirecta, por su carácter informador, como criterios interpretativos o cumpliendo una función complementaria en general.

2º No hay una mención expresa a ninguna norma positiva y parece, *a priori*, que es el Principio General del Derecho el que decide. Se trataría, por tanto, de una aplicación directa pero que no cumple con la exigencia establecida por el Tribunal Supremo, de citar la jurisprudencia anterior que haya aplicado tal Principio.

3º No hay tampoco mención a norma positiva alguna, pero sí a Jurisprudencia anterior que recoge tal Principio General del Derecho. Aplicación directa que cumple los condicionantes establecidos por el Tribunal Supremo y que sería, por tanto, correcta.

4º Se recoge el Principio general del Derecho como "fundamento" de lo dispuesto en la ley positiva. Se trataría, de nuevo, de una aplicación indirecta.

En esta clasificación hay que tener en cuenta que no todo los apartados son excluyentes entre sí. Por ejemplo, hay sentencias en las que confluyen los apartados segundo y tercero, dado que no hay mención de norma positiva alguna, pero sí de Jurisprudencia. Del mismo modo, en las sentencias que he incluido en el apartado cuarto, he resaltado esa calificación del Principio General del Derecho como "fundamento" de lo dispuesto en la ley positiva, pero es obvio que ello precisa la cita de esta última y, por tanto, deberían incluirse las sentencias que incluyo en este apartado, también en el apartado primero. De acuerdo con ello ocurre que algunas sentencias se van a repetir en más de uno de los espacios. Hecha esta advertencia, vayamos con el detenido de cada uno de los apartados.

1. El primer apartado se refiere, por tanto, a aquellas sentencias que llevan a cabo una aplicación indirecta de los PGD, ya que existe norma positiva (o consuetudinaria) aplicable al caso. En este apartado se deben incluir varios PGD:

- Principio "pacta sunt servanda": STS de 22 de abril de 1983; STS de 27 de enero de 1992; STS 270/1995, de 24 de marzo.
- Principio "par conditio creditorum": STS de 26 de diciembre de 1991[31].
- Principio de buena fe en el ejercicio de los derechos: STS 104/1995, de 17 de febrero[32].
- Principio "res perit emptori": STS de 28 de diciembre de 1989[33].
- Principio "solve et repete": STS de 13 de junio de 1991[34].
- Principio "nemo plus iuris transfere quam habet": STS de 7 de diciembre de 1988[35].

30 Fundamento de Derecho cuarto.
31 Fundamento de Derecho primero.
32 Fundamento de Derecho segundo.
33 Fundamento de Derecho tercero.
34 Fundamento de Derecho cuarto.
35 Fundamento de Derecho sexto.

- Principio "superficies solo cedit": SAP de Segovia 211/1999, de 31 de julio[36]; SAP de Ourense, de 29 de junio de 2001[37]; STS de 31 de diciembre de 1987[38]; STS 798/1994, de 29 de julio; STS 444/1998, de 12 de mayo; STS 577/1998, de 16 de junio; STS 112/1999, de 15 de febrero; STS 45/2000, de 1 de febrero.
- Principio "alterum non laedere": SAP de Madrid, de 20 de marzo de 2001[39]; STS de 16 de mayo de 1988[40]; STS de 2 de diciembre de 1991[41]; STS de 21 de mayo de 1992; STS 385/1996, de 20 de mayo; STS 1181/1997, de 29 de diciembre.
- Principio "in claris non fit interpretatio": STS de 8 de marzo de 1989[42].
- Principio de nulidad de pleno derecho de los actos contrarios a las normas imperativas o prohibitivas: STS de 7 de febrero de 1984[43].

2. En el segundo apartado de los citados, haré referencia a aquellas sentencias en las que no hay una mención expresa a ninguna norma positiva y parece, *a priori*, que es el Principio General del Derecho el que decide. Se trataría, por tanto, como ya he dicho, de una aplicación directa que no cumple con la exigencia establecida por el Tribunal Supremo de citar la jurisprudencia anterior que haya aplicado tal Principio. Conviene que haga dos advertencias en relación con este apartado. La primera es la de que no aseguro que no haya normativa específica o jurisprudencia que haya aplicado los PGD que he incluido en este apartado; simplemente, que no han sido citados expresamente por el órgano juzgador. La segunda: en este apartado no incluiré el texto concreto de la sentencia, dado que, junto al Principio General del Derecho, no aparecen otros elementos (normas o jurisprudencia anterior) de los que vaya acompañado. Por tanto, simplemente citaré las sentencias y los Fundamentos de Derecho concretos en los que aparece citado el Principio General.
- Principio "par conditio creditorum": STS de 26 de diciembre de 1991 (Fundamento de Derecho cuarto); STS de 17 de abril de 1990 (Fundamento de Derecho segundo); SAP de Vizcaya 332/2001, de 28 de marzo (Fundamento jurídico segundo); SAP de Baleares 492/2000, de 19 de julio (Fundamento jurídico tercero).
- Principio de causalidad, de que faltando la causa no puede darse el efecto, o de que faltando el antecedente no puede darse el subsiguiente: STS de 4 de marzo de 1980 (Considerando primero); STS de 2 de febrero de 1984 (Considerando tercero); STS de 15 de abril de 1991 (Fundamento de Derecho cuarto); STS de 24 de octubre de 1991 (Fundamento de Derecho primero); STS de 31 de enero de 1992 (Fundamento de Derecho primero); STS 9/1995, de 28 de enero (Fundamentos de Derecho sexto y séptimo).
- Principio de subrogación real: STS de 8 de octubre de 1990 (Fundamento de Derecho sexto).
- Principio "prior tempore potior iure": STS de 10 de mayo de 1989 (Fundamento de Derecho quinto); SAP de Asturias 233/2001, de 16 de mayo (Fundamento de Derecho segundo).
- Principio "qui iure suo utitur nemine laedit": STS de 22 de junio de 1989 (Fundamento de Derecho segundo); STS 727/1993, de 8 de julio (Fundamento de

36 Fundamento de Derecho cuarto.
37 Fundamento de Derecho tercero.
38 Fundamento de Derecho segundo.
39 Fundamento de Derecho segundo.
40 Fundamento de Derecho Tercero.
41 Fundamento de Derecho quinto.
42 Fundamento de Derecho cuarto.
43 Considerando primero.

Derecho quinto); STS 470/1994, de 23 de mayo (Fundamento de Derecho segundo).

- Principio "res inter allios acta nobis, nec nocet, nec prodest": STS de 21 de enero de 1992 (Fundamento de Derecho cuarto); STS 578/1994, de 15 de junio (Fundamento de Derecho sexto); STS 639/1994, de 20 de junio (Fundamento de Derecho tercero); STS 95/1995, de 10 de febrero (Fundamento de Derecho quinto); STS de 11 de abril de 1995 (Fundamento de Derecho tercero).
- Principio de seguridad en el tráfico jurídico: STS de 20 de noviembre de 1990 (Fundamento de Derecho segundo).
- Principio "ubi lex non distinguit, nec nos distinguere debemus", que actúa como criterio interpretativo: STS de 2 de abril de 1990 (Fundamento de Derecho cuarto); STS 119/1994, de 31 de diciembre (Fundamento de Derecho cuarto); SAP de Cádiz de 20 de febrero de 1998 (Fundamento de Derecho único).
- Principio de relatividad de los contratos: STS 888/1997, de 14 de octubre (Fundamento de Derecho quinto).
- Principio "alterum non laedere" (que, como hemos visto con anterioridad, sí tiene reflejo en la ley, reflejo legal que no se recoge, sin embargo, en esta sentencia): STS 1095/1994, de 5 de diciembre (Fundamento de Derecho cuarto).
- Principio "ibi emolumentum ubi onus": STS de 25 de octubre de 1989 (Fundamento de Derecho tercero).
- Principio "in claris non fit interpretatio", que se utiliza como criterio interpretativo: STS de 16 de Julio de 1984 (Considerando Segundo).
- Principio "in illiquidis non fit mora": STS 495/1998, de 21 de mayo (Fundamento de Derecho octavo).
- Principio "inclussio unius, exclussio alterius", que funciona como criterio interpretativo: STS 141/1993, de 16 de febrero (Fundamento de Derecho tercero); STS 280/1994, de 28 de marzo (Fundamento de Derecho segundo); STS 732/1994, de 21 de julio (Fundamento de Derecho séptimo).
- Principio "iura novit curia": STS 75/1998, de 9 de febrero (Fundamento de Derecho tercero).
- Principio "justa allegata et probata": STS 1281/1994, de 31 de diciembre (Fundamento de Derecho quinto).
- Principio lo especial deroga lo general: STS de 22 de mayo de 1989 (Fundamento de Derecho segundo).
- Principio "nemo dat quod non habet": STS 1261/1993, de 28 de diciembre (Fundamento de Derecho quinto); STS 1137/1996, de 30 de diciembre (Fundamento de Derecho sexto); STS de 20 de noviembre de 1997 (Fundamento de Derecho segundo).
- Principio "nemo rem aliena, invito domino vendere potest": STS de 10 de diciembre de 1983 (Considerando decimotercero).
- Principio "nemo factum cogi potest": STS de 3 de julio de 1989 (Fundamento de Derecho primero).
- Principio "commodo ferens, incommoda et onera, sustinere debet": STS 1095/1994, de 5 de diciembre (Fundamento de Derecho cuarto).
- Principio "cuius est commodum, eius est periculum": SAP de Murcia 508/2002, de 26 de diciembre (Fundamento de Derecho segundo); STS de 22 de junio de 1989 (Fundamento de Derecho segundo); STS de 25 de octubre de 1989 (Fundamento de Derecho tercero); STS de 1 de marzo de 1990 (Fundamento de Derecho quinto).
- Principio "da mihi factum, dabo tibi ius": STS 958/1994, de 31 de octubre (Fundamento de Derecho décimo); STS 394/1998, de 6 de mayo (Fundamento de

Derecho tercero); STS 120/1998, de 10 de febrero (Fundamento de Derecho segundo).
- Principio "et qui ocassionem praestat, dammnum fecisse videtur": STS 1095/1994, de 5 de diciembre (Fundamento de Derecho cuarto).

3. En el tercer apartado incluiré aquellas sentencias en las que, a pesar de no existir, como en el apartado anterior, una mención expresa a norma positiva alguna, sí se menciona Jurisprudencia que recoge tal Principio General del Derecho. Se trata, por tanto, de nuevo, de un supuesto de aplicación directa que cumple los condicionantes establecidos por el Tribunal Supremo para poder aplicar los PGD y que sería, por tanto, correcta. Tampoco en este caso incluiré el texto concreto de la sentencia, dado que se repite siempre el mismo esquema: aplicación del Principio General del Derecho y cita de las Sentencias que lo aplicaron e interpretaron con anterioridad. Por otro lado, como hemos visto en sentencias como, por ejemplo, la 295/2000, de 23 de marzo, el Tribunal Supremo exige que "se cite" la Jurisprudencia que recoge el Principio General. De ello se deduce, en mi opinión, la necesidad de que la parte que lo alega y el Tribunal que lo aplica citen expresamente las sentencias concretas que lo hayan interpretado y aplicado, aunque no sea de forma exhaustiva, sin que sea suficiente una referencia genérica a "Jurisprudencia anterior". Pese a ello, veremos que hay algunas sentencias en las que se produce esta referencia genérica y que por ello son, a mi entender, criticables.
- Principio "resoluto iuris dantis, resolvitum ius concessum": STS de 20 de octubre de 1994 (Fundamento de Derecho quinto).
- Principio de "pacto de non alienando res propia non valet": STS de 13 de diciembre de 1991 (Fundamento de Derecho quinto).
- Principio de causalidad: STS de 24 de octubre de 1991 (Fundamento de Derecho octavo): en esta sentencia se produce la referencia genérica y, por tanto, criticable, a una "orientación jurisprudencial", sin cita de sentencias concretas.
- Principio de equivalencia patrimonial: STS de 22 de noviembre de 1991 (Fundamento de Derecho tercero).
- Principio "prior in tempore potior in iure": STS de 10 de abril de 1991 (Fundamento de Derecho séptimo); STS 415/1997, de 19 de mayo (Fundamento de Derecho cuarto); SAP de Valencia 465/1999, de 25 de mayo (Fundamento de Derecho tercero); SAP de Pontevedra 154/2000, de 11 de mayo (Fundamento de Derecho segundo).
- Principio "qui iure suo utitur nemine laedit": STS de 22 de abril de 1983 (Considerando tercero).
- Principio "res inter allios acta nobis, nec nocet, nec prodest": STS 58/1995, de 2 de febrero (Fundamento de Derecho segundo).
- Principio "ubi lex non distinguit, nec nos distinguere debemus": STS de 12 de abril de 1988 (Fundamento de Derecho tercero); STS 146/1993, de 22 de febrero (Fundamento de Derecho segundo).
- Principio de causalidad adecuada: STS de 25 de febrero de 1992 (Fundamento de Derecho primero).
- Principio "in dubio pro asegurado": STS de 18 de julio de 1988 (Fundamento de Derecho cuarto).
- Principio "nemo sibi ipse causam possessionis mutare potest": STS de 16 de mayo de 1983 (Considerando cuarto); STS de 13 de diciembre de 1982 (Considerando cuarto).
- Principio "nemo plus iuris transferre quam habet": STS 597/1997, de 30 de junio (Fundamento de Derecho séptimo).

- Principio "accesorium cedit principali": STS 798/1994, de 29 de julio (Fundamento de Derecho segundo).
- Principio "ibi emolumentum ubi onus": STS de 5 de febrero de 1991 (Fundamento de Derecho tercero).
- Principio "in illiquidis non fit mora": STS 257/1997, de 1 de abril (Fundamento de Derecho primero); STS 260/1997, de 2 de abril (Fundamento de Derecho cuarto); STS 917/1997, de 22 de octubre (Fundamento de Derecho quinto); STS 2854/1993, de 13 de octubre (Fundamento de Derecho cuarto); STS 1142/1997, de 1 de diciembre (Fundamento de Derecho sexto); STS 864/1998, de 24 de septiembre (Fundamento de Derecho cuarto); STS 55/2001, de 31 de enero (Fundamento de Derecho séptimo); STS 182/2000, de 3 de marzo (Fundamento de Derecho cuarto).
- Principio "inaudita causa quemquam damnari aequitatis ratio non patitur": STS de 26 de junio de 1989 (Fundamento de Derecho tercero).
- Principio "iura novit curia": STS 749/1998, de 24 de julio (Fundamento de Derecho primero); STS 895/2002, de 7 de octubre (Fundamento de Derecho segundo).
- Principio "justa allegata et probata": STS de 19 de octubre de 1981 (Considerando tercero).
- Principio "mala fides superveniens non nocet": STS de 30 de noviembre de 1991 (Fundamento de Derecho segundo).
- Principio "non bis in idem": STS 259/1993, de 23 de marzo (Fundamento de Derecho tercero); STS 474/1994, de 20 de mayo (Fundamento de Derecho tercero).
- Principio "da mihi factum, dabo tibi ius": STS de 26 de enero de 1982 (Considerando cuarto); STS de 15 de octubre de 1984 (Considerando tercero).
- Principio de protección al conviviente perjudicado: SAP de Vizcaya 436/1998, de 11 de diciembre (Fundamento de Derecho segundo).
- Principio "pendente apellatione, nihil innovetur": SAP de León 343/2000, de 19 de mayo (Fundamento de Derecho tercero).
- Principio "inclussio unius, exclusio alterius": SAP de Granada 886/2003, de 10 de noviembre (Fundamento de Derecho segundo).

4. Por último, me resta referirme a las sentencias, sólo dos, en las que se recoge el Principio general del Derecho como "fundamento" o "inspiración" de lo dispuesto en la ley positiva. Es decir, se le da expresamente este carácter. Es cierto que las sentencias de este apartado podrían incluirse en el primero, dado que hay una aplicación de ley positiva, pero me ha parecido oportuno distinguir de estas sentencias aquéllas en las que el Tribunal utiliza explícitamente las expresiones fundamento o inspiración. Por otro lado, nos encontramos, de nuevo, ante una aplicación indirecta. En este caso, sí incluiré el texto de las sentencias citadas con el fin de comprobar de qué norma positiva es fundamento el Principio General del Derecho.
- Principio "pacta sunt servanda": STS de 17 de octubre de 1990[44].
- Principio "prior tempore, potior iure": STS de 27 de octubre de 1983[45].

Pues bien, es hora de sacar las conclusiones del estudio de la práctica jurisprudencial analizada. En primer lugar, primera conclusión, si observamos el número de sentencias en las que nuestros órganos judiciales aplican e interpretan PGD, vemos que es cuantitativamente insignificante. De hecho, el número de sentencias correspondientes al orden jurisdiccional civil desde el año 1964 asciende a unas 23.000,

44 Fundamento de Derecho primero.
45 Considerando sexto.

aproximadamente; y de éstas, sólo citan, utilizan PGD o hacen una referencia general a los mismos, unas 400, esto es, un 1,7%, más o menos. Esto demuestra que el positivismo ha consolidado la mentalidad de nuestra judicatura de asirse con todas sus fuerzas a la norma escrita, a la norma positiva y a huir de forma clara de normas que son sospechosas de resucitar afanes iusnaturalistas.

En segundo lugar, segunda conclusión, las sentencias estudiadas en los distintos apartados arrojan las siguientes cifras: En 25 sentencias se aplican los PGD de forma indirecta, es decir, como "informadores" del ordenamiento jurídico, junto a normas positivas en los que se recogen; en 50 sentencias se aplican de forma directa, ante supuestos, en principio, de lagunas del ordenamiento jurídico, pero de forma incorrecta, dado que no se da cumplimiento a la doctrina del Tribunal Supremo que exige citar sentencias anteriores que los hayan aplicado. Sí se cumple la doctrina jurisprudencial en 39 sentencias (apartado tercero), en las que se citan esas sentencias previas, aunque incluso en ocasiones de forma demasiado genérica para poder considerarse correcta, como hemos visto[46]. Por tanto, son más las sentencias en las que los órganos juzgadores no aplican la doctrina del Tribunal Supremo y, por tanto, se trataría de una aplicación incorrecta de los PGD.

En tercer lugar, tercera y última conclusión. Ya hemos visto que hay dos tipos de aplicación de los PGD, esto es, aplicación directa, como fuente del Derecho, en el supuesto de que no haya ley o costumbre aplicables al caso y por tanto se trata de integrar el ordenamiento jurídico con el Principio y, en segundo lugar, aplicación indirecta, cumpliendo el papel de informador del ordenamiento jurídico, cuando sí hay norma aplicable y se utilizan, por ejemplo, para interpretar ésta. El Tribunal Supremo ha sentado la doctrina de que, para que sea posible una aplicación directa de los Principios, es preciso que se cite la Jurisprudencia anterior en la que se hayan aplicado. Desde mi punto de vista, el problema reside en que si es preciso acudir a sentencias anteriores existirá ya un catálogo cerrado de PGD jurisprudenciales, sin posibilidad de incluir, *ex novo*, otros. Desde mi punto de vista, ésta es una limitación injustificable porque conduce, inevitablemente, a la congelación del ordenamiento jurídico y a la imposibilidad de que los PGD cumplan su cometido de integrar las lagunas existentes en el mismo. La pregunta que me hago es qué impide que se pudieran reconocer jurisprudencialmente nuevos principios, incluso abstrayéndolos o racionalizándolos de la ley, tal como propone Rodríguez Calero. En definitiva, entiendo que en todas estas limitaciones subyace la intención de nuestro Tribunal Supremo de cercenar al máximo el papel de los PGD como fuente del Derecho.

Desde un principio he dejado claro que este trabajo tiene una finalidad estrictamente descriptiva de los enfoques teóricos y de la práctica jurisprudencial sobre el papel de los PGD. No me corresponde, pues, al menos en este momento, entrar a valorar si "lo dicho" por la doctrina y "lo hecho" por nuestra Jurisprudencia es lo más deseable; aspecto valorativo que considero, sin duda, esencial, y al cual espero dedicarme en un futuro próximo.

46 El total de sentencias estudiadas en los cuatro apartados de referencia son 114. Las 52 restantes hasta las 166 que he estudiado se analizan en las cuestiones preliminares, terminológicas y sobre la doctrina de los órganos juzgadores sobre la aplicabilidad de los Principios Generales del Derecho.

Thomas da Rosa de Bustamante and Denis Franco Silva*

Prospective Overruling: Why and How it Should be Applied (The example of the Brazilian Legal System)

Abstract

In this paper we attempt to justify the attribution of prospective effects to new precedential rules formulated by the higher courts in general; we also try to enumerate its presuppositions and to fix some argumentative rules for applying the institute of prospective overruling. The Brazilian legal system, recently modified by constitutional amendments is quoted as a proper example on these matters.

1. Prospective Overruling and Its Relevance for a Theory of Precedent

Any theory of legal reasoning needs a theory of precedent, that is, a theory about the *argumentative force* and the correct *uses* of judge-made law in ordinary legal adjudication. If we assume that one of the functions of Legal Doctrine is to provide and develop *normative directives* for the adjudication of legal norms – as Robert Alexy (1997), for example, does – then we can clearly see the lack of a theory capable of telling us about *how* and *why* courts must, should or may overrule and distinguish their own decisions.

One of the most controversial issues to be clarified by such theory is the so-called *prospective overruling*, which takes place when courts change their precedential rules but maintain, for legal certainty reasons, the application of the previous orientation to certain cases. As Rupert Cross (1991) points out, "the old law would apply to events occurring before the date of the overruling (including those of the instant case), but it would cease to be applicable to transactions entered into after that date".

Unfortunately, there are not enough works on the admissibility of judicial overruling with prospective effects, mainly in civil law systems such as the Brazilian. But, on the other hand, it is easy to notice a convergence between case law and civil law systems, which makes the issue more and more relevant for legitimating the judicial decisions in general, especially if we understand that a legal decision can only be legitimated if there are enough reasons to justify it in rational terms.

This paper intends to demonstrate the need of providing argumentative tools to justify the practice of prospective overruling in civil law systems in general. The Brazilian legal system can provide, anyway, a good example of the necessity of a correct understanding of these legal/philosophical tools.

2. A Distinction Between the *Ratio* and the Adjudication and the Concept of Prospective Overruling

According to the principle of *formal justice* (MacCormick, 1978), any legal decision should be grounded in at least one universal norm. Likewise, from any reasonable decision follows at least one universal norm (Alexy, 1997).

This affirmation makes sense if we reject the formalistic approach, which claims that a legal decision is no more than a crude application of preexisting statutes with an

* The authors would like to thank Prof. Flávio Henrique Ferreira Silva for the help and advise on matters of English style.

unique semantic content. It gets more comprehensible if, contrariwise, we adopt Hans Kelsen's (1998) idea that norm application is also norm production. So, when a judge applies any legal statute he produces a more specific and concrete norm that comprises the *facts* of the case – in its hypothesis – and the *actual adjudication* – in the enunciation of its consequences.

Granted that premise, we can take a step forward and introduce a distinction between the *ruling* of a judicial decision – the enunciation of the legal *norm* that courts recognize when they state the *ratio decidendi* – and the *actual adjudication* – application of its consequences to the parties involved in the instant case.

In ordinary cases we can identify one single ruling that leads us to the actual adjudication. However, in complex situations the court enunciates a *general norm* – *prima facie* applicable to all cases that can be subsumed under the universal statement comprised in the *ruling* – but there are reasons to avoid the immediate application of that norm to the case. In such situations, courts formulate another norm, more concrete, that creates an exception to the original norm stated in the ruling. This is what happens with prospective overruling. It is like the court enacts two rulings in the same case: the former to be applied to all the forthcoming situations; the latter only to the instant case or to cases that refer to past situations.

A good example of application of the technique of prospective overruling is *Defrenne v. Societé Anonyme Belge de Navigation Aérienne Sabena*[1], decided by the European Court of Justice. In this case, the court recognized the existence of regulations determining, from 1962, that all member countries should implement legislation guaranteeing equal pay for men and women that do equal work. The court also stated that those regulations had direct effect over the member countries. However, the court held that this precedential ruling would only be applicable to claims already filed for past discrimination and for future pay discrimination that arose after the judgment. As the example shows, the effect of the precedential ruling has been postponed by principle and pragmatic arguments: first, the necessity to avoid legal uncertainty; second, the potential existence of a very large number of claims dat-ing back from the time of judgment.

From now on, we will discuss two examples from the Brazilian higher courts: the first from *Superior Tribunal de Justiça* (STJ) – whose task is to dictate uniform interpretations of the Federal Law – and the second from *Tribunal Superior Eleitoral* (TSE) – the Higher Court in Electoral matters – in order to launch a basis for the application of prospective overruling in civil law systems in general.

3. Analysis of Two Paradigmatic Cases from the Very Recent Brazilian Judge-Made Law

The first case refers to a very quick overruling in the jurisprudential directives enacted by STJ. On May 8, 2002, the Court pronounced *Súmula 263*[2], which stated that *the*

1 Case 43/75, 1976, 1 ECR 455. *Apud.* Barceli (1996).

2 In the Brazilian law, the higher courts usually publish general directives with *erga omnes* effect in order to avoid jurisprudential divergences among the panels of the court and among the lower courts in general. Those directives are expressed in very clear and direct terms and constitute an authentic source of law, even though they do not have a formally binding effect (with exception of those enacted by the *Supremo Tribunal Federal* about constitutional issues, that do have a formally binding effect due to the 45th Amendment to the Brazilian Constitution). Those directives are called *Súmulas*. Because they are highly accepted by the Brazilian courts it is possible to say that they have a *quasi-binding* efficacy over the lower courts.

anticipation of the payment of the residual value (or price) in the leasing operations converts the contract from leasing to a buying operation.

This directive was overruled by *Súmula 293*, enacted exactly two years later (May 5, 2004), which stated: *the anticipated payment of the residual value (or price) does not affect the substance of the leasing contracts.*

Even though the court changed a formal directive, which is binding *de facto* in the Brazilian judicial practice, nothing has been said about the effects of the new directive to the contracts celebrated under the efficacy of Súmula 263. The court simply ignored that, after announcing a formal directive, it fomented a practice and interfered in all the leasing operations that were celebrated in Brazil, since the interested parties who were sufficiently informed adapted their contracts to the rulings of the court. To put in other terms, the court did not take account of the collateral effects of the overruling of the previous directive. As we will demonstrate later, this was a case in which prospective overruling might have been adopted.

The second example is quite different. It is a genuine application of the institute of prospective overruling, though the court had no idea that it was doing so.

Historically, TSE has understood that the procedure of the *Ação de Impugnação de Mandato Eletivo* (a claim for disowning elective mandates) would follow the ordinary rite of the Brazilian code of civil procedure. However, in February 2004, the court pronounced Resolution number 21.634, a formally binding precedential ruling, which reinterpreted *Lei Complementar 64/1990*[3] changing the rite from the ordinary to the one from the *Ação de Impugnação de Registro de Candidatura*.

The procedural changing had substantial consequences. The defense, for example, should be presented in five days instead of fifteen, as the old ruling stated. So, the court, to avoid serious consequences over the pending judgments, restrained the efficacy of the ruling until the next elections, which were due to take place six months after the decision.

4. A Critical View of the Examples of the Previous Topic

The first decision is subjected to a sharp criticism, for the court has not taken account of the normative effects of the overruling in ordinary life situations.

From the moment that the court issued a *Súmula*, which is a precedential ruling enunciated in short words after a final decision in a judgment to override a divergence among the panels of the court, it generated consequences that should not be ignored in the future judgments.

Each *Súmula* is received by the legal community with strength similar to that of statutes enacted by legislative powers. However, the court seemed oblivious of that fact. STJ is, in fact, under a strong influence of the formalistic paradigm according to which the judicial decision is no more than a mechanical application of previous legislation. This view contrasts with Kelsen's, which claims that the legal decision is an actual norm production action.

We believe that Kelsen's theory is a much more adequate portrait of what judges actually do.

3 *Lei Complementar n. 64/1990.* In the Brazilian legal system there are two types of legal statutes enacted by Congress: (a) the *leis ordinárias* (ordinary laws) and (b) the *leis complementares* (laws that complement any constitutional regulation that explicitly demands some issues to be regulated by them). The field of application of the *leis ordinárias* and the *leis complementares* is expressively demarcated by the Constitution and the main difference between them is the minimal *quorum* necessary for the coming into force of the relevant statutory provision.

We believe also that the rulings dictated by the courts have, in some cases, collateral effects that should be taken into account by judges in order to avoid injustices as well as an unacceptable degree of legal uncertainty. Therefore, it is a mistake to suppose that the ruling should necessarily have retrospective efficacy, especially where its normative effects are similar to those of statutory legislation.

The second case is also problematic for it has not explicitly justified the prospective effect of the new rule announced by the court. Instead of facing the problem and raising arguments to sustain the decision, the court simply conceals the prospective effects of the changing, as if it were free to deny the application of the general rule according to which the overruling shall have immediate efficacy.

Nonetheless, the second case is sufficient to show that, in specific cases, especially those with strong normative effect for future adjudications, such as those in which the court elaborates *Súmulas*, Resolutions and other normative acts with *erga omnes* effects, the higher courts may adopt prospective overruling.

5. Directives and Presuppositions for Prospective Overruling

As we said before, prospective overruling shall be adopted only in exceptional cases; in authentic hard cases whose collateral effects can produce significant damage to the principles of formal justice and legal certainty, in order to override the general assumption that precedential rulings have retrospective effect under cases whose judgment is still pending.

We believe that the directives proposed by a New York Court of Appeal – and quoted by Robert Summers[4] in an important study about the interpretation of legal precedents – can be read as minimal requirements for prospective overruling:

a) The holding must establish a new principle of Law, either by overruling clear past precedent on which litigants may have relied or by deciding an issue of first impression whose resolution was not clearly foreseen;
b) The merits and demerits in each case must be weighed by looking at the history of the rule in dispute, its purpose and effect, and whether retroactive operation will further or retard the rule's operation;
c) Retrospective application must create the risk of producing substantially inequitable results.

Besides those minimal requirements, we should notice that in any case in which the court postpones the effect of the judicial overruling we are in presence of a balancing of principles, which comprises an evaluation about consequences of the retrospective or prospective efficacy of the judicial overturn.

In any case, however, courts shall not deny the normative and constitutive character of their rulings, which can assume significant dimensions when binding precedents come into force. The overruling of a binding precedent shall not be treated as a simple insignificant fact, for it contradicts founded and legitimate normative expectations.

We believe it is not absurd to claim that in statutory legal systems the overruling of a stable and binding precedent (or even of a *quasi-binding* precedent issued in general terms by higher courts) can be regarded as corresponding to the coming into force of a new statutory provision, because the effects of both of them are quite similar in practice.

It seems rather incoherent to assume that new legislation always has prospective effects while, at the same time, maintaining that new judicial law with *erga omnes* and

4 Ceres Partners v. Bel Assocs., 714 F Supp 679 (S.D.N.Y, 1989). *Apud.* Summers, Robert (1996)

binding (or quasi-binding) efficacy has only retrospective effects.

If we take account of the normative force of precedential law we believe it is better to leave it open to the courts to decide, according to a balanced application of principles such as legal certainty and material justice, whether the overruled law is to be applicable or not to the instant case, to pleadings already filed, and to past facts whose pleadings have not yet been brought to judicial analysis.

Brazilian Law has adopted a good solution to this problem. In fact, article 27 of Law number 9.868/1999 allows the Brazilian Supreme Court (*Supremo Tribunal Federal* – STF) to postpone the efficacy of its rulings on the unconstitutionality of legal statutes when, by a judgment of at least two thirds of the members of the court, the court concludes that the immediate efficacy of the decision would harm legal security and other valued legal principles.

This rule can also be analogically applied to all judgments in which we observe an overruling of binding or quasi-binding precedents, such as, in the Brazilian system, the Resolutions of the TSE, the normative assertives of the *Tribunal Superior do Trabalho* (TST) and the *Súmulas* of the STJ.

In broad terms, we can propose a singular directive valid for Brazilian law and possibly to other legal orders where precedent constitutes a normative source of law.

The directive is:

D) In presence of binding or quasi-binding (binding *de facto*) precedents of the higher courts, when a new decision comes to overrule the previously established judicial ruling the court may stipulate, in the presence of factors that can harm the most important principles of the legal order, such as material justice or legal certainty, the conditions of the temporal efficacy of the new precedential law.

Of course other secondary conditions shall be observed:

D') The higher the bindingness of the old precedential rule, more reasons there will be for prospective overruling;

D") The higher the abidingness of the old precedential rule, more reasons there will be for prospective overruling;

D"') In any case of prospective overruling, there shall be a clearly and justified decision about it, grounded in a balanced judgment according to the legal principles affected by the new decision;

D"') The court must strive to justify in rational terms the decision about the efficacy of the norms it is pronouncing.

If those directives are in fact observed, we believe that prospective overruling can be an important tool for improving the degree of legitimacy of the judicial powers, especially when courts recognize previous mistakes but preserves the legitimate expectations that had arisen from them. This, for us, is the right thing to do in a democratic legal order.

References

Alexy, Robert. *Teoría de la argumentación jurídica* (Translated by Manuel Atienza and Isabel Espejo). Madrid, Centro de Estudios Constitucionales, 1997.

Barceli, John. Precedent in the European Community Law, *in*. MacCormick, N. *et* Summers, R. *Interpreting Precedents*. Aldershot, Ashgate, 1996.

Cross, Rupert. *Precedent in English Law* (revised by John Harris). Oxford, Clarendon, 1991.

Kelsen, Hans. *Teoria Pura do Direito* (Translated by João Baptista Machado). São Paulo, Martins Fontes, 1998.

MacCormick, Neil. *Legal Resoning and Legal Theory*. Oxford, Clarendon, 1978.

Summers, Robert. Precedent in the Unites States (New York State), *in*. MacCormick, N. *et* Summers, R. *Interpreting Precedents*. Aldershot, Ashgate, 1996.

Stanislovas Tomas, Paris

Theory of Judicial Shamanism

Introduction

The *problématique* of the present study is legal indeterminacy. Is there any difference between the spirit of the law and the spirit of the forest? The main hypothesis of the study is that contemporary judicial reasoning is very marginally different from shamanism. First, we are going to consider the perception of indeterminacy on theoretical level, then define judicial shamanism, and finally, make a case-study of Lithuanian jurisprudence. The contrary of judicial shamanism is facticity. It is interesting to remark that the distinction of *shamanism versus facticity* has a potential to replace the distinction of *activism versus passivism*.

Perception of Indeterminacy on Theoretical Level

Indeterminacy

Given the phrase "close the door at five", what do "close," "door" and "at five" mean[1]? If you just look at these words deeper, then you will lose the primary sense of determinacy. Is a window considered a "door"? As stated by Brian Bix, a so-called "clear" word from a descriptive context seems to become uncertain and fuzzy when used in a normative context[2]. The best examples are such words as "no"[3], "all" and "every"[4]. Does a mother indeed imply "always" when she says to a child: "Always do what you promise"? And what about the Parliament stating the same on contract liability?

Hart develops the notion of open texture in order to describe indeterminacy. In hard cases situated on the border between incompatible legal rules, the law is fundamentally incomplete[5]. Nothing can eliminate duality and a penumbra of doubt when we are engaged in bringing particular situations under a general rule. We are unable to foresee what circumstances will arise nor predict what interests will have to be sacrificed or to what extent[6]. In such situations of "open texture" **discretion** or a creative function to choose among equal alternatives in order to render initially vague standards determinate[7], to resolve the uncertainties of statutes, or develop and qualifys rules only broadly communicated by authoritative precedents **is left** to the judge[8]. An important question rises at this point while reading Hart: is discretion left **or taken**?

Hart evaluates the open texture as an **advantage**, since it allows rules to be interpreted "reasonably", when we face new situations legislators did not preview.[9] However, I would say that he reached this conclusion as a result of "**the wise judge presumption**", which of course might be the case, but not necessarily. Duncan Kennedy

1 D. Kennedy, *A Critique of Adjudication (fin de siècle)* (Cambridge, Mass.: Harvard University Press, 1996), p. 31.
2 B. Bix, *Law, Language, and Legal Determinacy* (Oxford: Clarendon Press, 1993), p. 71.
3 Ibid., p. 73.
4 Harris, *Law and Legal Science* (Oxford: Clarendon Press, 1979), p. 5–6.
5 H. L. A. Hart, *The Concept of Law*, 2nd ed. (Oxford: Clarendon Press, 1994, 1st ed. in 1961), p. 252.
6 Ibid., p. 133.
7 Ibid., pp. 134–136.
8 Ibid., pp. 147, 153.
9 Ibid., pp. 125–126.

argues that "reasonable" under the same standards of "rights," "morality," "utility," and "administrability" leads to absolutely opposite conclusions[10]. Nonetheless, one should welcome Hart's approach for its recognition of judicial legislation.

Critical Legal Studies

J. M. Balkin enters the debate with **deconstruction** and rejection of the idea that a text has a clearly observable "core" of meaning independent of context, and only the text's "peripheral" aspects are affected by the latter. He shows that indeed there is no determinate border between the "core" and the "periphery."[11] R. M. Sainsbury extends the idea to the conclusion that vague concepts are completely **boundaryless**. The idea of "core" is not confirmed in practice[12]. Studies on the borders and criteria of concepts lead us to recognition of **incommensurability** or of the fact that some things cannot be compared in terms of "better/worse" and "best"[13].

Bix continues the debate, relating the indeterminacy of a concept's content with a concept's name. There is no sharp distinction between a change of beliefs about a concept and a change of the concept.[14] Putnam approaches the issue with the following example. Imagine that we discover that all cats are in fact Martian robots. This allegedly challenges equating the meaning of "cats" with the "belief" that "cats are feline animals."[15] Wouldn't you conclude in these circumstances that "there were no such things as 'cats' after all" rather than "cats have a different nature than you at first thought"? Something similar has happened with the concept of a witch. Today we believe that witches do not exist, rather than that they "have different properties than it was thought in the sixteenth century." However, we do not change the names of concepts as easily in law because we want to maintain the legitimacy of changed meanings.

Michel Troper provides several wonderful practical examples how a constitutional court may increase its competence simply making a profit from words inscribed in the constitution for esthetic reasons[16]. The CLS state that "what the Constitutional Court does or ought to do in constitutional adjudication is legal reasoning, based on the text and **whatever other materials** the 'interpretative community' deems 'relevant'." No rule can determine the scope of its own application.[17] There is **something other** than relying on deductive process, practical reason, and the consensus of the interpretative community or whatever beyond the formal adjudication. Without that "something other" the statutory texts are full of gaps, internal logical conflicts and ambiguities, or in other words, they are a chaotic mass of data. According to Oliver Wendell Holmes, the "whatever other materials" is often grounded on the "economic sympathies"[18] of a judge or what Duncan Kennedy extends to "**ideological preferences**"[19]. The crits

10 Kennedy, *supra* note 1, p. 175.

11 J. M. Balkin, "Deconstructive Practice and Legal Theory", 96 *Yale Law Journal* p. 780 (1987).

12 R. M. Sainsbury, *Concepts Without Boundaries* (London: King's College London, 1991), pp. 16–17.

13 Bix, *supra* note 2, p. 96.

14 Bix, *supra* note 2, p. 147.

15 H. Putnam, "It Ain't Necessarily So" in *Mathematics, Matter and Method*, 237–239 (Cambridge: Cambridge University Press, 1975).

16 M. Troper, "Le juge constitutionnel et la volonté générale", in *Analisi e diritto* (P. Comanducci e R. Guastini eds., G. Giapichelli editore, 1999), p. 134–135

17 Kennedy, *supra* note 1, p. 31.

18 O. W. Holmes, "Privilege, Malice, and Intent," in William S. Hein, *Collected Legal Papers* (N.Y.: Buffalo, 1985), p. 117 (originally appearing at 8 *Harvard Law Review I*, 8 [1894]).

19 Kennedy, *supra* note 1, p. 52–54, 85.

define the belief in legal reasoning that is mostly unpredictable and metaphysical, or in other words, something that one doesn't see, as a religion. Kennedy makes an analogy between contemporary judicial indeterminacy and the institutionalization of the flight of birds for solving legal conflicts in ancient Greece and Rome, and leads us to constitutional atheism, i.e. the conviction that there is no spirit of the law, no spirit of the constitution, no spirit of the preamble, no human collectivity, and The Transcendental People does not exist[20].

First Response to Legal Indeterminacy: Iusnaturalism or Abuse of Transcendence

The response of natural law to incalculability of a text is that the meaning of a concept exists objectively in some transcendental way and our minds are able to grasp the meaning somehow.[21] I propose to call this attitude "abuse of transcendence" because it is a presentation of one transcendental/supra-natural/ideal/natural vision and denial of all the others based on the same "something we do not see." The wish to solve a practical question from a transcendental or natural perspective should be regarded from three modes:

1) Transcendental mode: from a general and obviously true idea about human nature to a specific one, e.g. a human being naturally wants to live with other people and this leads to the establishment of an authority, and nothing more.
2) Policy argument mode: Nature does not settle a disputable question. Thus, one needs to make a political decision following one's own conviction.
3) Nature "guided" by policy mode. The policy argument is presented in a falsely "natural" form. What is more natural, egoism or altruism? Is transsexuality just "a normal alternative biological identity" or "a punishable immorality going against biological nature"?

Today, it is difficult to consider without smiling Montesquieu's question[22] as to why people do not move like stars, following the natural law. Iusnaturalists separate the "real" and "clear" unwritten law from the written law submitted to it. Unfortunately, the very basic postulate of the school leads it to collapse from inside.

"Revolutionary natural law," as Max Weber calls it, arose in France in the 18th century.[23] Its adepts proclaim the rights of Man, and in particularly to property and freedom of contract, as the only legitimate source of law. Tyranny is cast out and the head of the king is lying on the ground. What happens next with natural law? "Other" theorists derive from the nature of Man "the right to work," "the right to a minimal standard of living," "the right to the full product of one's labor," etc.[24] Once again, one returns to the same already mentioned question, which is more "human," egoism or altruism? Despite the absence of a convincing, unique answer, some abstract revolutionary principles of natural law are included in the French Civil Code and others are rejected[25].

20 D. Kennedy, "American Constitutionalism as a Civil Religion: Notes of an Atheist", 19 Nova Law Review, 914–915.
21 Bix, *supra* note 2, p. 149.
22 Hart, *supra* note 5, p. 186–187.
23 M. Weber, *Economy and Society: An Outline of interpretive Sociology* (G. Roth & C. Wittich eds., Univ. of Cal. Press, 1978), p. 867.
24 D. Kennedy, "The Disenchantment of Logically Formal Legal Rationality, or Max Weber's Sociology in the Genealogy of the Contemporary Mode of Western Legal Thought", 55 *Hastings Law Journal* p. 1048 (2004).
25 M. Weber, *Economy and Society: An Outline of interpretive Sociology* (G. Roth & C. Wittich eds., Univ. of Cal. Press, 1978), p. 867.

Weber sees that the iusnaturalist discourse, which was previously constructed in order to facilitate the transition to capitalism, is no longer useful for the needs of the business community to have calculable legal standards corresponding to efficient business practice and therefore calls on a shift to rationality.[26] Iusnaturalism disintegrates into legal positivism.[27] The abuse of transcendence gives way to the abuse of deduction.

Second Response to Indeterminacy: Classical Legal Thought/"Legal Science" or Abuse of Deduction

The expanding market and permanently increasing financial interests radically reject transcendence and require calculability in legal practice.[28] This leads to the establishment of such things as the German legal science, legally formal rationality, the spirit of the law, the spirit of the constitution, the light of other rules, consistency, internal coherence, holism, legal doctrine, legal society, apolitical rationalization, law-finding, standardized legal procedure, analytical jurisprudence, legal positivism, legal formalism, the *Gründnorm*, constitutional technology, the rule of recognition, legal system, legal order, the gaplessness, objectivity, the concept of an integral act, legal bureaucratization, legal systematization, legal institutionalization, legal methodology, deduction, telos, teleology, purpose, intent, context, reason, etc. or what crits call "CLT/will theory" and what is also sometimes identified as the "Science of Holism, Integrity and Teleology". As Hart states, we move from a pre-legal society to a legal society, where adjudication is based on standardized legal procedure or so-called "secondary rules"[29]. The ambition of the CLT is to provide an evident logical deduction giving us a unique right answer to legal dilemmas without the abuse of transcendence. However, not all scholars involved in that framework absolutize the power of the "legal science." Kelsen and Hart recognize the legislative nature of adjudication in hard cases but others, like Dworkin, believe in it almost fundamentally.

Crits have a suspicion that CLT permanently produces abusive deduction. Kennedy divides legal reasoning into three modes:

1. Deductive mode, when we logically go from the abstract or general to the concrete or particular. Right answer is a universally valid or at least widely agreed standard of truth.
2. Policy argument mode, when deduction from a valid norm doesn't settle the question of law. It requires a judge to consider nondeductive reasons for choosing one subrule or another.
3. Deduction "guided" by the policy mode. The policy argument is presented in a falsely deductive form.[30]

Weber assesses "legal science" as the modern way to produce legal interpretation, to generate new legal norms logically, formally and rationally from the legislative postulates. He creates the modes of CLT:

1. every concrete legal decision is the "application" of an abstract legal proposition to a concrete "factual situation";
2. it must be possible in every concrete case to derive the decision from abstract legal propositions by means of legal logic;

26 Ibid., pp. 654–655.
27 Kennedy, *supra* note 24, p. 1048.
28 Weber, *supra* note 25, pp. 654–655, 894.
29 Hart, *supra* note 5, p. 42.
30 Kennedy *supra note* 1, pp. 97–105.

3. the law must actually and virtually constitute a "gapless" system of legal propositions;
4. whatever cannot be "construed" legally in rational terms is also legally irrelevant;
5. each social action must be visualized as either an "application" or an "infringement" thereof;[31]
6. legal reasoning is "scientific", since its validity is established following the deductive interpretive procedures strictly bound by logic.[32]

"Legal science" does not deny that often a court will find no particular rule that applies to a particular factual situation. Nonetheless the legal system is gapless. The necessary correct rule applicable to the case shall be derived logically.

Dworkin states that a judge is bound by the requirement of coherence, or in other words, to "fit" all the previous solutions and existing statutes, by the hierarchy of interpretations, by the canons of statutory interpretation that "best advances the set of principles and policies that provides the best political justification for the statute at the time it was passed,"[33] by the requirement of predictability, and if the statute is truly indeterminate, for it to change the status quo "only to the extent justified by the indisputable core of the language employed."[34]

Hart replies to the right answer thesis with two points:

1. Dworkin's requirements of coherence indeed diminish, but do not eliminate the uncertainties[35];
2. It is strange to assume the objective existence of a line between a concept's clear application and unclear application even though a line between where the term applies and where it does not cannot be drawn[36].

Critique of Classical Legal Thought by CLS

Kennedy explains the implausibility of "legal science" by two "discoveries":

1. the dynamism of the market economy generated, constantly and increasingly, legal gaps or conflicts involving major economic and political stakes;
2. a large part of the body of norms that applied to political and economic life was judge-made on the basis of holism, integrity and teleology, but had involved abuse of deduction in its formulation.[37]

Since in hard cases or appellate jurisprudence, the choice of interpretative opposites[38] will have a significant effect on the outcome of an ideologized group conflict, the crits insist on the position that the only rational basis for making the decision seems to be evaluation of the effects on that conflict, which is inevitably a question of policy. As a rule, the political consequences will be presented as "side effect."[39] The emphasis on the coherence of a statute will lose its sense if you consider the fact that

31 M. Weber, *Max Weber on Law in Economy and Society I* (M. Rheinstein ed., M. Rheinstein & E. Shils trans., Free Press 1954) (1925), p. 64.

32 Weber, *supra* note 25, pp. 319–325.

33 R . Dworkin, "No Right Answer?", in *Law, Morality, and Society*, 68 (P. M. S. Haker and J. Raz, eds., Oxford: Clarendon Press, 1977).

34 Ibid.

35 H. L. A. Hart, "Introduction", in *Essays in Jurisprudence and Philosophy*, 7-8 (Oxford: Clarendon Press, 1983).

36 H. Putnam, "The Meaning of "Meaning", repr. in *Mind, Language and Reality*, Philosophical Papers 2 (Cambridge: Cambridge University Press, 1975), pp. 216–217.

37 Kennedy, *supra note* 24, p. 1067.

38 M. Van Hoecke, *Law as Communication* (Oxford: Hart Publishing, 2002), pp. 152–160.

39 Kennedy, *supra* note 1, p. 110–111.

its different parts were adopted by different political majorities during different historical periods.[40]

Realists searching for a correct way out of this dilemma propose to identify the conflicting policies, and then balance them in order to save the rationality, at least in its weak form.[41] Macaulay uses Weber's sociological categories in constructing his catalogue of interests to be balanced.[42] John Finnis replies that "balance" means no more than bearing in mind all relevant factors, and again "*choosing*".

After this kind of critique, we may return to the aforementioned analogy between contemporary adjudication and the flight of birds for producing solutions that was an institutionalized legal practice in ancient times. It was generally considered as rational. For example, there is a story about the town of Aulis. Once it happened that there was no wind for a long time and the diviners explained that the gods were angry. Thus, they proposed to sacrifice Iphigenia in order to satisfy the gods. The sacrifice occurred and the wind, in fact, came back. Say that we have accepted the cause as valid, then anyway "our deduction" will not necessary go in the same direction. We would sacrifice certain animals. Thus, the existence of several logical solutions for the same problem seems obvious. Kennedy expresses the hypothesis that even if we convince them of the correctness of "our deduction" that there are other opportunities to make the gods happy, the diviners will leave aside the problem of the wind and imagine something else. Anyway, Iphigenia will be killed because there are some hidden extra reasons for it.[43] Legal divination does not disappear after the end of ancient times, but in fact transforms into CLT.

Pre-Second Response to Indeterminacy: Starting Point of Legal Deduction or the Abuse of System-Constructing

To a different extent such scholars as Benjamin Cardozo[44], Henry Hart[45], Neil MacCormick[46], J. M. Finnis[47], Lon Fuller[48], Ronald Dworkin[49], and Civil law theorists agree that the starting point of legal deduction is coherence. Legal system is gapless. There is a settled formal hierarchy of rules, principles, standards, presumptions, and preambles. Thus, what CLT proclaims is an unavoidable logical relationship between the starting and ending points in judicial reasoning. Let's put aside for a while the abuse of deduction, imagine that the relationship indeed exists and focus on the starting point. The one who says what the ensemble is, has the **power to include "these" propositions into "the legal system" and exclude "those,"** or rejects other written rules **silently**. This is what I call the abuse of system-constructing. The judge eliminates or ignores certain "inconvenient" rules in order to construct "that" legal system which will logically lead to the unique correct answer. The abuse of

40 Van Hoecke, *supra* note 38, p. 157.

41 Kennedy, *supra* note 1, p. 147.

42 S. Macaulay, "Private Legislation and the Duty to Read – Business Run by IBM Machine, the Law of Contracts and Credit Cards", 19 *Vand. Law Review*, p. 1051, 1061 (1966).

43 D. Kennedy, *supra* note 20, p. 915.

44 B. Cardozo, *The Nature of the Judicial Process* (New Haven: Yale University Press, 1957).

45 H. M. Hart and A. Sacks, *The Legal Process: Basic Problems in Making and Application of Law* (William Eskridge and Philip Frickey, eds., Westbury, N.Y.: Foundation Press, 1994).

46 N. MacCormick, *Legal Reasoning and Legal Theory* (Oxford: Clarendon Press, 1978), chs 7 and 8.

47 J. M. Finnis, "On 'The Critical Legal Studies Movement,' " 30 *Am. J. Jurisprudence* 21, 38 (1985).

48 L. Fuller, "The Forms and Limits of Adjudication," 92 *Harvard Law Review* 353 (1978).

49 R. Dworkin, *Law's Empire* (Cambridge Mass.: Harvard University Press, 1986), p. 50–68, 313–354.

system-constructing makes alternative deductions impossible by the method of destruction of the basis for them. Imagine that a shaman sends you to the cosmos where your physical environment, i.e. the system, does not contain the law of gravitation. As a result, you are prevented from doing certain things, for example eating in the usual way, because the system is constructed in a manner preventing you from performing certain maneuvers. Thus, system-constructing is a contemporary substitute for transcendence and we can assimilate the respective kinds of abuse.

Drawing a Line Between Adjudication and Legislation in a Step from the Sea

Hart hopes that judicial legislation will be rare[50] and mentions so-called "*judicial virtues*" such as impartiality and neutrality in considering alternatives, taking the interests of all concerned into account, the use of an acceptable common principle as a reasonable basis for a solution, but he also notes that they are subjected to abuse.[51]

Both Dworkin[52] and Hart[53] believe that the judicial interpretative attitude reflects so-called "*assumptions of the interpretative community.*" Four critical points concerning the concept may be made. First, homogeneous interpretative communities exist only in the hallucinations of bin Laden. Second, the indifference of the majority vis-à-vis disfavoring a minority shall not be assimilated with those assumptions. Third, the so-called "assumptions of the interpretative community" may sometimes simply represent a justification for the enthusiasm of the majority vis-à-vis disfavoring a minority. Fourth, the "assumptions" are not a true constraint on judicial supremacy. The only *indisputable* way to convince a supreme court to follow the line of the majority is revolution, which is a very expensive initiative. I doubt whether the Ukrainian Supreme Court would have annulled the official results of the presidential elections in the winter of 2004, if thousands of Youschenko's supporters ready to enter the building were not gathered in the street outside.

Kelsen[54] and Hart[55] continue to state that *judicial legislature is only negative* ; in the sense that it is a power of opposition but not that of a new initiative. Perhaps this is true for some jurisdictions they studied, but often we may face a situation when the court is asked one question and it answers another, which is of course "somehow deductively" related to first request. Moreover, the Lithuanian Constitutional Court, for instance, can on its own initiative comment on constitutional case law[56]. Thus, to some extent the positive "lawfinding" is also possible.

We could, in the same manner, discuss the differences between **upper and lower houses of a parliament**. Is the contemporary British House of Lords a Parliament or a decoration?

Empty concept and instrumental conception

Indeterminacy, abuse of transcendence, deduction and system-constructing are technically rooted in manipulatable words. At this point, we are going to narrow the problem from legal indeterminacy to indeterminacy of concepts.

50 Hart, *supra* note 5, p. 126–127.
51 bid., p. 200–205.
52 Dworkin, *supra* note 49, p. 67.
53 Hart, *supra* note 5, p. 267.
54 M. Troper, "Kelsen et le contrôle de constitutionnalité", ds. *Le droit, la politique. Autour de Max Weber, Hans Kelsen, Carl Schmitt* (C.-M. Herrera, ed., Paris : L'Harmattan, 1995) p. 157 s.
55 Hart, *supra* note 5, p. 273.
56 Lithuanian Law on Constitutional Court, Art. 61/1.

Wittgenstein writes that, in fact, a concept is not a self-interpreting entity.[57] Hart starts to call some concepts "essentially vague and imprecise notions."[58] Dworkin attempts to clarify the situation by introducing a strict distinction between principles and rules. Principles can be argued successfully in one case, and then rejected in the next, without losing their legal status. They do not "necessitate" a decision like rules do but point towards or count in favor of a decision, or state a reason which may be overridden but which the courts take into account as inclining to one decision or another. They are inconclusive. Legal principles have a dimension of weight but not of validity. Rules may be valid or invalid but do not have this dimension of weight. In the case of a conflict only one of the rules is applicable and the other is reformulated so as to make it consistent with its competitor and hence inapplicable to the given case.[59] Dworkin presents a very nice theoretical model, which unfortunately ignores that, first, in reality one rule may be considered as a principle or guidance for another, and second, in a case when a rule is considered as incompatible with a principle and there is no alternative written rule, a court can apply the principle "directly". Perhaps sometimes in practice one may speak of a line between standards and rules but it is drawn too close to the sea.

Mark Tushnet[60], Peter Gabel[61], Frances Olsen[62], Wesley Hohfeld and Duncan Kennedy[63] developed a critique of rights from postmodern perspective, which in my view is also perfectly applicable to most other legal concepts:

- Most legal concepts can be used cynically, i.e. only as means to formulate demands.
- Many conceptions and counter-conceptions have the same name. The concepts of "right," "freedom" and "justice" sometimes mean a privilege to hurt someone without having to pay the consequences and sometimes means a claim to be com-pensated when hurt[64].
- Most legal concepts imply in themselves the existence of exceptions, a list of which is open.
- Argumentation based on concepts within legal reasoning reduces to balancing and therefore to policy, which in turn makes the resolution open to ideological influence. E.g., equal treatment versus special treatment.

Hohfeld's study of the legal concept of private property demonstrates that this concept "is just a bundle of rights", with no "core"; there is an infinite variety of particular private law regimes, each of which produces a different allocation of resources and distribution of income, **all fully consistent** with any coherent definition of private property."[65]

Permanent interpretations and re-interpretations have led to the fact that many current concepts have lost their facticity just as happened with the legal concept of

57 G. P. Baker and P. M. S. Hacker, *Wittgenstein: Rules,Grammar and Necessity* (Oxford: Basil Blackwell, 1985), pp. 81–106.

58 Hart, *supra* note 5, p. 134–136.

59 R. Dworkin, *Taking Rights Seriously* (London: Duckworth, 1978), pp. 24–27.

60 M. Tushnet, "An Essay on Rights," 62 *Texas Law Review* 1363 (1984).

61 P. Gabel, "The Phenomenology of Right Consciousness and the Pact of the Withdrawn Selves," 62 *Texas Law Review* 1363 (1984).

62 F. Olsen, "Statutory Rape: A Feminist Critique of Rights Analysis," 63 *Texas Law Review* 387 (1984).

63 D. Kennedy, "Critical Labor Law Theory: A Comment," 4 *Industrial Relations Law Journal* 503 (1981); D. Kennedy, "The Structure of Blackstone's Commentaries," 28 *Buff. L. Rev.* 1563 (1979).

64 Philip Johnson, "Do You Sincerely Want to Be Radical?" 36 Stanford Law Review 247 (1984).

65 W. Hohfeld, "Fundamental Conceptions as Applied in Judicial Reasoning," 26 *Yale Law Journal* 710 (1917).

"witchcraft" here in the West but still not yet in contemporary Africa. Duncan Kennedy identifies such concepts as "fidelity to law" (in other words, fidelity to something transcendental, invisible and inaccessible for others) as "an illusion," "a myth" and "nonsense."[66] However, the reason why we ignore the abusive deduction by courts in routine life is that it is not *alterable*.[67] For centuries, epilepsy and schizophrenia were considered by peoples of Siberia as a supra-natural capacity necessary in order to enter into direct contact with spirits and to ask them for a practical solution to a crisis.[68] For instance, who is guilty of a crime? The point that I am trying to make is that epilepsy of a shaman *a priori* is not superior regarding the epilepsy of any other person; however, we undoubtedly need the shaman in order to avoid anarchy. Returning from the Siberian legal practices to the contemporary technical basis for legal deduction, it is interesting to remark that not all concepts used by shamans had a concrete practical reference. What is the deep essence of the stone of a sky-blue color? Is the stone proliberal or pro-socialist?

While arguing that abstractions can be manipulated, we are not trying to say that they are some kind of "bad," but rather that a concrete solution cannot come from nothing. In fact, practical conclusion is made for concrete considerations and therefore "those concepts" are just technical elements on a result-oriented path.

Ronald Dworkin separates concepts from conceptions.[69] A concept is a word or a short phrase and a conception is a particular meaning that is given to that concept. What does the person sitting next to you mean when s/he says s/he believes in "democracy"? Indeed s/he does not refer to the empty concept of democracy. What s/he refers to is the American instrumental conception of democracy. I'm pretty sure that s/he does not have in mind "that" instrumental conception of democracy which exists in the People's *Democratic* Republic of Korea. Note that both instrumental conceptions are logically derived from the same general idea of democracy. When we usually say that the American instrumental conception is superior to the North Korean conception, we do not ground this statement on the starting point for both deductions but rather underline the economic, cultural, ad scientific achievements as well as the possibility to criticize the authorities developed in the framework of our instrumental conception. It is interesting to bear in mind that these achievements do not form a part of the general concept of democracy which is common both for the United States and North Korea, whereas these goods simply did not exist in times of Aristotle. Don't you find that the use of the common meaning for both opposites in our everyday language is simply senseless? The word "democracy" may be "logically" adapted to anything. Thus, the American instrumentalization of the concept of democracy is not "correct under the rules of formal logic," but *more useful* for *us*.

In real judicial life, the usefulness of one of the opposites is not that clear. Going into details of an abstraction, will always cause privileging of one group and the disadvantage of another. It will be a political decision, but presented by a judge as "neutral," "impartial," "what the law says" and "holy".

66 Kennedy, *supra* note 1, p. 1068.

67 R. W. Gordon, "Some Critical Theories of Law and Their Critics", in *The Politics of Law: a Progressive Critique* (David Kairys, ed., New York: Basic books, 1998), pp. 656–657.

68 G. Samuel, *Mind, Body and Culture* (Cambridge: Cambridge University Press, 1990), pp. 106–120.

69 Dworkin, *supra* note 59, p. 128.

Why nor Activism?

Dworkin paints Hercules, the ideal judge, who interprets all the provisions in coherence and gives priority to "rights."[70] Kennedy calls Hercules a "liberal judicial activist."[71] Dworkin replies: "you cannot yet say [whether the ideal judge is activist or passivist], because your judgment would depend on how closely your convictions matched his across the wide spectrum of different kind of convictions and interpretation of constitutional practices engages."[72] Kennedy gives a similar idea, recognizing that no critical position is possible outside ideology.[73] Then what is a "really" extrajudicial motive? Once when I was a first-year student a constitutional justice was asked in my university whether he had been active or passive and he answered that he was always "in between". This discourse becomes even more comic with the introduction of such concepts as "hyper-activism." In one interview, Mullah Omar stated that all the members of the Taliban were "moderate."[74] In fact, everything you see in this world around you is "in between". Isn't it wonderful? **"In between" is an empty concept between two other empty concepts.** It is created to perform the magic solving function.

Why Shamanism?

For thousands of years, shamans performed an essential role in traditional societies throughout the world. They were responsible for predicting the future, treating illnesses, flying over the trees, and of course, solving crises.[75] Contrary to what many people today think, being a shaman is not "bad." In fact, they performed the most intellectual function in the tribe. If traditional societies "worked" with shamanic methods of adjudi/cation for so many centuries, this means that those practices were effective and a kind of "objective/consensual/just/correct/right" in everyday life. The reason why we evaluate shamans sceptically is that we do not believe in all those spirits. Please take a look at the comparison of a judge's and a shaman's fundamental beliefs in the following table:

Fundamental beliefs of a judge	Fundamental beliefs of a shaman
Law has a spirit	This forest is governed by the spirit
The text of the law implies intentions that are causally efficacious with regard to human affairs	The spirits have intentions that are causally efficacious with regard to human affairs
Law can provide an answer to human problems	Spirits are responsive to human gestures intended for them
I am the mouthpiece of the law	Spirits talk to people through me
I consider all the principles in coherence and determine which of them are applicable and which are not	I shout the names of the spirits and they appear. If they do not agree on the matter, then they fight. The spirit of the truth always win

70 Dworkin, *supra* note 59, pp. 83–85.
71 Kennedy, *supra* note 1, p. 127–129.
72 Dworkin, *supra* note 49, p. 399.
73 Kennedy, *supra* note 1, p. 186.
74 BBC interview with Mullah Omar (November 15, 2001) http://www.totse.com/en/politics/the_world_beyond_the_usa/162425.html.
75 G. Samuel, *supra* note 68, pp. 106–120, *supra* note, pp. 178–217.

Look at my legal reasoning in order to understand that it was the only possible solution	Look at the way I am jumping and dancing around the fire and you will understand that it was the only possible solution
I also use certain other techniques of interpretation	I also use certain other techniques to contact the spirits
Everything that I do is in accordance with the generally accepted and legitimate practices of other judges!	Everything that I do is in accordance with the generally accepted and legitimate practices of other shamans!
Now I will explain to you the deep essence of the preamble...	Now I will explain to you the deep essence of the squirrel oil...
It would not be at all surprising if you were to reverence me as well as paying attention to the information I provide, since I'm much closer to the understanding of law than you are, and what I do is pretty wonderful in itself [76]	It would not be at all surprising if you were to reverence me as well as paying attention to the information I provide, since I'm much closer to the understanding of spirit's will than you are, and what I do is pretty wonderful in itself

All shamanic legal practices undoubtedly have some common, standard and predictable features[77]. Hart's rule of recognition that a matter of fact existing "only as a complex, but normally concordant, practice of the courts in identifying the law by reference to certain criteria"[78] is judicial shamanism. "There should be a unified or shared official acceptance of the rule of recognition containing the system's"[79] magic solving words, "criteria of validity," or empty concepts. There are "common standards of correct" contact with the spirits "and not something what each" shaman "merely obeys for his part only". "This <...> is logically a necessary condition for existence of a single <...> system"[80] of shamanic beliefs. Any shaman is constrained by the previous practices of his or her colleagues.

Thus, judicial shamanism is adjudication grounded on the abuse of system-constructing and via empty concepts leading to the abuse of deduction. This phenomenon has two structural parts: choosing of the shamanic method, i.e. squirrel oil or an eye of a bobcat, and the shamanic insight.

Level of judicial spirituality

According to Hart, formalism underestimates judicial legislation and skepticism overestimates it. Thus, he concludes that the truth is "in between."[81] My point is that "in between" is whatever you want, especially if you diabolize the extremes and therefore, it is an empty concept. There should be a kind of hierarchy of abuses that might somehow be established.

High ideological stakes are incarnate in complex discourse.[82] If someone has stolen three eggs, then perhaps the court will not place emphasis on the deep essence of The Egg, The Beginning of Life, and the magical number Three. Attempts to

76 D. Kennedy, *supra* note 20, p. 915–916.
77 G. Samuel, *supra* note 68, pp. 106–120.
78 Hart, *supra* note 5, p. 110.
79 Ibid., p. 115.
80 Ibid., p. 116.
81 Ibid., p. 147
82 Kennedy, *supra* note 1, p. 146.

use legal discourse for political purposes throughout history have caused the current situation that a complex legal discourse suggests ideological influence. Thus, what we need is a discourse analysis calculating the frequency of judicial references to empty concepts, such as spirit of the law, "principle", "coherence", "purpose", etc. We may consider that sometimes there is a deliberate implementation of a political program beyond these concepts. E.g. when a judge is appointed by a particular political majority.

Next, we are going to apply all aforementioned theoretical considerations to Lithuanian jurisprudence.

Case-Study of Lithuanian Jurisprudence

In this part of the study, I will take Lithuanian constitutional jurisprudence as an example in order to show how empty concepts, instrumental conceptions, abuses of system-constructing and deduction, or shamanic judicial practices work "on the battlefield". First, we are going to analyze discourse, then turn to ideological preferences of judges, and finally end with abuse-analysis.

Lithuanian Judicial Spirituality

The best example for demonstrating the theory of judicial shamanism at work is to find the most spiritual judgment in a particular jurisprudence. The following table presents the **Top 10** of spirituality produced by the Constitutional Court from January 1, 2003 to July 22, 2005[83].

Top 10 of judicial spirituality

Case Number (issue)	**Frequency of references to the empty concept of...**					
	spirit of the Constitution/ of legal norms/of law/of the Nation	**principle**	**entirety**	**integral act**	**legal system / systemic interpretation/ harmonious system/ system of values of the Civic Nation**	**Total frequency of references in a case (average frequency in a case merged into one supra-case in brackets)**
51/01-26/02-19/03-22/ 03-26/03-27/03 (6 **merged** cases on State service)	**7**	231	10	5	18	**271 (45.2)**
47/2001-08/2003-20 /2003-32/2003-38/2003 (5 **merged** cases on Pensions)	0	111	3	2	4	**120 (24)**
40/03 on offences of **President Paksas**	0	92	2	6	13	**113**

83 Lithuanian Constitutional Court, http://www.lrkt.lt/Dokumentai.html.

8/02-16/02-25/02-9/03-10/ 03-11/03-36/03-37/03- 06/04-09/04-20/04-26/04-30/ 04-31/04-32/04-34/04-41/04 (17 **merged** cases on organ ized crime)	0	101	1	0	8	**110 (6.5)**
24/04 on life prohibition for impeached **President Paksas** to run for elections	**7**	51	10	6	20	**94**
43/03-46/03 (2 **merged** cases on commissions investigating activities of **President Paksas**)	0	59	0	2	16	**77 (38.5)**
14/02 (hunting)	0	66	3	1	13	**77**
46/2001-48/2001-50/2001- 2/2002-6/2002-18/2002 (6 **merged** cases on Pensions for officials)	0	66	0	2	3	**71 (11.83)**
45/01-12/03-15/03-24/03 (4 **merged** cases on taxes)	0	63	0	2	4	**69 (17.25)**
27/01-5/02-01/03 (three **merged** cases on restitution of property)	0	60	0	0	3	**63 (21)**

There are two conclusions ensuing from the Top 10:

1) 7 Rulings merge several cases. 2) 3 Rulings are related to the impeachment of the President of the Republic, Rolandas Paksas.

I tend to chose Rulings No. 40/03[84] and No. 24/04[85], since the very technical construction of merged judgments requires judges to repeat the same concepts several times.

Ideological preferences of judges

All the judges were appointed by Conservatives, Social Democrats and Social Liberals. Thus, by the political parties, which were interested in removing Paksas from office.

> What is the nature of the cleavage in the political system? The conflict raised in the year of 1999, when Prime Minister Paksas, holding a separate opinion on **the privatization of the Lithuanian oil industry** from that of the parliamentary majority, had to resign. In 2000, he returned to the post of a head of government for a year and in 2003, was elected to the office of President. In one year, he was impeached and prohibited from running for election for life. Since the scope of the study is not a particular political cleavage, but judicial shamanism, we do not need to delve deeper into the cleavage analysis.

84 Ruling of the Lithuanian Constitutional Court # 40/03, http://www.lrkt.lt/dokumentai/2003/r031230.htm

85 Ruling of the Lithuanian Constitutional Court # 24/04, http://www.lrkt.lt/dokumentai/2004/r040525.htm

Abuse-analysis
Ruling 40/03 on anti-constitutional grant of citizenship by the president

1. Abuse of system-constructing

In 2002 the Avia Baltika Ltd., chaired by Borisov, transferred about euros 300 000 to the Electoral Office of Candidate for Presidency Paksas, who was finally elected[86]. Several months after the election, the new president granted Lithuanian citizenship to Borisov.

It is also interesting to remark:

- Ex-President Adamkus granted citizenship to 3 persons who provided financial assistance to his Electoral Office or to his wife's foundation.
- Ex-President Adamkus granted citizenship to 40 persons and ex-President Brazauskas to 160 persons without explaining their merits. Many of them were businessmen.[87]

However the court decided to ignore previous practice and abused system-constructing.

2. Abuse of deduction

The court narrows the number of legal norms to two:

Part I	Part II	Part III
A citizen of Lithuania	may be awarded a State award	for merits to Lithuania.
A foreigner	may be granted Lithuanian citizenship	for merits to Lithuania.

Focus One: the CC focuses itself on the importance of Part II. Therefore it produces the following abusive deduction in Ruling 40/03, Chapter V, § 9: **citizenship is not an award**. Citizenship may be granted to a foreigner and an award to a Lithuanian national. Therefore, the notion of merits in those two legal norms means different things. The merits of a Lithuanian may not become the merits of a foreigner, when the Lithuanian citizen loses his/her citizenship and becomes a foreigner. Since Borisov was a Lithuanian citizen when he was awarded the medal for merits to Lithuania, his merits obtained in the quality of a Lithuanian might not become merits obtained in the quality of a foreigner. Since he had no merits in the quality of a foreigner, but at the same time he provided financial assistance to the Electoral Office of Paksas, the granting of the citizenship was not for merits, but for money. Thus newly elected president Paksas grossly breached the Constitution.

Focus Two: Part III. Another shaman might fill the empty concept of merits with another meaning, which of course would also be abusive, but now from the point of view of the CC. **Merits mean merits**. Merits that were once recognised by the Republic as eligibility for a medal might also be recognised as conferring the right to citizenship. Thus, President Paksas did not violate the Constitution and shall not be removed from office.

Ruling 24/04 on life prohibition to run for elections

86 Supreme Electoral Commission, www.vrk.lt

87 J. Petreikis, Case study on the practice of granting Lithuanian citizenship in terms of Presidents Adamkus and Brazauskas, a paper submitted to the Constitutional Court by the attorneys of President Paksas.

1. Abuse of System-constructing

The court defines the system with two empty concepts in the Ruling N° 24/04, Ch. III, § 4.3:
1) right to be registered for elections;
2) rule that a decision of the CC is final and not subject to appeal.

Thus, the shaman excludes from the system, e.g., the principle of the people's supreme power in order to receive an instrumental conception. One of the multiple possible conceptions for this concept could be that the people have the right to say the last word.

2. Abuse of Deduction

First, what follows from the teleological question of the CC asking the spirits about the purpose and the deep essence of an impeachment process?

Focus One: The CC receives the answer that it follows that a President who has been removed from office shall be prohibited to run for election **for the rest of his life**.

Focus Two: What would another spirit answer? It follows that a President who has been removed from office shall be prohibited to run for election **right after the end of an impeachment process**. Thus, Paksas might not run in 2004, but, e.g. , in 2009.

Second, what follows from the system?

Focus One: a decision of the CC is final and not subject to appeal. If Paksas runs for elections, then the decision of the CC on his guilt will be subject to an appeal before the voters. Thus voters will become a court of appeal. The prohibition of a court of appeal follows from Focus One. Therefore, Paksas may never run for elections again.

Focus Two: balance. The decision on guilt is final and may not be reviewed. Therefore, Paksas, a registered candidate for the Presidency, continues to run, but he does not have the right to say in mass media that he is not guilty.

Conclusion: we have seen how a court can limit the number of legal provisions and construct such a small legal system that would remarkably reduce alternative deductions. However, even afterwards a unique logical solution does not follow from this system and the court shall once again make a political choice on a focus in order to develop its deduction. There is **no unavoidable logical relationship between the constructed system and the shamanic insight**. The shaman has drunk the squirrel oil, jumped over the fire and seen The Divine Truth.

Conclusions

The hypothesis that contemporary judicial reasoning is comparable to shamanic practices was illustrated by the case study of Lithuanian jurisprudence. Undoubtedly, it is applicable outside this country and makes a contribution to the critical perspective in legal theory. The essential statements of the theory are the following:

1. Often law is **indeterminate** and a judge has to make a political decision, but hide it with shamanic practices.
2. **Judicial shamanism** or judicial shamanic practices is adjudication in cases when statutory law and case law are indeterminate, starting from <u>abuse of system constructing</u> in order to include into the interpretable system certain convenient <u>empty concepts</u> and exclude inconvenient ones, and leading to the official

recognition of a particular instrumental conception as the only correct one through abuse of deduction focused on a respective empty concept, justified by a religious belief in the latter and performed following certain conventional standards.

3. The opposite of judicial shamanism is **facticity**, or cases perfectly solved on the basis of statutory law and case-law in the first instance.
4. **Empty concept** is a concept which has at least two incompatible, incommensurable and easily substitutable instrumental conceptions.
5. **Instrumental conception** is a practical vision as to how a concept shall work from day to day.
6. **Abuse of system-constructing** is the starting point of legal deduction when a judge includes certain empty concepts and instrumental conceptions into the legal system and ignores others, as well as deciding which method of interpretation will be followed in order to eliminate alternative deductions and be able to prove that his or her deduction is the only possible.
7. **Abuse of deduction** is the presentation of one deduction as the only possible deduction and rejection of all the other equal alternatives.
8. **Abuse of transcendence** is the declaration that an instrumental conception follows directly from "the human nature" or another transcendental instance in ignoring the possibility to make analogical opposite statement. At present, it is replaced by a more sophisticated abuse of system-constructing.
9. **Religious belief** in a judge, correct system-constructing, correct deduction and the only meaning beyond an empty concept is an a priori belief that does not require a confirmation of logical unavoidability.
10. **Conventional standards of shamanic practices** – these are conventional beliefs about how a "correct" judicial shamanic practice shall be performed. Usually, shamans believe in such standards that are themselves also empty concepts and can be abused. As a rule, a shaman may not say that all the supreme spirits of the tribe have committed collective suicide, but in principle it is possible and to some extent, it happens.
11. Some judgments are more shamanic than others. Therefore, we must distinguish between levels of spirituality. A **level of judicial spirituality** is the frequency of references to empty concepts in a judgment calculated with a discourse analysis.
12. Political decision-making by judges may be either **unconscious or conscious**. We cannot draw the line between the two correctly, but it is reasonable to presume that, first, a judge appointed by a particular political power will implement that party's ideological project. Second, if two parties permanently, let's say three times, stand before the judge on different and unrelated issues and one of them always loses, the judge has conscious political motivation.
13. At this point, we can present the **methodology** for research of judicial shamanism, which can be summarized as follows:
    - Distinguish between empty concepts and instrumental conceptions;
    - Calculate the level of judicial spirituality;
    - If possible, determine whether a judge is consciously implementing a political project;
    - Consider the shamanic method:
    - How the interpretable legal system is constructed;
    - Determine the abuse of system-constructing;
    - What interpretative method is chosen for development of a deduction on the basis of that legal system;
    - Consider the shamanic insight:
    - Determine the focus of official deduction;

- Determine the abuse of deduction in a way of finding an alternative focus.

14. The distinction of *judicial shamanism versus facticity* **challenges** the classical distinction of **activism** versus passivism, including hyper-activism, and "in between", whereas it is equipped with such a tool as discourse analysis for drawing levels and borders.

Derk Venema, Nijmegen

Formalism and Non-formalism in Occupied Holland and Belgium 1940–1945

Abstract

Discussions about the position of the judiciary in countries under foreign occupation often involve a clash of legal theories. The predominant dispute is the one between formalistic theories that in all cases require adherence to existing (national and international) legislation, and those that leave more room for judicial activism. An important question is whether one legal theory would have had more success in arguments with the occupier than another.

It has been argued that a positivistic or legalistic stance towards statutes is prone to result in an accommodating attitude towards legislative measures issued by the occupier. In The Netherlands it has been argued that although their legalistic attitude led the courts to apply the law, including the occupier's measures, more or less formally correctly, they failed to 'administer Justice'. Belgian judges, it was argued, had more success in their resistance on account of a more strict interpretation of the relevant national and international legislation. It will turn out that in resisting the occupier's legislative measures the best strategy was not defined by one single legal theory.

1. Introduction

After the collapse of the Third Reich German judges tried to excuse their loyal application of Nazi laws by arguing that they were educated in formalism, which forced them, through habit or conscience, to apply all statutes that came 'from above'. Their maxim was *Gesetz ist Gesetz* (the law is the law), the legal variant of *Befehl ist Befehl* (orders are orders). As is now well-known, this excuse was not entirely honest: a large part of the judiciary actually went farther in assuring 'party-friendly' outcomes than a formalistic view of their duties would have demanded.[1]

This doesn't mean, however, that the choice of a formalistic or a non-formalistic method has a decisive influence on the substantive outcome of court cases. Vivian Grosswald Curran has convincingly shown that both formalist and non-formalist methods of adjudication can be used to arrive at judgments that are supportive of the Nazi governments in Vichy France and Germany respectively.[2] In this article I will discuss the merits and disadvantages of formalistic and non-formalistic approaches by the Dutch and Belgian judiciaries in *resisting* the German occupier and his ordinances. In the Netherlands one line of argument has been that a formalistic application of the occupier's regulations was, although in the occupier's interest, excusable because it was legally correct.[3] From another perspective it was argued, that this legal correctness didn't make the application excusable and that the judiciary should have stood up against part of those regulations, which would have meant taking not just the law but also morality as their guide.[4] I will examine these arguments after giving an account of the relevant aspects of formalism and non-formalism in this context.

1 B. Rüthers, *Die unbegrenzte Auslegung, Wandel der Privatrechtsordnung im Nationalsozialismus,* Heidelberg: C.F. Müller Verlag 5th ed., 1997.

2 V. Grosswald Curran, 'Formalism and Anti-Formalism in French and German Judicial Methodology', in: C. Joerges e.a. (red.), *Darker legacies of law in Europe, The shadow of National Socialism and Fascism over Europe and its legal traditions,* Oxford: Hart 2003, p. 205–228.

3 J. de Ruiter, 'De Hoge Raad in revisie', in: M. de Keizer, M. Heijmans-van Bruggen, E. Somers, M. Fennema & C. Maris (red.), *Onrecht, oorlog en rechtvaardigheid in de twintigste eeuw,* Zutphen: Walburg Pers 2001, p. 124–151.

4 E.g. *De Hooge Raad: antwoord aan Mr. N. C. M. A. van den Dries,* Amsterdam: Vrij Nederland 1945;

2. Formalism and Non-formalism

Formalism stresses the pre-fixed nature of legal rules in two ways. One is the stress on the form instead of the substance of rules with respect to their validity and the validity of actions that comply with them: when a rule has the legal form of a law, it is *eo ipso* valid and should therefore be applied and obeyed, no matter how unjust it might be. There are two degrees here: strong formalism consists of a fixation on rules so as to reject anything not exactly complying with the rules. Interpretation is restricted to a minimum, and judicial activism is considered unlawful. The weak form of formalism does not imply a ban on interpretation: it is merely the formal (written) appearance of a particular rule that is binding: its substance, its real meaning in a particular case, must be determined by interpretation, which isn't restricted to the (supposed) intentions of the legislator. In Vichy-France this type of formalism allowed for elaborate interpretation schemes that could almost distort the law in its application, while still considering itself formalistic.[5] Weak formalism therefore doesn't in itself determine anything about the degree of congruence between a rule and the human conduct required for the rule to be applicable. What is important, however, is that compliance with legal formalities is still the justification for the various actions that are somehow construed as complying with a rule.

The other aspect of the emphasis on the pre-fixed nature of legal rules is the place of responsibility. The judge who decides a case in a formally correct way cannot be held personally accountable for the consequences for the parties involved. The blame can rest only on the rules applied, or rather on the people who made them. The obvious example here is the justification by German judges of their application of Nazi law, *Gesetz ist Gesetz*. Strong formalism would hold a jurist accountable for giving a law his own interpretation, while weak formalism would not accept any personal responsibility for interpreting law, as long as the interpretation is not evidently contradictory to the text of the law.

Non-formalism does not consider formal legal rules to be the most important guideline for the practice of law. Weak non-formalism would permit other grounds, such as conceptions of the economy, the state, or justice as a legal justification for human conduct. The strong form of non-formalism *requires* one of the other justifications apart from the formal validity of the law. An example of this strong form is natural law theory, which insists that a legal rule (also) be just, at the penalty of being invalid.

In the debates on adjudication under a 'wicked' regime, non-formalism is often perceived as a more independent way of dealing with the law. Because it assigns to the judge more influence on the outcome of a court case, it is considered a potentially more 'responsible' and better way. The paradox here is that it is essentially a judge's *decision* to either aim at doing exactly what the rules say (thus eliminating his own freedom of decision) or aspire to make a verdict as much his own decision as possible.

3. Non-formalist judicial strategy and Nazi occupation

Dutch critics of judicial formalism argue that during the German occupation formalism was the main attitude of the judiciary and that it led to blind acceptation of the legislative measures taken by the occupying regime. As a member of parliament put it in

C.M.O. van Nispen tot Sevenaer, *Waarom de Hooge Raad faalde, een beschouwing naar aanleiding van Mr. van den Dries' pleidooi voor 'de Hooge Raad tijdens de bezetting'*, Zutphen: Thieme 1945.

5 V. Grosswald Curran, 'Formalism and Anti-Formalism', p. 216.

1946: the Dutch Supreme Court 'processed the occupation like an admini-strative body'.[6] Or, in the words of a later scholar: 'The Supreme Court didn't fail in applying the law, but it did in administering Justice'.[7] This echoes the second aspect of formalism: the court is accused of not having taken a 'responsible' attitude towards their profession during the occupation. According to these critics, although the judges formally were not to blame for applying morally bad occupation legislation, they should have assumed responsibility and reviewed the occupier's rules anyway. And the unsound ones should of course have been denied force of law.

Actually, it was not entirely clear whether Dutch judges formally had the power or even the duty to review enemy legislation in the light of international law.[8] The power of review was not expressly denied or granted by national or international law.[9] Still, the Dutch Supreme Court had to answer the question of review when it was posed in a case in January 1942.[10] The Court denied itself the power of review because, first, it considered the rules of the occupier 'under the present conditions' no different from Dutch Acts of Parliament, which rendered constitutional or other review impossible, and secondly the power of review was not explicitly granted to any court by national or international law. These considerations were seen by critics as formalistic ways to accommodate the occupier, which for some critics implied that the 'right' decision would have been non-formalistic.

The Supreme Court's judgement is not entirely formalistic. It is a hard case because the rules weren't clear. That means that there is no logical, straightforward 'formalistic' solution.[11] In two senses the decision *is* formalistic. First, it readily accepted the formal guise of the occupier's ordinances as legally sound at first glance. Secondly, as a directive against judicial activism it aspired to *constitute a formalistic practice*. The Court created a rule it wanted the lower courts to adhere to formalistically, so that they wouldn't go and review the ordinances for their validity. This way, the decision amounted to removing the responsibility for the effects of applying 'bad' occupation legislation from the courts and placing it entirely on the occupation government. Also judicial activism is clearly rejected.

Accordingly, the non-formalism that critics demanded of the judiciary is directed especially against what they saw as formalistic circumvention of responsibility for the application of the occupier's rules. The responsibility these critics have in mind is consequently of a moral rather than a legal nature. In their opinion the judiciary, and above all the Supreme Court, should have protested strongly, in their professional capacity and otherwise, against unnecessary and illegal measures and against the

6 Proceedings of Parliament (Hand. II) 1946–1947, p. 331.

7 A.M. van de Wiel, 'Rechtspleging onder bijzondere omstandigheden, De Hoge Raad en de Duitse bezetting', *Recht en Kritiek* 1983/9, p. 437–467: p. 456.

8 In my PhD dissertation (2006) I will deal with this subject extensively. The national legal community was divided over the question of the hierarchy between international treaties and posterior national legislation. See for The Netherlands J.W.A. Fleuren, *Een ieder verbindende bepalingen van verdragen* (dissertatie Nijmegen), s.l.: Boom Juridische uitgevers 2004.

9 The treaty involved here is the Hague Convention on the Laws of Land Warfare of 1907 and the annexed 'Hague Rules'. See Eyal Benvenisti, *The International Law of Occupation*, Princeton: Princeton University Press 2nd ed., 2004; F. Morgenstern, 'Validity of the acts of the belligerent occupant', *The British Yearbook of International Law* (28) 1951, p. 291–322.

10 *Annual Digest* 1947, nr. 161, p. 288–295 (with comment by J.H.W. Verzijl); Hoge Raad 12 januari 1942, *NJ* 1942, 271 (*Toetsingsarrest*).

11 This makes it highly problematic to argue that a 'more positivist' or formalist attitude would have necessarily produced only one possible outcome, as J.N.M.E. Michielsen does in *The 'Nazification' and 'Denazification' of the courts in Belgium, Luxembourg and the Netherlands*, (PhD dissertation University of Maastricht), University Press Maastricht 2004, p. 124–125, 265–266.

occupation in general. This supposedly would have improved the resistance's morale and encouraged the Dutch people not to give up hope.[12] This distinction between what is strictly formally legal (that is, not illegal) and what belongs to the tasks and duties of the juridical profession, in short the distinction between formalism and professionalism, is not merely a legal opinion, but a moral and emotional reaction to the nature of the occupation and the occupier.

Another question is: would a non-formalist resistance attitude have been an effective way of dealing with occupation legislation? The reaction of the occupier and their Dutch Nazi adherents to the Supreme Court ruling was enthusiastic, and they pointed out at various occasions that the judiciary should behave according to this precedent, and respect all occupation measures.[13] But how would the Germans react to judicial activism that was directed against their authority?

There are not many examples of judicial activism in the Netherlands. I will discuss two instances in brief. The first is a summary proceedings case from September 1944 in which the Arnhem District Court openly disagreed with the Supreme Court's opinion on judicial review in deciding that legal measures of the occupier could be reviewed. The court judged that the ordinance whose validity was contested (compulsory membership for pharmacists of a 'pharmacists chamber') could very well lead to a conflict of conscience because of its national-socialist nature, especially since the Dutch people for the most part were against national-socialism. Reviewing the ordinance might very well have a negative outcome, according to the Arnhem judge. This is a case of speculative weak formalism tending towards weak non-formalism. Whether this might have led to a recognition on the part of the occupier of the illegality of its own ordinance we will never know, because a few days later the Battle of Arnhem began, as a part of the allied operation Market-Garden. If not for the allied invasion, the judge would probably have been arrested, or at least fired like the judges in the following case.[14]

The other case of judicial activism is one of strong non-formalism. In 1943 the courts protested against prison camp Ommen where the inmates were treated so cruelly that many were hospitalised or died. Persons who were sentenced by the regular Dutch courts to more than two years imprisonment were sent here because of the shortage of prison cells. Members of the courts protested to the German authorities and eventually the prison camp was closed.[15] The protest displayed the opposite of the deferential attitude the Supreme Court adopted. Courts (are said to have) imposed shorter prison sentences, so the offenders wouldn't be sent to camp Ommen. As the judges didn't explain their 'real' reason for the lower sentence, it is hard to label their action as either formalist or non-formalist, because determining the sentence belongs to their discretion. At least the appearance was not anti-formalist. One court however made a particular court case into an act of resistance at the time of the negotiations on the closing of camp Ommen. The Leeuwarden Court of Appeal lowered someone's prison sentence for two reasons. First, the Dutch criminal code didn't reckon on such harsh circumstances in prison, which made the punishment heavier than intended. This is still formalistic. However, in addition the court mentioned it had

12 See supra note 4.

13 E.g. J.J. Schrieke, *Bezet Nederland en het Haagsche Landoorlogsreglement van 1907*, Amsterdam: Elsevier 1944. The verdict was also published in *Zeitschrift für ausländisches öffentliches Recht und Völkerrecht* 1942/1943, p. 592–599.

14 J. Barendsen & D. Venema, *De rechtbank Arnhem en de Duitse bezetting*, Nijmegen: Wolf Legal Publishers 2004.

15 See W. Warmbrunn, *The Dutch under German Occupation 1940–1945*, Stanford: Stanford University Press 1963, p. 61, 129.

lowered the sentence 'as an act of conscience'.[16] There was no legal reason to do this. It was immediately clear to all jurists and to the German authorities that this was an act of defiance directed against the occupier. It implied that the occupier, in running the prison camp the way they did, had acted without conscience.

The letters of protest and the talks that were held by members of various courts with the authorities were, in the end, successful. It is doubtful whether the Leeuwarden judgment contributed to this result. The Germans were infuriated by the sentence's motivation, and concluded that the court had 'stopped adjudicating' and instead had passed judgment over the occupying power. This was a formalistic reaction. Two of the responsible judges were fired and had to go into hiding. As a result of this conflict the closing down of the Leeuwarden court was planned, but never realised. A Supreme Court Justice wrote to a colleague that same year that it would have been more sensible if the Leeuwarden court had not revealed this secret 'anti-Ommen' sentencing practice. He also believed that the Leeuwarden judgment had even endangered the completion of camp Ommen's termination.[17]

The advantage of overt non-formalism, or judicial activism, in deciding cases is at the same time a disadvantage. One the one hand, the inhabitants of the occupied country and especially the resistance movement could gain confidence and determination by such an act of defiance, expressing a strong moral stance. On the other hand, the occupier would notice it too, be offended and might retaliate, which could obstruct the realisation of the objectives of that judicial activism.

4. Formalist Judicial Strategy Towards the Occupier

Could a weak formalist strategy have been fruitful for the Dutch judiciary if it had consisted of an argument for the legality of judicial review? We cannot answer this question for certain, but we can take a look at the Belgian situation. In Belgium, there had been strong opposition against granting an occupying power any legal rights at all even before the Hague peace conferences of 1899 and 1907.[18] Belgian courts tried to maintain their position that none of the occupier's ordinances could ever legally bind Belgian citizens. They also held, since the German occupation in the First World War, that they had the power of judicial review, and exercised it too. Not all of the ordinances of the secretaries-general, who like in Holland were left in charge of the governmental departments after the ministers had fled to England, were recognised by the courts. This was because according to Belgian law the secretaries-general did not have the same legislative powers as the ministers had, and in some occasions they overstepped their competencies. This formalistic legal assessment made by the Belgian courts was perceived by the Germans as rebellion and interference with the legal duties of the occupier. So the Belgian formalist strategy (together with their views of the international law of occupation) collided with German policy, which was also defended formalistically (and by the majority view on the international law of occupation). It led to serious conflicts with the Germans: judges went on strike, judges were arrested, members of the bar association also went on strike, one judge was even killed. The courts eventually failed in their attempts to fend off regulations of the

16 Court of Appeals (Hof) Leeuwarden 24 Februari 1943, *NJ* 1951; H.L.C. Hermans, *Om des gewetens wille, de geschiedenis van een arrest in oorlogstijd*, Leeuwarden: Friese Pers Boekerij 2003.

17 Letter of Losecaat Vermeer to R.P. Cleveringa, National Archive, The Hague, Archive Purge Department of Justice (*Zuivering Justitie*), 2.09.68.01, nr. 88.

18 A. Cassese, 'The Martens Clause: Half a Loaf or Simply Pie in the Sky?', *EJIL* (11) 2000/1, p. 187–216: 193–196.

occupier. Under severe pressure from the occupier they finally had to give up their strict adherence to Belgian law which would have rendered invalid all regulations that the Belgian secretaries general issued for the occupier.[19]

5. When Method Matters

It is a fact that in the first years of the occupation of the Netherlands the Germans based their actions expressly on international law, more specifically the Hague Regulations. If the Dutch Supreme Court had gone ahead with reviewing the ordinance in question in 1942, it would probably have concluded that it did comply with the Hague Regulations, because it created a special judge for the adjudication of 'economic crime', which had risen remarkably since 1940. With this measure the occupier would have complied with the duty to safeguard public order (Hague Rules article 43). The German authorities would not have had a direct reason to retaliate, and the discussion on various ordinances could have been based on the exact meaning of positive international law, which might have created a more neutral and less antagonistic discussion. Taking into account the large influence of German legal theory in the low countries in the first half of the twentieth century, this discussion might eventually also have been beneficial in some respects for the Dutch people (in the event that it led to abolishing unpopular Germen measures.

Why did method not make a difference for judges aiding a totalitarian regime, while it did for judges resisting it? When the substantive outcome of court cases pleases the dictatorial government, that government will not be very interested in the way the rulings came about. When in the opposite case substantive outcome does not fit in with the regime's policy, some other common ground seems to be necessary that is large enough for the regime to accept the uncooperative judgments. That common ground may consist in respect for the law. Although we know that the Nazis broke many laws, they also in some respects showed a certain concern and respect for the international law on belligerent occupation and a certain sensitivity to formal legal correctness.[20] Whether this was largely rhetoric or not, judicial activism disguised as formalism might have been worth a try to appeal to that sentiment in reviewing the occupier's ordinances.

19 Michielsen, *The 'Nazification' and 'Denazification' of the courts*, Ch. 2.

20 An official statement that Germany would meticulously stick to the Hague Rules in all the occupied areas was published in the *Frankfurter Zeitung*: 'Occupatio bellica', 4 August 1940, p.3.

IV. Norms and Interpretation / Normas e interpretación

Jaap Hage, Maastricht

Why Norms are not Imperatives[1]

Abstract

This paper deals with the so-called 'imperative theory of norms'. I argue briefly that norms are not speech acts and therefore not imperatives. I discuss more extensively the view that norms are the results of 'imperatives'. In this connection I delve into speech act theory and treat the effects of speech acts upon the world in which they are performed. In particular I discuss orders, commands and legislative acts by means of which deontic rules are created. The conclusion is that norms might be deontic facts (the result of commands) or deontic rules (the result of legislation), but that the notion of a norm is so unclear that it is better abandoned, for instance in favour of the conceptual framework developed in this paper.

1. Introduction

With some regularity the thesis is defended in the literature on legal (or ethical) theory that norms are, or imply, (a kind of) imperative.[2] This thesis can be interpreted in a weak sense, namely as the thesis that norms guide behaviour. I have no problem with this weak variant of the thesis, as long as it is confined to prescriptive (as opposed to permissive or power conferring) norms. In this paper I will briefly argue against the stronger version of the thesis which holds that norms are or imply imperatives (section 2). I discuss more extensively the view that norms are the result of 'imperatives' in the sense of orders, commands or legislative acts (sections 3 and 4).

2. The Speech Act Fallacy

Let me call the strong thesis that norms are or imply (a kind of) imperatives 'the imperative theory of norms'. The imperative theory of norms has much in common with the theory about moral ought judgements as exposed by Hare in *The Language of Morals*.[3] According to Hare, the word 'ought' is used for prescribing and this means that an ought judgment (in the proper context) implies an imperative. This so-called 'prescriptive meaning' would be characteristic of the word 'ought'.

Hare's theory of prescriptive meaning has been criticised by Searle for committing the *speech act fallacy*.[4] Because I think that this criticism also applies to the imperative theory of norms, I will go into some detail in describing it. The general form of the speech act fallacy is that from 'Word W is used to perform speech act A' it is inferred that 'It is (part of) the meaning of W that it is used to perform speech act A'. Applied to ought judgments, the fallacy would be that from the fact that 'ought' is used to prescribe, it is inferred that (part of) the meaning of 'ought' is that it is used to prescribe, or its prescriptive meaning. To rebut the speech act fallacy, Searle points out that words like 'ought' are often used in other speech acts than prescribing, and that in those cases 'ought' has the same meaning as in prescriptive speech acts. For instance, the word 'ought' means the same in 'Ought he to repay his debts?' as in 'He ought to repay his debts.' The more general point behind the speech act fallacy is that speech acts

1 This paper is based on chapter 6 of Hage 2005.
2 Cf. Kelsen 1979, p. 2, Wolénski 1977, Alchourrón and Bulygin 1981, p. 96.
3 Hare 1952, p. 155f.
4 Searle 1969, p. 136f.

that can be performed by means of a particular word, and that maybe even are typically performed by the use of that word, do not determine the meaning of that word.

This point can be generalized. Issuing an imperative is a speech *act*. Speech acts are acts which take place at a specific location in space and time. They are *performed* by one or more specific persons. I know of no common use of the word 'norm' according to which norms take place at a specific location in space and time, or are *performed* by one or more specific persons. Norms are not acts, and a fortiori not speech acts. If the imperative theory of norms is interpreted that norms are imperative speech acts, it is obviously false.

3. Norms as Effects of Commands

A second interpretation of the imperative theory of norms is that norms are not imperative speech acts, but that they are brought about by such speech acts. For instance, if an army officer commands a soldier to present arms, this has the consequence that the soldier ought to present his arms. To assess this theory that norms are the effects of commands, we must delve even deeper into speech act theory.

3.1. Searle's Distinctions

Searle uses a distinction between directions of fit to analyse different kinds of speech acts.[5] I borrow an example of Searle (which Searle in turn borrowed from Anscombe[6]) to clarify this distinction. Suppose I make a shopping list that I use in the supermarket to put items in my trolley. A detective follows me and makes a list of everything that I put in my trolley. After I am finished, the list of the detective will be identical to my shopping list. However, the lists had different functions. If I use the list correctly, I place exactly those items in my trolley that are indicated on the list. My behaviour is to be adapted to what is on my list. In the case of the detective it is just the other way round; the list should reflect my shopping behaviour.

If we consider my behaviour as (part of) the world, we can say that my shopping list has the world-to-word direction of fit, because my behaviour must fit the words on the list. The detective's list, on the contrary, has the word-to-world direction of fit, because his list must fit the world (my behaviour).

The direction of fit holds between the propositional content of a speech act and the world. The illocutionary force of a speech act determines which direction of fit is involved. Searle distinguishes five main kinds of speech acts[7]:

- *Assertives* commit the speaker to something's being the case. They have the word-to-world direction of fit. For instance, the sentence 'It's raining' can be used for an assertive speech act.
- *Directives* are attempts of the speaker to get the hearer to do something. They have the world-to-word direction of fit. For instance, the sentence 'Give me your money' can be used for a directive speech act.
- *Commissives* commit the speaker to some future course of action. They have, according to Searle, also the world-to-word direction of fit. For instance, the sentence 'I promise to lend you my car' can be used for a commissive speech act. The

5 Searle 1979, p. 3/4.
6 Anscombe 1957.
7 Searle 1979, p. 12f.

difference between commissives and directives is, according to Searle, that directives direct the *hearer*, while commissives commit the *speaker*.
- *Declarations* bring about a correspondence between the speech act's propositional content and the world. They have what Searle calls a double direction of fit, because the world is made to fit the propositional content of the speech act, while that content comes to fit the world. For instance, the sentence 'I hereby give you my car' can be used for a declaration.
- *Expressives*, finally, express the speaker's psychological state. For instance, the sentence 'I thank you for lending me your car' expresses the speaker's gratitude. Expressives have no direction of fit at all, because they express, rather than describe the speaker's psychological state.

3.2. Constitutives, Commissives, Orders and Obligations

Searle's analysis of different kinds of speech acts by means of the difference in directions of fit provides a suitable starting point for the analysis of a number of legal phenomena, including the nature of norms. However, it is no more than a starting point. In particular Searle's theory about declarations seems to be not fully satisfactory. Therefore I will propose a number of amendments.

My first amendment is merely terminological. Declarations in Searle's sense are speech acts by means of which facts are created. Searle's own examples include that somebody gets appointed as chairman and that somebody's position is terminated. Since these acts are constitutive (in the case of the termination in a negative sense), I propose to call these speech acts by means of which the world is changed *constitutive acts*, or *constitutives*.

The second amendment concerns the direction of fit of constitutives. According to Searle they have a double direction of fit, because the world is altered to fit the propositional content of the speech act by representing the world as being so altered.[8] This expression 'double direction of fit' is somewhat misleading, because it suggests that both directions are equally important. If somebody copies my computer program, his program comes to be identical to mine, and mine comes to be identical to his. However, his copy of the program comes to be identical to my copy in a more basic sense than the other way round, because his copy of the program is adapted to my copy and not the other way round. Approximately the same holds for the double direction of fit: the words come to fit the world only because the world has been adapted to the words. Therefore I propose to speak, in the case of constitutives, of a world-to-word direction of fit.

However, the world-to-word fit of constitutives is not the same as the world-to-word fit of directives. An order is a typical example of a directive in Searle's sense. In the present context I use the notion of an order in a technical sense that makes an order different from a command. Where a command requires a setting in which the commanding person has some authority over the person that is commanded, such a setting is lacking in the case of orders. Everybody can order anybody. The issuing of an order will normally exercise some psychological pressure on the hearer to do what (s)he is being directed to do. However, there is no guarantee that the order will be obeyed and that the world will actually come to correspond to the directive's propositional content. That is why Searle writes about the fit of *successful* directives, and 'successful' means in this context *effective*.

8 Searle and Vanderveken 1985, p. 53.

Constitutives also need to be successful to create the world-to-word fit, but their success is not the effectiveness but rather the *validity* of the speech act. Searle correctly remarks that declarations (my constitutives) normally require an extra-linguistic institution, a system of constitutive rules, in order that the declaration may successfully be performed.[9] To take a legal example, the !aw contains constitutive rules that determine how a juridical act is to be performed. If these rules are followed in a concrete case, the act in question is valid. The institution not only defines when constitutive acts are valid, but also connects consequences to valid constitutives, for instance that a contract comes into being. These consequences are *changes* in the world (of law), that account for the world-to-word fit of constitutives.[10]

To distinguish between the world-to-word fit of constitutives and of directives, I call the world-to-word fit of constitutives *direct*, because these effects are the immediate consequence of the performance of the speech act. I call the world-to-word fit of directives *indirect*, because this fit only obtains if the speech act is followed by the behaviour that it directs the hearer to perform.

The third amendment concerns the analysis of commissives. According to Searle, commissives have the world-to-word direction of fit, which would - in my terminology - be the indirect world-to-word fit. This means that a commissive would only be successful if the behaviour to which the speaker committed himself was actually performed. However, if I make a promise, and nothing extraordinary is the case, I immediately come under the obligation to do what I promised to do. In other words, making a promise has a direct world-to-word fit. Therefore I prefer to treat promises as a species of constitutives, rather than as a separate category of commissives. In general it seems to me that commissives are a kind of constitutives and therefore need not be a special category.[11]

Commissives have a counterpart in constitutives that impose obligations on others than the speaker. For instance, an officer in the army gives a command to a subordinate soldier. In that way he imposes on the soldier the obligation to do what was commanded. Let us call these constitutives, which require a setting of rules, *commands*. Commands can then be opposed to orders that do not require such a setting. Anyone can order anybody, and the success of the order only depends on whether it is obeyed. Orders have an indirect world-to-word direction of fit. In opposition to orders, valid commands have the direct world-to-word fit. Their success lies in bringing about an obligation, and only in a derived sense in bringing about behaviour.[12] Where orders are directives, commands are constitutives.

3.3. Conventional Acts

According to Searle, a successful declaration makes the world fit the declaration's propositional content. This may be correct, but the correctness depends more on a particular definition of declarations than on insight in the way in which successful declarations bring about changes in the world.[13] Let me explain this by means of an

9 Searle 1979, p. 18.

10 More about this kind of analysis of juridical acts in chapter 7, section 10.

11 Essentially the same point was made by Ruiter 1993, p. 67f.

12 Ruiter 1993, p. 70f. makes the same distinction.

13 This criticism of Searle depends on treating commands as constitutives, that is as declarations in the terminology of Searle. However, Searle himself proposes to treat commands as directives and thus avoids this criticism, only to be liable to the criticism of overlooking that commands and orders are different and that commands have much in common with speech acts which Searle does call declarations.

example. Suppose that the officer in the army commands the soldier to present his arms. The officer has the power to give this command and there are no invalidating circumstances. Therefore the command has the direct effect that the soldier ought to present his arms. According to Searle's analysis, the world should fit the propositional content of the command. This content is that the soldier presents his arms. However, the *direct* result of the command is not that the soldier presents his arms, but that the soldier *ought* to present his arms. Although the command's effect in the world is related to the command's propositional content, it is not identical. How can this be explained?

The answer can be found in the setting of rules that defines when a command is validly given and what are the consequences of a validly given command. In the present case, these rules state that the addressee of the command *ought* to perform the action that he is commanded to perform. The ought, which belongs to the consequences of the command, derives from the rule that attaches consequences to commands, rather than from the command itself. It is the ought of owing to do what is commanded, and not the ought contained in the command. In fact, there is in general not even an ought contained in a command.[14]

Schematised, the issue can be stated as follows:

rule: If an officer commands to do X, then soldiers **ought to** do X.
fact: An officer commands: *Present arms*!
result: A soldier **ought to** *present arms*.

In this schema, the obligation is in boldface, while the content of the obligation is italicised. In this way it becomes clear that the *obligation* derives from the rule, while the *content* of the obligation is provided by the command.

The world does not automatically come to fit the propositional content of a successful constitutive. The effects of successful constitutives depend on the rules that attach consequences to the constitutives. A rule about the appointment of chairpersons may make the world precisely fit the propositional content of the appointment. Such a rule might be that if X appoints Y as chairperson by saying that Y is chairperson, Y *is* chairperson. However, as the example above illustrated, a rule about army commands may make that a deontic version of the propositional content comes to hold: the command does not bring about that the soldier presents his arms, but that he ought to present his arms.

This observation can be generalised from speech acts to acts in general. Many acts derive their meaning from a setting of rules that define who is competent to perform acts of a particular type, what count as valid acts of this type, and what are the consequences of this type of act. Examples are raising one's hand at an auction, baptising ships, officially raising a flag, and laying down one's king in chess. These acts may be called *conventional* acts. Conventional acts that are not speech acts have no propositional content, and their effects can therefore not be that the world comes to fit their propositional content. Their effects are completely determined by the rules that define them. In the examples mentioned above, these effects are respectively that one makes a bid, that a ship receives a name, that honour is paid to the country of the flag, and that one gives in.

Constitutive speech acts are in my opinion best considered as a subcategory of this general category of conventional acts. Their effects are also completely determined by their defining rules. However, in the case of speech acts it will normally be fruitful to have rules that make their effects somehow dependent on their propositional contents.

14 MacCormick 1972.

Precisely in which way their effects depend on their content is determined by the kind of constitutive speech act. This is demonstrated by the examples about the appointment to chairperson and the command in the army. In the appointment example, the effect of the speech act corresponds precisely to the propositional content of the speech act. In the example of the army command, the effect is a deontic version of the propositional content.

It seems therefore that the world-to-word direction of fit of constitutive speech acts is not something that is special for these speech acts. It is not even the case that all constitutive speech acts have this direction of fit exactly. Whether, and to which extent, the world fits the content of successful constitutive speech acts depends fully on the conventions that govern these acts. The theory of constitutive speech acts is not something independent, but rather part of a general theory of conventional action.

If the above analysis of commands is approximately correct, the relation between commands and the obligations that arise from them is weaker than might seem at first sight. Commands are no more than conventional acts to which the conventions assign the quality that they lead to obligations. The obligation to do what was commanded stems primarily from the conventions; the commands gives the content to this obligation. It seems therefore somewhat misleading to state that norms are the effects of commands. Maybe some norms are brought about by commands, but there is no inherent connection between commands and norms.

4. Norms and Legislation

If norms are not essentially the result of commands, they might still be the result of rule creation, for instance by means of legislation. Since not all legislation deals with rules that prescribe behaviour, we must limit the focus of our attention to legislation by means of which prescriptive or deontic rules are created. Are these deontic rules perhaps the norms that we are looking for?

Maybe the first thing to notice is that not all rules have as their primary aim to guide action. Obviously many rules such as traffic rules, or rules of a game aim to guide human behaviour. But just as obviously, rules defining when a chess player is check mated, rules stating the number of members of Parliament, and rules spelling out the organs of the United Nations do not have as their primary aim to guide behaviour. They may be seen as supporting other rules that do guide behaviour, but even from this perspective they do not guide behaviour themselves. The same counts for power conferring rules, which give persons the power to perform some kinds of actions. Knowing that rules do not necessarily guide behaviour is the first step on the road to a better insight in what rules are.

One type of rules are rules of meaning. We have rules for the use of the words 'square' and 'rectangle' that make that everything that falls under the concept of a square also falls under the concept of a rectangle. These meaning rules not only govern the use of these words, but by means of them, the users of these rules also impose structure on the world: Given these rules, all squares must be rectangles. Similarly, given the conventions governing the use of the word 'bachelor', all bachelors must be unmarried. There is nothing spectacular about these structures we impose on the world by meaning conventions. All we do is use words in a particular way and, given this use, some relations between types of states of affairs come to hold, as by definition. The rules that govern our linguistic behaviour indirectly also have effects upon the world. We may call this phenomenon the *ontological effect* of rules.

The relation between one fact that is a reason for the presence of some other fact, and the reason-based fact supervening upon the reason, is often brought about by a rule. For instance, the rule that thieves ought to be punished makes that the fact that X ought to be punished supervenes on the fact that X is a thief.

If a rule exists, not all combinations of facts are equally possible anymore. For instance, without the meaning rule that squares are a kind of rectangles, there might have been squares that are not rectangles. Without the rule that if the ball passes the goal line, a goal is scored, it would be possible that the ball passes the goal line without a goal being scored. However, if this last rule exists, a special explanation is needed if the ball passes the goal line without a goal being scored. The two types of facts, the ball passing the goal line and a goal being scored, normally go together.

By having rules, humans make facts supervene upon each other. By using the rule of soccer, they make scoring a goal supervene on the ball's passing the goal line. By using the rule that thieves ought to be punished they make that the fact that X ought to be punished supervenes on X's being a thief. There is a structural con-nection between facts that are based upon each other. By using rules, humans create that structure. Supervenience based on rules is an example of the ontological effect of rules.

Legal rules also have ontological effects. To make the transition to legal rules as small as possible, we can start with legal meaning conventions. The Dutch Penal Code defines a number of crimes, and thereby gives meaning conventions for, e.g., the notion of 'thief'. Given the convention for 'thief', somebody who takes away somebody else's goods with the intention to appropriate these goods illegally, is necessarily a thief.[15] This meaning convention structures the legal world by creating a connection between (compound) states of affairs of the types 'being a thief' and 'taking away somebody else's goods with the intention to appropriate this goods illegally'.

It is not only meaning conventions that have ontological effects in the law. There is also a legal rule that creates a connection between being a thief and being punishable. This rule *imposes* punishability. Another rule creates a connection between being the municipality council and being empowered to make by-laws. This is a *competence conferring* rule. Yet another rule creates a connection between having a driver's licence, and the state of affairs of being permitted to drive a car. Finally, there is also a rule that connects the facts of having enjoyed an income and being obliged to make a statement to the tax officials. The last two rules, that have deontic states of affairs in their conclusion parts (being *permitted* to drive, and *being obliged* to make a statement), are deontic rules.

Deontic rules have ontological effects by attaching deontic facts[16] to the facts that satisfy their conditions. Enjoying an income and being obliged to make a statement to the tax officials go together in a way that is not identical, but nevertheless quite similar, to the way in which being a square and being a rectangle go together.

If a rule exists, the world is adapted to the contents of the rule. Rules can therefore be said to have the direct world-to-word direction of fit. Nevertheless the way in which this fit comes about is different for rules than it is for constitutive acts. Constitutives cause *changes* in the world; rules do influence the world, but not by causing changes. Their effects are more like constraints on the possible content of the world.

This contrast between the way in which constitutive acts and rules have the world-to-word direction of fit can be sharpened by paying attention to the phenomenon of

15 Cf. art. 310 of the Dutch Penal Code.

16 Some readers may object against the notion of a deontic *fact*, because it seems to blur the distinction between is and ought. In chapter 6 of Hage 2005, on which this paper is based, I argue extensively why there can be deontic facts and what their nature would be.

legislation. Legislation is a constitutive act by means of which (amongst others) deontic rules are created. A legislative act brings about a change in the world, because a deontic rule that did not exist before has come into existence. Moreover, if a deontic rule comes to exist, the structure that the deontic rule imposes upon the world also comes to hold. So if the legislator makes the deontic rule that thieves ought to be punished, the direct effect of this constitutive is that the deontic rule that thieves ought to be punished comes into existence. The indirect effect is that the state of affairs that thieves ought to be punished comes into existence too. (Assuming that before the deontic rule was created it was not yet the case that thieves ought to be punished.) An even more indirect effect obtains if the deontic rule is acted upon, and thieves are actually punished.

The differences between orders, commands and legislation are depicted in the following schema:

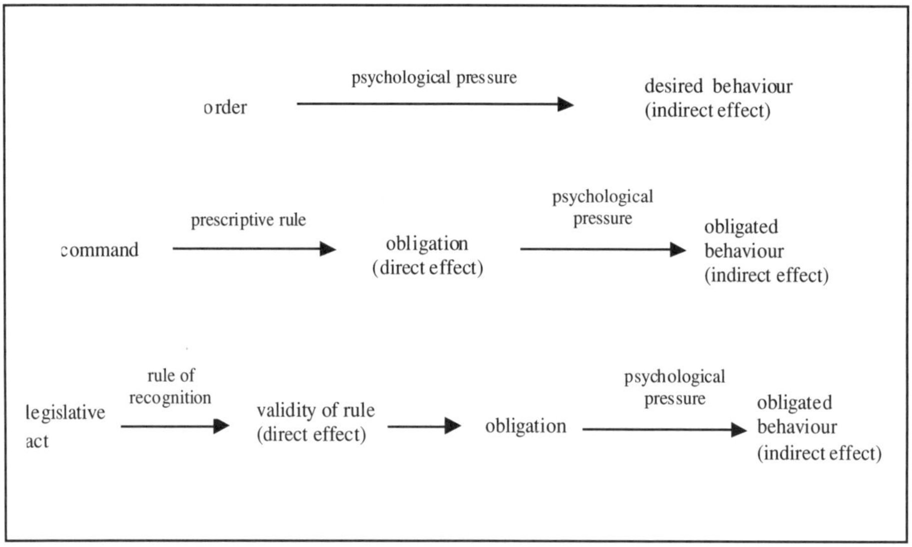

5. Conclusions Concerning the Imperative Theory

I started this paper with the argument that norms are not acts and therefore not speech acts, let alone imperatives. To investigate the thesis that norms might be the result of 'imperatives', I discussed speech act theory and in particular what it had to say about orders, commands and legislative acts. The result of an order is psychological pressure, not a norm. The result of a successful command is a deontic fact (an obligation). Such a deontic fact might be called a norm. The result of successful legislation (of the appropriate kind) is the existence of a deontic rule. Such a deontic rule might also be called a norm. It should, however, be distinguished sharply from a deontic fact, because rules are not facts, not even states of affairs (possible facts). Because deontic facts and deontic rules may both be called 'norms', it may be argued that norms are the result of commands or legislation, but personally I find this hardly illuminating for the nature of norms. Moreover, the phenomenon that both deontic facts and deontic rules, although they are very different from each other, can both claim to be 'norms' leads me to the judgement that the notion of a norm is better abandoned and that we continue living with the notions 'order', 'command', 'legislative act', 'deontic fact' and 'deontic rule'. These notions are much more precise and allow as a consequence the creation of better theories about the (nature of) law.

References

C.E. Alchourrón and Bulygin, E. (1981). The Expressive Conception of Norms. R. Hilpinen (ed.), *New Studies in Deontic Logic*, D. Reidel Publishing Company, Dordrecht e.a., p. 95–124.

G.E.M.Anscombe (1957). *Intentions*, Blackwell, Oxford.

J.C. Hage (2005), *Studies in Legal Logic*, Springer Berlin.

R.M. Hare (1952). *The Language of Morals*. Oxford University Press, Oxford e.a.

H. Kelsen (1979), *Allgemeine Theorie der Normen*, (K. Ringhofer and R. Walter eds.), Wien: Manz-Verlag.

D.N.MacCormick (1972). Legal Obligation and the Imperative Fallacay, in A.W.B. Simpson, *Oxford Essays in Jurisprudence*, Oxford 1972, p. 100–130.

Ruiter, D.W.P. (1993). *Institutional Legal Facts. Legal Powers and their Effects*. Kluwer Academic Publishers, Dordrecht e.a.

J.R.Searle (1969). *Speech acts. An essay in the philosophy of language*. Cambridge University Press.

J. Searle (1979). A taxonomy of Illocutionary Acts, *Expression and Meaning*, Cambridge University Press, Cambridge e.a., p. 1-29.

J.R Searle and D. Vanderveken (1985). *Foundations of Illocutionary Logic*, Cambridge University Press.

J. Wolénski (1977), Jörgensen's dilemma and the problem of the logic of norms, *Poznán Studies in the philosophy of the sciences and the humanities*, vol. 3, nrs. 1–4, p. 265–276.

Raymundo Gama Leyva, Alicante*

Some ideas about the nature of presumption rules

Abstract

In an interesting essay written a few years ago, Ullman Margalit wondered about the following question. "What sort of a rule is a presumption rule? What does it actually instruct its subjects to do?" With different nuances of meaning, an important section of Legal Theory – in which we can include this author – hold that presumptions rules are mandatory rules. They establish the obligation to accept a proposition provided that another proposition was proved, and as long as no evidence to the contrary is produced in the case of the rebuttable presumptions. Nevertheless, the objective of this work consists in to analyze an alternative hypothesis. Some legal theorists have sustained correctly that presumptions rules can be interpreted also as qualifying dispositions with the form "X is G" and, in the case of the irrebuttable presumptions, they can be interpreted as a purely constitutive rule – whose canonical form would be "If state of affairs X obtains, then the institutional result (or normative change) R is produced" –.

In other words, I will try to examine that maybe a possible way of analysis of this kind of legal sentences consists in analyzing *what is done* when a sentence like "it is presumed that Y if X" is emitted. That would mean determining the *force* of this kind of sentence. On the one hand we can underline the prescriptive force of this sentence and on the other hand we can emphasize its constitutive force.

The notion of "presumption" as used in our common language is very difficult to define precisely. However, our intuitions point out that there is some kind of uncertainty in the use of this notion. It is used in circumstances in which a certain situation is accepted as true although we are positive that it could be false. The ideas of "taking something in advance" and "accepting a situation ahead of time" are relevant in the use of this notion. In spite of these intuitions, the meaning of this term is not clear. Even in our common language the verb "to presume" is usually used as interchangeable with the following verbs: "to assume", "to suppose", "to suspect", "to speculate", etc. These difficulties and some others cause the analysis of the notion in our common language to be a very complicated task.

If we move from our common language to the legal language the view is not very different at all. Still we have to remark several efforts of scholars and other legal theorists in order to clarify this topic.[1] In this work I will only try to analyze some considerations about the nature of this kind of rules. Some authors have sustained that these legal sentences have a *prescriptive force* since they instruct its addressed to accept a certain situation in advance[2]. On the other hand, a sector of the legal theory

* University of Alicante, Spain. The research about this article is part of my Ph.D. investigation. I am specially grateful to Dr. Manuel Atienza, Dr. Josep Aguiló Regla, Dr. Daniel González Lagier and Dr. Victoria Roca for their support and comments.

1 For the analysis of the notion of "presumption", see the following essays: Franklin H. Giddings, "The grounds of presumptions", *The Journal of Philosophy*, XIX, 23 (Nov. 9, 1922); J.E. Llewelyn, "Presuppositions, assumptions and presumptions". *Theoria*, XXVIII (1962), 158–172; James W. Lamb, Knowledge and Justified Presumption, *The Journal of Philosophy*, LXIX, 5 (March, 9, 1972) 123–127; Roland Hall, "Assuming: One set of Positing Words", *The Philosophical Review*, Vol. 67, 1 (Jan., 1958), 52–75); Idem, "Presuming", *The Philosophical Quarterly*, Vol. 11, 42 (Jan., 1961), 10–21.
The essay of Ullman Margalit is essential for the analysis of this notion. See Ullman Margalit, "On presumption", *The Journal of Philosophy*, LXXX, 3 (March, 1983), 143–163, and, from the same author, "Some presumptions", *How Many Questions? Essays in Honor of Sidney Morgenbesser*, Eds. Leigh S. Cauman, Isaac Levi, Charles Passons and Robert Schwartz, Harket Publishing Company, 1983, Indianapolis, 451–473.

2 Cfr. Ullman Margalit, "On presumption", *op. cit.* 148. Daniel Mendonca remarks the prescriptive

holds that these rules have a *constitutive force* or a *qualificatory*[3] meaning and it is preferable to conceive them as qualificatory dispositions or in the case of conclusive presumptions as constitutive rules.

Before analyzing all these questions it is convenient to carry out some preliminary explanations.

a) The Confusion Between "Legal Presumptions" and "Simple Presumptions"

In the continental law tradition, presumptions have been usually defined as follows: "the consequences that the law or the magistrate extracts from a well-known fact to arrive at the acknowledgement of an unknown fact". From this distinction, it has been divided respectively between "legal presumptions" and "simple presumptions", the latest also called "*presumptio hominis, inditiary proof*" and even circumstantial evidence.[4]

In our statuary law and in several doctrinal studies both phenomena are usually assimilated within the same class. They sustain that the "legal presumptions" and the "simple presumptions" have the same structure: primary fact, presumed fact and a connection between them. The only difference will concern the person who makes the connection: if the legislator carries out the connection, there is a legal presumption and, on the contrary, if the judge carries out such connection we will be facing a simple presumption.

I think it is not very difficult to appreciate the misunderstanding of this conception. The assimilation between those phenomena is a mistake and it is necessary to distinguish them appropriately. Legal presumptions are nothing but a special kind of rules. On the contrary the "simple presumptions" remind us of the probatory inference about facts and for that reason it is correct to relate them to the circumstantial evidence. The latter provides elements of evidence about facts and the former don't; they only charge its addresses to do something.

force of presumptions and concentrates on the notion of acceptance for the analysis of the notion of presumption. See: Daniel Mendonca, "Presumptions", *Ratio Juris*, Vol. 11, 4 (Dec., 1998), 399–412, also published in *Doxa*, 21, I (1998) 83–98. Josep Aguiló Regla in his article "Nota sobre "Presunciones " de Daniel Mendonca, Doxa, 22 (1999), 649–660, analyses and criticizes in some points the position of Mendonca and sustains that only rebuttable presumptions have a prescriptive force and the conclusive presumptions have a constitutive force. Also, his thesis is that it is possible to differentiate between presumptions that operates as rules and presumptions that operates as principles.

3 The thesis of presumption rules as qualificatory dispositions is sustained by Rafel Hernández Marín, *Introducción a la teoría de la norma juridical*, Marcial Pons, 1998, 28. As Jordi Ferrer notices, there is some similarity between constitutive rules and qualificatory dispositions. Cf. Jordi Ferrer, *Las normas de competencia. Un aspecto de la dinámica juridica,* Madrid, Centro de Estudios Políticos y Constitucionales, 2000, foot note 196. The possibility of analyzing the prescriptive or constitutive force of presumption rules is suggested also by this author in: Idem, *Prueba y verdad en el Derecho*, Marcial Pons, 2002, 53.

4 It will be unnecessary to enumerate the bibliography from the continental law scholars in this subject. Every text on Procedural Law contains a section on presumptions. See especially: Ramponi, *Teorie generale dello presunzioni*, Milano, 1908, cited by Virgilio Andrioli, "Presunzioni" (Diritto Civile e Diritto Processuale Civile), *Novissimo Digesto Italiano*, XIII, Torino, 1966, 766–772; Michele Taruffo, "Presunzioni" (Diritto Processuale Civile), *Enciclopedia Giuridica Trecom*, Vol. XXIV, Rome, 1991, 1–5; *Les presumptions et les fictions en droit*, Etude publiées par Ch. Perelman et P. Foriers, Bruxelles, 1974.

b) Two Classifications of the Presumption Rules

There are two classical distinctions of presumption rules: The first classification attends to the conditional or categorical structure of these rules. It distinguishes respectively between presumptions in strict sense and apparent presumptions or interim truths. The second one attends on the possibility to offer evidence to the contrary. It differentiates between defeasible or rebuttable presumptions on the one hand, from the irrebuttable or conclusive presumptions on the other hand. If the presumption is rebuttable, it is called *presumption iuris tantum* and if it is irrebuttable or conclusive, it is called *presumption iuris et de iure*.[5]

The presumptions with a conditional structure have three elements: a primary proposition, a presumed proposition and a connection between both of them. In this type of presumptions the burden of proof stays intact. What varies is not *who has the burden of proof* but *what has to be proven*. These kinds of presumptions require producing evidence of the primary fact in order to establish the presumed fact. The alternatives to disable these presumptions will depend whether they admit or not the evidence to the contrary.

If the presumption adopts a conditional structure and it is a rebuttable presumption, there will be two strategies to disable it. It is possible to attack the primary fact and the presumed fact. If we demonstrate that the primary fact was not produced the presumption won't even operate. The other alternative appears once the existence of the primary fact was proved. If it is so, it will be possible to offer evidence demonstrating that it won't be justified to accept the presumed fact. In the conclusive presumptions, the only strategy to disable them is to demonstrate or controvert the lack of evidence of the primary fact.

In the presumptions with a categorical structure, i.e. the presumption of constitutionality of the law, the presumption of innocence, etc., it is unnecessary to prove any primary fact in order to establish the presumed fact. The rule allocates the presumed fact without any additional condition and allocates on the opponent the burden of proof on the evidence to the contrary. Some authors have wisely sustained that these presumptions operate as principles, according to their categorical structure and their justificatory role, while the presumptions with a conditional structure operate as rules.

c) On the Nature of Presumption Rules

What type of rules are presumption rules? What is done when we pronounce a sentence of the kind (it is presumed that X)? What is the *force* of these types of sentences?

The first problem to be faced is how the presumption rules are to be identified? Are they only those sentences with the terms "it is presumed" or, on the contrary, is it necessary to attend to the connection between one fact and the other? Which means that given a certain fact, it is presumed that another fact will occurr. Although the

5 There is also a further distinction between presumptions of law and presumptions of fact. As Thayer has pointed out, the distinction between presumption of law and presumption of fact is ambiguous and, in the case of the presumptions of facts, it is redundant. Cf. James Bradley Thayer, *A preliminary Treatise on Evidence at Common Law*, Boston, 1898, 339–342, cited in Ullman Margalit, "On presumption", op. cit., 145. James Bradley Thayer, *"Presumptions and the law of evidence"*, *Harvard Law Review*, Vol. III, 4, Nov. 15, 1889, 166.

second option is not free from difficulties, because there are several rules based on probabilistic generalizations or on rules of thumb and it is possible to formulate a lot of them in terms of a presumption. In this work I will suppose that presumptions are only those statements where the term "It is presumed" appears.

I will not go beyond the explanation of the position of those who sustain that legal presumptions are mandatory rules. It is a position commonly shared. I will only explain some general ideas about this position that may help to understand it. Especially, I am interested in explaining and discussing an alternative position sustained in several works by Rafael Hernández Marín who considers that presumption rules, as long as legal fictions, are qualificatory dispositions.

e) Presumption Rules as Prescriptive Rules

Those who sustain that presumption rules are mandatory rules point out the role that these kinds of rules play in our practical deliberation: i.e. supplying a ready-made answer, offering an element of bias and helping to cut through impasses.

Some quotations will help to explain this position:

"A presumption means a rule of law that courts and judges ***shall draw a particular inference*** from particular fact, or from particular evidence, unless and until the truth of such inference is disproved" (Stephen, Digest on evidence).

"If they find the fact of absence for seven years unheard from, and find no explanatory facts to account for it, then *by* ***a rule of law they are to take for true the fact of death***, and are to reckon upon it accordingly in making up their verdict upon the whole issue" (Wigmore, Science of Judicial Proof par. 2490).

"Presumption is a rule obliging one to recognize certain conclusion under certain conditions, (...) presumption rules, as all rules, regulate the behaviour of their adressees" (Wroblėwski, "Structure et functions des presumptions juridiques", *Les présomptions et les fictions en droit*, op. cit., 48).

".... Is it, or is it not a mandatory rule? In the law it is: the triers of fact are ***required*** **to draw the inference** from the P-fact to the Q-fact (...) I tend to think of presumption rules as offering a *way out* (...) What matters, in my view is that ***they entitle the deliberators*** to make – and to ground their subsequent course of action in – an assumption they are otherwise not justified in making" (Ullman Margalit, "*On presumption*", 148.

Even if it has been accepted that presumption rules are a kind of mandatory rules, the content of this type of legal sentences it is not clear. Ullman Margalit, for example, holds that there is not any specific action that a presumption rule charges its subjects with. She affirms that presumptions instruct its subjects to hold a certain proposition as true, so as to have a foothold (as it were) for action. For this author the instruction is this: "given p (the primary fact) make q (the presumed fact) a premise in the rest of the pertinent piece of your practical reasoning.

The position of Mendonca ("On presumption", p. 400) is almost similar. He holds that presumption rules are norms imposing the duty to accept as true some proposition whenever another proposition has been sufficiently proved. Following this author, the content of the presumptions is a peculiar kind of action consisting in a *mental state*, connecting the notion of acceptance to "propositional attitudes". Concerning the relation between presumption and inference, the position of Mendonca is different from Wróblewski's position: for the latter, presumptions impose certain conclusions in the reasoning, and to the former, presumptions only impose premises.

However, we have to remark that this position is not completely shared. Lorenzo Ausín and Txetxu Peña[6] deny that presumptions instruct to accept something. They

6 Francisco Ausín and Lorenzo Peña, "La inferencia de hechos presuntos en la argumentación probatoria", *Anuario de Filosofía del Derecho*, Madrid, XVIII, 2001, 95–125.

support (at least at the beginning of their work) that presumption rules instruct their addressees *to believe* certain fact as being true. Additionally, they are not convinced that presumption rules belong to praxis, but theory, helping the deliberators make their de-cisions.

For these authors presumptions are not practical inferences, but theoretical inferences that lead from certain premises assessed as true to conclusions whose truth is assessed from the presumption. From this position, presumption rules are inductive inference rules legally binding, based on what occurs in circumstances of normality.

I will not develop a further explanation of presumption rules as a kind of mandatory rules. My intention was only to point out some general ideas about this position. It interests me, on the contrary, to note an alternative position and some relevant consequences that are derived from considering presumption rules as a kind of qualificatory dispositions.

f) Presumption Rules as Qualificatory Dispositions

Rafael Hernandez Marín[7] has sustained that presumption rules are a kind of qualficatory disposition. According to this author, presumption rules are not prescriptive rules, since they don't impose duties to their addressees. They only provide a qualification to certain entities (persons, things, actions, etc.).

The structure of the qualificatory disposition is the following: the entities with the property F, or the entities that belong to the F class are considered with the qualification G. Certainly there is not any relevant difference between this structure and the structure of the constitutive rules. However, I will not go further in this analogy and it is preferable to concentrate on the analysis of the thesis of this author.

The analysis of this author starts from the thesis that the legal discourse is not only prescriptive. Besides this type of statements there are several legal sentences that don't impose any duty to their addressees. For example, the statement that appoints certain person as ambassador, or the statement that a person over 18 years old has age of majority. The relevant feature of this kind of statements is that they provide a qualification to certain entities (facts, persons, state of affairs, etc.). In the examples cited above, the qualification of ambassador is given to a person with certain characteristics; the qualification of age of majority is given to people over 18 years old. For this reason this statements are called qualificatory dispositions.

The difference between qualificatory dispositions and prescriptive rules consist on the semantic properties of each statement. Only the latter are capable of being effective or not, to obey them or not.

Starting from that assumption, Hernandez Marín holds that presumption rules are not prescriptive rules because they don't instruct its addressees to do something. They belong to the class of the qualificatory dispositions because they provide a qualification to certain entities. For example, the qualification of "legitimate son" given to the child conceived during the marriage, the qualification of "death" to a person who has disappeared after a long time without any notice, etc. According to this author the specific difference of this kind of statements is that in the consequence they say "It is presumed", rather than say "it is".

Still, Hernández Marín goes one step further and sustains that this specific difference is merely apparent because the sense of the statement is not affected when we eliminate the component "it is presumed".

7 Rafael Hernández Marín, *Introducción a la teoría de la norma jurídica*, Marcial Pons, 1998, 284–289.

For example, the article 643 of the Spanish Civil Code establishes the following conclusive presumption:

(1) It is presumed that the donation was made in creditor's fraud, when the donor has not reserved enough goods to pay her debts.

According to this author that statement has the same meaning as the following

(2) If the donor doesn't reserve enough goods to pay her debts the donation has been made in creditor's fraud.

According to this author, there is not any real difference between one statement and the other. Beyond its mere syntactic presentation the sense of such statements is the same. They provide a qualification to certain entities.

Nevertheless, the author himself suggests that maybe the first statement has an additional sense not present in the second one. It provides the qualification of "creditor's fraud" even if the donation was not made in that circumstance.

If it is so, the author proposes that maybe the peculiarity of presumption rules consist in that they provide a qualification to an entity from a certain class, even when that entity does not belong to that class. In other words, they provide certain qualification to certain entities, even when those entities are no capable to have such qualification. Then, this kind of statements provides in advance certain qualification, and in the case of the rebuttable presumptions, they give the chance to deactivate them.

Hernandez Marín is aware of the peculiarities cited above. He expresses them in the following way: "the fact of formulating a presumption is a symptom or an indication that the author is aware that the facts could be contrary to what the presumption says (it is conscious, in other words, that the presumption, being understood as an assertion, could be false. On the other hand, an ordinary qualificatory disposition doesn't allow to attribute such a thought to the creator of the statement[8] ".

Nevertheless, I think this minimum difference – that the author himself notices – is decisive to understand that the function of these legal sentences do not consist – or at least not only – of attributing certain qualification to certain entities. Rather than this, one of the most important characteristics of presumption rules are their regulation of the probatory activity: exempting from the charge to prove something, allocating the burden of proof on the opponent whenever she wishes to disable it, etc.

If we conceive that presumption rules are a kind of qualificatory disposition, they would have to draw some difficulties in order to attribute them a certain qualification. They will attribute a qualification even the qualified facts could be contrary to the sense of the presumption. Additionally these statements give the opportunity to rebut them offering proof to the contrary. In other words this kind of rules establishes certain qualification until it was proved they don't posses such qualification.

Presumption rules, as far as the rebuttable ones are concerned, operate differently. When a party proves one fact (the primary fact) a second fact (the presumed fact) will also be taken to have been proved, in the absence of evidence to the contrary. And the part which adduces sufficient evidence to overcome the effect of the presumption is said to rebut the presumption. In theses rules there is a rational connection between two facts and it is unnecessary to require evidence of the presumed fact in the absence of unusual circumstances.

For that reason, the rebuttable presumptions are related to evidence and to the proof of facts, and conceiving them as qualificatory dispositions obscures the function of these rules in the procedure and in the legal reasoning. On the other hand, I don't

8 Cf. Hernández Marín, *op. cit.*, p. 288

see any special problems in conceiving of the conclusive presumptions as qualificatory dispositions. The function of these rules is different. They are not related so much with the proof of natural facts but with the production or establishment of institutional facts and for that reason I don't see any inconvenience in conceiving them as qualificatory dispositions and also as constitutive rules.

Josep Aguiló-Regla, Alicante

On Presumptions and Legal Argumentation

Abstract

The paper aims to present a scheme of the different roles that presumptions play in law, in general, and in legal argumentation, in particular. The starting point is to analyse norms of presumption from the structural point of view, and to explore the possibilities of the distinction between presumptions-rules and presumptions-principles. Then, it aims to show the implications of presumptions in relation to two different dimensions of legal argumentation: the substantive dimension and the dialectical one. From the substantive point of view, the justification of presumptions leads to the showing of their relation with the claim of truth and the claim of correctness. If it is so, it is not necessarily the case that partiality is a feature of presumptions. From the dialectical point of view, its justification is not necessarily connected to truth or correctness, but to fair play between parties in conflict. These two aspects of presumptions normally go together and they are very close. Both explain the central cases of presumptions. But if we are able to distinguish them properly, then it is also possible to explain some atypical cases and the exceptions to the rules of presumptions.

1. Introduction. On the Propositional or Normative Nature of Presumptions

In general terms, the verb "presume" means to suspect, to conjecture or to believe something because indications or signs exist for doing so and "presumption" means "the act and the effect of presuming". It would seem that at least the following elements can be found in presumptions: a) a base fact (the indications or signs); b) a presumed fact (what is suspected or conjectured); and c) a connection between the two ("because").

It is clear that presumptions play an important role in our argumentations, and it is very easy, in this sense, to show how an argument could be constructed taking the aforementioned elements as a starting point. Let us take the Toulmin´s scheme of arguments (Toulmin,1958). This scheme is a structure made up of a claim (the particular statement that one is seeking to defend), grounds (one or a number of particular statements which support the claim), a warrant (the general statement the acceptance of which makes the transition from grounds to claim possible) and a backing (general information related to the field in which one is seeking to argue). So, by following Toulmin´s scheme, the argumentative use of presumptions can be reconstructed in a completely natural way. The particular statement which expresses the particular presumed fact (what is suspected, conjectured or believed) constitutes the claim. The statement which expresses the base fact, (the indications or signs) constitutes the grounds. The general statement of the presumption constitutes the warrant, that is to say, a general statement whose acceptance justifies the acceptance of the presumed fact (the claim) supported by the acceptance of the base fact (the grounds). And, finally, the general information which supports the acceptance of the generic statement of presumption (the warrant) constitutes the backing.

The argumentative role played by presumptions is, thus, unquestionable. Nobody doubts it. However, if we focus our attention on the generic statement of presumption (the warrant) it seems clear to me that we can find examples of statements which appear to be propositions and others which appear to be norms (Peña and Ausín, 2001). Indeed, while it is true that on many occasions generic statements of presumption can be ambiguous, it is also true that there are typical (paradigmatic) ways to express these two alternatives. For example, while the use of the adjective "presumable" serves to express the propositional nature of a statement of presumption, the future is generally used to express the normative nature. In this way, a statement of the type "if P (generic base fact) then Q (presumed generic fact) *is presumable*" appears in every way to be a propositional statement. The affirmation that it is of a propositional nature means that the validity of this statement as a warrant (in Toulmin's sense) will be governed by the rules of inductive inference, and that the justification of the presumption will be linked to the probability (or plausibility) of the truth of the statement which expresses the particular presumed fact once the truth of the particular statement which expresses the base fact has been proved or accepted.

There are also typically normative linguistic forms such as, for example, making use of the future. Thus, a statement of the type "if P (generic base fact) then Q (presumed generic fact) *will be presumed (or should be presumed..)*" looks in every way like a normative statement (like a norm). The fact that on certain occasions we are in no doubt as to the normative nature of these statements does not mean that they do not present us with many problems of interpretation. Just think, for example, about what it is that they prescribe, about what the content of the prescribed is: to hold a belief, to use a premise, to constitute proof, etc. In any case, the validity of the warrant, as a normative statement, will not depend only -nor perhaps even fundamentally- on the rules of the inductive inferences, and the justification of the presumption can have nothing to do with the probability (or plausibility) of the truth of the presumed fact, once the base fact has been proved (or accepted). The reasons which justify the establishing or acceptance of a norm of presumption can be far wider and more varied. If this is so, one could conclude that there is not necessarily an "it is presumable that" behind every "it will be presumed that". Furthermore, and one should not forget this, it is perfectly possible that legal norms exist which are not norms of presumption (they do not present the typical form of a norm of presumption) and yet, there is undoubtedly an "it is presumable that" in their justification. Consider, for example, the norm which prescribes that the age of majority is 18 years old, or that one which prescribes that driving at more than 120 Km/h is forbidden. These are obviously not norms of presumption and to treat them as such contributes nothing. Yet, it is also obvious that an "it is presumable that" underlies them. In the first case, the maturity implied by the age of majority is presumed and, in the second, what is presumed is a certain level of risk which is considered to be unacceptable.

The above, however, should not lead one to think that only statements of presumption of a normative nature are relevant in the world of law. Many legal contexts exist in which inductive inferences are made in the form of "it is presumable that" and the legal context does not alter the propositional nature of the generic statement of presumption, of the warrant. Take, for example, a judge who makes an inference which consists in considering a fact to be proved, taking the proof of another fact, which he considers to be the base fact of the presumption, as a starting point. That it is a judge who makes the presumption does not necessarily alter its propositional nature. The validity of this presumption can be solely connected with matters linked to the probability (or plausibility) of the truth of the presumed fact.

However, if the above is true, then it is also true that a judge can fulfil, impose or issue a norm of presumption which means, for example, exempting one of the parties from having to prove a certain fact, and that the validity of this norm is not linked to the rules of inductive inference and, therefore, is not linked either to the probability (or plausibility) of the truth of the presumed fact. It is possible that the justification is linked to the difficulty of proving the presumed fact and it is only related to an equitable distribution of the procedural burdens, or to institutional reasons of a procedural nature, etc.

In this paper, then, I intend to deal with certain questions related to norms of presumption from the perspective of the theory of legal argumentation. To do this, I am going to follow, in a flexible way, a scheme put forward by M. Atienza (Atienza, 2005) and, then distinguish three dimensions (or conceptions) of argumentation: the formal, the material and the pragmatic. But before going into this, I should introduce a certain structural analysis of the norms of presumption.

2. Brief Structural Analysis of Norms of Presumption

Daniel Mendonca (Mendonca, 1999), partly in line with Ulmann-Margalit (Ullmann-Margalit, 1983), has written that a rule of presumption prescribes that "given that we are dealing with the case that P, one must proceed as if Q were true, unless there is sufficient reason to believe that it is not the case that Q". In reality, the rule prescribes the obligation to accept a certain proposition as a premise submitting it to two conditions: a positive one, that reasons in favour of proposition P existing, and the other a negative one, the absence of reasons in favour of the negation of the presumed proposition Q. The norm of presumptions' direct effect is that it exempts the party which it favours from having to prove the presumed proposition, but not the base proposition. In this sense, they are not rules about the burden of proof (the *onus probandi*), that is, who must prove, but rather about the subject of proof (the *thema probandi*), that is, what must be proved.

According to Mendonca, there are two strategies when attacking a rule of presumption. The first is the blocking strategy, which consists in showing that the base proposition is not proved or is false. The second, the destruction strategy, which implies proving that the presumed proposition is false.

The legal tradition has made a distinction between *iuris tantum* presumptions and *iuris et de iure* presumptions, depending on whether or not they admit conflicting evidence. Obviously, in the case of *iuris tantum* presumptions, which admit conflicting evidence, both strategies are possible when attacking the presumption, whereas in the case of *iuris et de iure* presumptions the injured party can only use the blocking strategy.

What I am trying to show here is that as well as rule-presumptions (which have a structure like the one we have just shown) there are also presumptions-principle. I am, for example, thinking of the presumption of innocence in the criminal law sphere or about the presumption of bona fide possession in the civil law sphere. Or in other words, I am going to try to show that the general distinction between rules and principles can be applied to norms of presumption and, consequently, that it is possible to distinguish between presumptions which are rules and presumptions which are principles (Aguiló-Regla, 1999).

Elsewhere I have maintained that the best way of showing the distinction between rules and principles (Aguiló-Regla, 2000), in structural terms, is to refer to the distinction between hypothetical norms and categorical norms made by von Wright (von Wright, 1963). Categorical norms are those whose conditions of application derive exclusively from their content while hypothetical norms incorporate additional conditions of application to those which derive from their content (this is why it is typical for their formulation to adopt a conditional structure). The categorical or hypothetical structure of legal norms does not affect their defeatable nature, but rather the way in which they can be defeated.

The presumption norms which I propose should be considered principles have a content as particular as that of the rules of presumption which we have just seen, given that they also make it necessary to accept a certain proposition as a premise. However, they differ from the former in the sense that the obligation is not submitted to any positive condition, it does not depend on the proof of any base proposition. As a result, its formulation takes on the unconditional structure which is typical of categorical norms. If this is understood, it is then easy to be aware of two different things. Firstly, these presumptions affect the burden of proof more than the subject of proof and, secondly, these presumptions can only be destroyed (by proving that the presumed proposition is false), but they cannot be blocked because they are not conditioned by the proof of any base proposition. This, for example, is the central point in relation to the presumption of innocence. These characteristics mean that the presumptions play a greater role in the shaping of the process (and/or of the institution which they refer to) and more expansive than that played by presumptions-rule.

From all that has been said so far, and beyond those different distinctions which we have introduced, two things relative to all norms of presumption seem to be clear. The first is that the content of norms of presumption consists in the obligation to use a certain premise, to consider a fact as true or proven. The second is that they always favour one of the parties to the process either because they facilitate the proof (it is enough for the party to prove the base proposition) or they exempt the party from the proof (the party does not have to prove anything in order that the obligation to use the premise whose truth is presumed arises). Obviously, the procedural benefits for one party become burdens for the other.

These two characteristics – the connection with the truth of the facts and the way the parties to the process are affected – lead us to the question of justifying presumption norms. The connection with the truth takes us to the material or substantive aspect of legal argumentation. The way the parties to the process are affected takes us to the pragmatic or dialectical aspect.

3. Presumptions Considered from three Different Conceptions of Legal Argumentation

M. Atienza (Atienza, 2005)has distinguished three conceptions of legal argumentation (they can also be seen as dimensions): the formal, the material and the pragmatic (although Atienza makes a distinction between the rhetorical and the dialectical within this last, I am going to limit myself here to the dialectical). To put it simply, he maintains that over and above the differences which can be observed between them, reasoning (or argumentation) is characterized by four common properties: a) reasoning is an activity which is relative to a language; b) argumentation presupposes the existence of a problem which must be solved; c) argumentation presents a process/product ambiguity which must be dealt with; and d) argumentation is a rational undertaking, in the sense that criteria exist to determine the arguments' goodness. By taking these four characteristics we can see, in a very concise way, how each conception articulates these four elements.

	Formal conception	Material conception.	Pragmatic conception (rhetoric or dialectical)
Language	It focuses on the syntactic aspects. It takes neither the world nor the others' acceptance into account.	It focuses on the semantic aspects. It does not ignore the world but it does not greatly take into account the others´ acceptance.	It focuses in the pragmatic aspects. Everything is directed at the relation with the others: to victory and/or to convince.

Problem	Given certain data or premises (the quality of which is not questioned) the problem is what conclusions can be inferred.	The question is what should be believed, which beliefs are valid as premises and conclusions.	The problem is how I can defeat or convince in relation to a question under dispute.
Process/ product	It is only interested in the reconstruction of the result, the linking together of statements in the form of premises and conclusions.	It is mainly interested in the quality of the premises which implies that it cannot ignore the process. Notions such as experimentation, proof, etc. are central and also imply something more than language.	Argumentation is the process. Persuasion or victory are the result of the argumentative use of language but they are no longer part of it.
Validity Criteria	Mainly the rules of deductive inference.	Scientific laws, maxims of experience, rules of interpretation, etc.	In the case of the dialectical one, victory is valid as long as certain rules of fair play have been respected during the dispute.

I will then go on to analyse the argumentative role played by presumptions in more depth, making a distinction between the three conceptions which I have just presented. I am going to adopt the judge's perspective in this presentation, although I am fully aware that this can be seen as a simplification. If we concentrate on the judge as a normative subject we can make a striking contrast between the obligation to fulfil legal norms, the obligation to make a decision with respect to the truth of the conflicting facts and the obligation to treat the parties to the process with equity.

a) The formal conception of argumentation does not permit us to achieve more with our analysis than that which we have already obtained from the structural analysis. As we already know, the different norms of presumption have in common that they all oblige the judge (under different circumstances) to consider a fact to be proved which results in the obligation to use a certain premise in his justificatory reasoning. As is the case with all norms, a norm of presumption can be either observed or not by the judge. What is clear is that both its observance and its non observance have significant repercussions in relation to the decision on the facts of the case and the way the parties to the process are treated. But one must remember that one of the characteristics of the formal conception of argumentation is that this last neither took the world into account (the truth in the material sense) nor the others (in this case, the parties). That is to say, from this conception the only thing that can be determined is if the judge has or has not observed the norm of presumption, nothing else. Considered in isolation, this conception of argumentation results in a strictly formalist conception of the application of law.

b) From the material conception of argumentation, the main problem is "what must I believe?" and this leads to a special concern regarding the quality of the premises, that is, the main problem centres upon which premises are valid (in this case, true) and which premises are not. In this sense, it is easy to see that the judge faces a conflict between the obligation to fulfil a norm of presumption (to accept that an unproved fact has occurred) and the obligation to make a decision with respect to the truth of the conflicting facts. This can lead one to think that the establishing of norms of presumption implies an illegitimate interference on the part of legislation (understood as a function) in jurisdiction, since the determination of what in fact occurs in the world should never be the object of legislation. The legislator is not qualified (is incompetent) to determine the occurrence of certain facts in the world. But let´s not get lost in general statements and let's try to introduce some clarifications by going back to the different kinds of norms of presumption which we earlier distinguished.

Let's begin with the *iuris et de iure* presumptions-rule. It is obvious that the Spanish civil code recognizes their existence in section 1251, but it is also clear that it is by no means easy to find clear examples of them and that, moreover, we are dealing with a highly controversial legal concept. In any case, as we have seen, the following three requirements must be met in order to be able to speak of *iuris et de iure* presumption: a) a base proposition whose truth must be proved; b) a presumed proposition whose truth must be accepted; and c) a prohibition of proof against the truth of the presumed proposition. As a result, these presumptions can be blocked but not destroyed. Now, from a material perspective, this third characteristic appears to place the presumed proposition outside the world of propositions, whatever its appearance, it does not seem to be a good candidate to express any truth, and what function it can fulfil with relation to the truth is unclear. This leads one to think that in reality, from the material perspective, the so called *iuris et de iure* presumptions should not be seen as presumptions because they do not deal with the relationship between proved fact and presumed fact, but rather with the relationship between proved fact and constituted fact (or institutional result). These two relationships are clearly different. The first is connected with the facts of the case and, present as it is in the sphere of proof, it can be said to fulfil a function in relation to the truth. The second relationship, in contrast, is more to do with the legal qualification of the facts of the case. Its sphere is that of generating the institutional results. And, therefore, it is outside the sphere of proof: the problem here does not consist in determining what has happened (which would constitute a problem of proof), but rather in how to qualify what has happened in order to attribute some or other legal consequences to it. I think that, in reality, most of the situations which are considered by jurists to be *iuris et de iure* presumptions consist in a normative decision which can obviously not be considered as an object of proof. You may remember that I earlier gave examples of norms which, in my opinion, should not have been seen as norms of presumption. It was, however, easy to appreciate that there was an "it is presumable that" underlying their justification. Let's go back to the example of the prohibition to drive at more than 120 Km/h. It is obvious that behind this prohibition there is a "it is presumable that one is driving dangerously". Naturally, this "it is presumable that" can either be justified or not. However, what I am trying to show is that to consider this type of norms as norms of presumption with a prohibition of proof, that is to say, as *iuris et de iure* presumptions which are susceptible to being blocked (by proving that someone was not driving at more than 120 Km/h.), but not to being destroyed (by prohibiting the proof that in this particular case driving at more than 120 Km/h was not dangerous), contributes nothing to the clarification of the norms of presumption because, among other things, it leads one to see practically all legal norms as norms of presumption. Indeed, if we give a protective (or promotional) sense of certain states of things which are considered to be valuable to all norms of action, then all of them seem like norms of presumption. And this, in theoretical terms, is in the end really abusive, although it is evident that, from the material perspective, many of these norms can clearly be criticised.

The *iuris tantum* presumptions-rule constitute the bulk of legal presumptions. In these last the obligation to accept the presumed proposition is submitted to a positive condition (the proof of the base proposition) and to a negative one (the absence of proof or evidence that the presumed proposition is false). That is to say, they admit evidence to the contrary. In reality, they order the judge that once the base proposition p has been proved, if doubts persist as to whether q is true or false, then q must be considered true. As one can see, they can indeed fulfil a function in relation to the truth: this is so, because the relationship between facts which they establish is a genuine relationship between proved fact and presumed fact. From the material perspective of argumentation, that is, from the obligation to determine the facts of the case with respect to the truth, it seems clear that these presumptions are only justifiable to the extent to which doubts persist as to whether q is true or false and that underlying the rule of presumption there is a justified "it is presumable that". In other words, that it is more probable or (plausible) that q is true than that it is false. Then again, in reality, it seems to me if one sees things in this way, you are only considering one part of the sense which characterizes the establishing of norms of presumption because, in my opinion, on many occasions the reasons which justify the establishing of presumptions are not only linked to the probability of q being true, but also to institutional reasons linked to the stabilizing of legal situations and expectations. Let us take, for example, the presumption of a husband´s biological paternity in the case of a child born to a married couple. Do we really think that we can go from the generic statement that it is so in general, to the specific statement that a certain husband is the father of the child? It is obvious, in my opinion, that the probability of the husband in question being the child´s biological father does not depend on the institutional fact of marriage, but rather on the "natural" (non institutional) conduct of the husband and wife. Yet, if this is so, how can the establishing of these norms of presumption be justified? In my opinion, the justification of this presumption has much more to do with reasons linked to the meaning of the institution of marriage than with probabilities that q is true. And, in general terms, I believe it can be said that many justified *iuris tantum* rules of presumptions give us much more information about the meaning attributed to the institutions which they refer to than about what actually happens in the world. One should, then, look for their justification outside the scope of the probability of truth of the presumed proposition. If we see things in this way, then the establishing of rules of presumption appear not as the legislator´s illegitimate interference in the jurisdiction when predetermining what has happened in the world, but rather as an unavoidable consequence of (and coherent with) the intention to establish social expectations linked to the institutions. Or in other words, if the occurrence of certain facts were not presumed, perhaps the different institutions would provide us with criteria for settling conflicts, but would cease to fulfil the function of stabilizing social expectations (standardizing the conduct) which seems to be inherent in them. Obviously, when this intention to stabilize expectations of conduct meets with success, standardization tends to coincide with probability.

I think something very similar to what we have just said happens in the case of presumptions-principle, but in a more extreme form. One should not, I believe, look for their justification from the material perspective in the probability of the truth of the presumed proposition, but rather in that function of stabilizing social relationships by standardizing expectations. One can also explain the difference if we take the general opposition between rules and principles as a starting point, where these last have an explanatory and justificatory scope of the different institutions which is far superior to that of rules. This is why, in procedural terms, they become norms which are relative to the burden of proof (or, more generally, to the burden of argumentation). Indeed, the presumption of innocence, the presumption of bona fide possession, the presumption of the constitutionality of laws, that of the legality of administrative acts, etc. should not be seen in terms of probability, but rather in terms of the standardization of social relations. However, they shape institutions in a more powerful way than the above. To see this, one need only imagine the magnitude of the institutional change were any of them eliminated.

c) From the dialectical perspective, jurisdictional proceedings are seen as a dispute between opposing parties, that is governed by procedural norms which act as rules of fair play. The role played by the judge is not, therefore, only that of deciding the final result of the proceedings, but also that of watching over the parties so that during the proceedings they can play their game as they should, and so that neither of the parties can abuse each other. As we said earlier, it is usually said that presumptions generally benefit one party, either because they make the proof easier (they reduce what the party has to prove) or because they exempt the party from having to prove. In this sense, norms of presumption can affect the balance between the parties to the process. However, if you think about it, in the case of *iuris et de iure* presumptions-rule, what we have just said does not exactly follow. It is clear that a certain institutional result can benefit one party and damage the other; but both parties have the same procedural burdens. The favoured party will have to prove the truth of p, which acts as a case of the institutional result, and the damaged party will have to prove that it is false. Yet neither of them benefits from a modification on the subject of proof or is exempted from having to prove. I repeat what I said before, it is possible that this norm is not justified, but this does not affect what has just been said.

In the case of *iuris tantum* presumptions-rule and in that of presumptions-principle it is obvious that this is so, that they benefit one of the parties to the process. We have already seen that the substantive justification of these norms should not only be sought in their relation to the truth of the fact, since one should not forget the role they play in the shaping of social relations and the stabilizing of expectations. To see presumptions in this way explains their role in the process, as the aim of stabilizing expectations is reflected in the fact that these same are treated as standardizations in the process. However, if this is so, the limits on their functional role within the process are already there, since they can not function as an insurmountable obstacle to the ascertaining of the controversial facts or to an equal treatment of the parties to the process. All in all, norms of presumption are principles and/or rules that like the rest of legal norms are subject to conditions of defeatability.

References

Aguiló-Regla, 1999: Josep Aguiló Regla, "Nota sobre presunciones de Daniel Mendonca", in *Doxa. Cuadernos de Filosofía del Derecho*, nº 22, 1999

Aguiló-Regla, 2000: Josep Aguiló Regla, *Teoría general de las fuentes del Derecho,* Ed. Ariel, Barcelona, 2000.

Atienza, 2005: *El Derecho como argumentación,* Ariel, Barcelona (forhcoming).

Mendonca, 1998: Daniel Mendonca, "Presunciones", in *Doxa. Cuadernos de Filosofía del Derecho,* nº 21-I, 1998

Peña and Ausín, 2001: Peña Gonzálo, Lorenzo and Ausín Diez, Txetxu: "La inferencia de hechos presuntos en la argumentación probatoria", in *Anuario de Filosofía del Derecho*, T. XVIII, 2001.

Toulmin, 1958: Stephen E. Toulmin, *The Uses of Argument*, Cambridge University Press, 1958.

Ullmann-Margalit, 1983: Edna Ullmann-Margalit, "On Presumtion", in *The Journal of Philosophy*, Vol. LXXX, nº3 March, 1983.

Von Wright, 1963: Georg H. Von Wright, *Norm and Action. A Logical Enquiry*, Reutledge & Keagan Paul, London, 1963.

Walton, 1993: Douglas N. Walton, "The speech act of presumption", *Pragmatics & Cognition,* Vol 1(1), 1993, 125–148.

Marijan Pavčnik*

Constitutional Interpretation**

Abstract

Constitutional interpretation is one kind of interpretation of legal texts. It is only an interpretation when the legal meaning is at the same time the meaning of the words or one of the meanings of the words of the legal text. It is in the nature of understanding that no text can predict with complete certainty how it is to be understood. This unavoidable characteristic of legal understanding is most intensive in connection with the constitution, which is, at least from the standpoint of national law, the legal act standing at the top of the hierarchy. In the end, the person interpreting it is alone.

The dilemma was intensified by the former U. S. Supreme Court Justice *Charles Evan Hughes*, who stated that the judges are "under a constitution, but the constitution is what the judges say it is." If one tries to be precise, one can see that the interpreter is above the text; the text is before him and he must understand its meaning. The key question is how one enters this hermeneutical circle: do his approach and his previous knowledge require that he discovers by means of individual interpretative arguments what the text *contains*, or does he want to do everything to *willingly bring* his own views, aims, and desires into the text?

The constitution is a *long-term* authoritative *legal act*, which is *open to objective-dynamic understanding*. The question is not whether this approach can be avoided; the question is which position is taken thereon and which sense is given thereto. The key ground of understanding is neither the fossilized past meaning of the constitution nor its "prophetic" future meaning, but the possible linguistic meaning, which is a part of the world we live in. We are at *legal ethics*, which builds upon the established value tradition, yet must necessarily supplement and elaborate it with regard to what goes on at a certain time and place and in view of the responsibility to future generations.

I. Introduction

Constitutional interpretation is one kind of interpretation of legal texts. It is only an interpretation when the legal meaning is at the same time the meaning of the words or one of the meanings of the words of the legal text. It is in the nature of understanding that no text can predict with complete certainty how it is to be understood. A legal act can never "catch up" with its interpretation (Hassemer 1986, 203). This unavoidable characteristic of legal understanding is most intensive in connection with the constitution, which is, at least from the standpoint of national law, the legal act standing at the top of the hierarchy. In the end, the person interpreting it is alone. Above him, there is no higher legal act that could very intensively direct the interpretation of a lower one. To paraphrase *Kant*, above him there are only the starry sky and the moral law within him [see Kant 1989, 300 (A 289, 290)].

It is a play on words whether, in view of what has been said, the interpretation of the constitution is a supra-constitutional or a sub-constitutional act. The dilemma was intensified by the former U. S. Supreme Court Justice *Charles Evan Hughes*, who stated that the judges are "under a constitution, but the constitution is what the judges say it is." If one tries to be precise, one can see that the interpreter is above the text; the text is before him and he must understand its meaning. The key question is how one enters this hermeneutical circle: do his approach and his previous knowledge require

* Professor Dr. Marijan Pavčnik, Pravna fakulteta (Faculty of Law), Poljanski nasip 2, 1000 Ljubljana, Slovenia (E-mail: Marijan.Pavcnik@pf.uni-lj.si).

** The text of this article is a somewhat expanded entry the author prepared for IVR Encyclopaedia of Jurisprudence, Legal Theory and Philosophy of Law.

that he discovers by means of individual interpretative arguments what the text *contains*, or does he want to do everything to *willingly bring* his own views, aims, and desires into the text?

The suitable view for the interpretation of the constitution is the approach mentioned first, which attempts to discover what the constitution *contains*. Finding out what the constitution contains, which possibilities it offers, and what the meaning of these possibilities is, is not just an act of rendition/reconstruction, but also a creative act. On the level of principle it can be said that "the real meaning of a text, as it speaks to the interpreter (...) is always co-determined also by the historical situation of the interpreter and hence by the totality of the objective course of history" (Gadamer 2004, 296). ["Der wirkliche Sinn eines Textes, wie er den Interpreten anspricht, (...) ist immer auch durch die geschichtliche Situation des Interpreten mitbestimmt und damit durch das Ganze des objektiven Geschichtsganges" (Gadamer 1990, 301).] Regarding legal understanding in general, and especially regarding the legal understanding of the constitution, there are numerous important circumstances co-determining such understanding. The task of individual interpretative arguments is to open the context of understanding and to rationalize, check, and direct understanding. The interpretation stops at the point where it goes beyond the possible meanings of the words of the constitution.

Constitutional interpretation is treated as one method of arriving at a possible understanding of the constitution by constitutional courts too. This analysis can be appropriately applied to interpretation carried out by regular courts or other competent state bodies. The main difference between constitutional and regular courts is the competencies they have. The position a court has in the hierarchy of courts is of great importance as well. In principle, the higher this position is, the greater is the influence upon the creation of court practice.

II. Some Interpretative Dilemmas

In principle, the same problems and reservations that apply to the understanding of legal texts in general also apply to the understanding of the constitution, though this does not mean that no differences of meaning exist between the two kinds of understanding. In a very schematic way, three common dilemmas in particular can be mentioned: the openness of interpretative arguments with regard to their meaning, the open circle of interpretative arguments, and the loose relations between the interpretative arguments.

If legal texts were defined in terms of their meaning from the very beginning and if they maintained this definiteness also in contact with concrete cases, they would not need to be interpreted (*In claris not fit interpretatio!*), but one could apply them directly and an immediate subsumption would be possible. The same rhetorical question also applies to individual interpretative arguments. No legal text is designed as a form to be filled in by data, after which it could be applied. And even if it were designed in such a manner and came close to the nature of a form, it would still be just one of several forms among which one would have to choose. In short, *interpretative arguments are "only" orientations* and more or less *condensed directions* on how to act in concrete cases. "Even at their best," *Aarnio* says, "they only tell us: go in this direction" (Aarnio 1993, 644). And this is already a great deal, in some (difficult) cases this can mean very much.

The second dilemma is that *we do not know a closed chain of interpretative arguments*. The argumentative circle is open, to already known arguments new ones can be added if they can contribute to discovering and checking the meaning of the legal text. New arguments are constantly produced by approaches founded especially on basic (human) rights and duties, and on legal principles (e.g. on the principle of the state governed by the rule of law and on the principle of the constitutional separation of powers), etc. If, in spite of all this, we still speak about established interpretative arguments, it is obvious that we refer to some arguments that are generally accepted in a certain legal culture and/or in a certain field of law. The common point of the established arguments is *von Savigny's design of interpretation* (see section V).

Nor is there any easy solution to the third dilemma, drawing attention to *the relation between the interpretative arguments*. Theory has given several suggestions on how to form a fixed sequence to be kept in legal practice. The final answer is short and clear: there is no fixed sequence, there exists exactly the same number of answers as there are authors who have dealt with methods of interpretation. Nevertheless, the answer to such interpretative conflict is not arbitrary because suitable *orientations* can be achieved in spite of differences. The basic orientation is that only such interpretation is allowed that remains within the possible meaning (as porous as it might be) of the legal text. The second orientation is that all main viewpoints of interpretation (logical, systematic, historical, and teleological points of view) are to be checked and the solutions they bring are to be established. From among these meanings interpreters choose the most convincing one, which is the one with the most arguments (with regard to quality as well as to quantity) speaking in favour of it and which is at the same time the meaning corresponding to the purpose (*telos*) of the legal rule. If the interpreter vacillates between several solutions he decides on the one that is in accordance with the purpose of the legal rule (see section V.6.). In this sense the teleological interpretation together with the linguistic one is the basic principle of interpretation. At the same time, this is the common denominator reached by theories studying the conflict between the interpretative arguments.

III. The Nature of the Constitution

How the constitution is designed and understood as a legal act influences the interpretation of the constitution. It is in the nature of the constitution that it is *the starting-point legal act and the basic legal act*: it is the starting-point act because it has the highest legal validity within the state, and it is the basic legal act because it regulates "just" the most important social relations. Being the starting-point act also means that the constitution is (at least from a certain point of view) primarily a *procedural act*, which enables all political subjects to play the *legal game*. The constitution foresees the kinds and responsibilities of legal subjects, the relations between them and the basic procedural rules forming the framework within which legal and political decisions can be taken. The procedural side of the constitution is especially important for the modern state. Nowadays the state is a kind of a supra-system, within which different systems and subsystems must act together.

The constitution is also the *basic legal act* that regulates social relations with regard to their contents. The constitutions of modern democratic states governed by the rule of law are especially focused on three groups of questions: basic (human) rights (i.e. fundamental rights and freedoms), the form of the state, and the organisation of the state. This embodies the so-called classic *materia constitutionis*. If one compares these three subject matters, it can be noticed that they differ linguistically as well as technically. *The organisation of the state* is the best-focused one with regard to its content and can be directly concretized as a whole to an important extent, whereas *the form of the state* is in some important parts expressed "just" through principles such as the principles of democracy, of the state governed by the rule of law, of the social state, of the separation of powers, etc. These principles are either normatively put in a concrete form in other parts of the constitution (e.g. the principle of the separation of powers is elaborated in the chapter on the organisation of the state) or represent guidelines for the legislature and for concrete behaviour. A special form with regard to the content is given to *human rights and fundamental freedoms*. The starting point is that they are defined in the constitution in such a way that they can be exercised directly. It can only deviate from this rule when this is necessary due to the particular nature of an individual right or freedom or when it is provided for some rights that a statute regulates the manner of exercising them. This technical legal possibility is in practice widely applied. The descriptions of the basic rights also comprise numerous value criteria such as "human dignity", "personal dignity", "inhuman or degrading treatment or punishment", "the inviolability of the physical and mental integrity of every person", "the economic, social, and environmental function of property", etc. (cf. Treaty establishing a Constitution for Europe, Art. II-61 ff.). The basic rights with these and similar value criteria have the nature of "legal principles", which are described in more or less detail, and have to be further elaborated and concretized with regard to their meaning.

These and other cognitive laws are not obstacles to be overcome and directly filled by the understanding (interpretation) of the constitution. They are only the laws the interpreter has to consider, while at the same time he has to be aware of who should normatively concretize the constitution and at which level this should be done. The constitution is a *living organism* addressing a community organized in accordance with state law, enabling it to function in a legal manner: from supreme state bodies normatively giving the constitution an operational form by means of statutes and other general legal acts, and ordinary mortals, who are limited by the equal rights of others, to the state body (e. g. to the constitutional court), which ensures that the game takes place within the limits of the law as regards the content and the procedure. And this is also *the key to understanding the constitution*. In a way, this key is very simple: we are within the constitution as long as we take into account the norms regarding jurisdiction, procedure, and orientation as concerns content (together with its binding limitations). As long as these are our starting points, we are within the framework of the law (the constitution) and at the same time this setting enables us to make the content dynamic and to normatively develop it further and in more detail. As long as we act in such a manner, we act legally and at the same time support any new content we consider legitimate. And it is also a game that can and must be controlled by the competent state body (e. g. by the constitutional court or by the supreme court). This competent state body does not have any supra-constitutional criterion that would indicate whether the development of the contents of the valid constitution is constitutional. The competent state body can "only" decide whether the development of the content is still within the limits of constitutional possibilities and whether such has occurred according to a procedure that is still within the limits of the constitutional procedural game. It is of special importance for the competent state body (e. g. for the constitutional court) to continuously examine whether legal participants respect the constitutionally consolidated institutions of a state governed by the rule of law (such as the so-called constitutional democracy).

What does it mean to be "still within the borders of constitutional possibilities" or to be "still within constitutional procedural play"? Such is not a firm but often a vague criterion. It is unproductive not to admit it and to hide behind the constitutional text, as if it were certain enough. It would be much wiser to ascertain the relative uncertainty of the constitutional text, to analyse it as such and then to search for those im-plementations that are not beyond the constitution and which try to embody the meaning that the constitutional text at least implicitly includes. No, this is not a play on words, it is a methodological procedure which is wilfully self-restricting. This metho-dological procedure has a special weight for the highest judicial body (e.g. for the constitutional court), which in more difficult cases may be tempted to appeal to consti-tutional provisions only apparently, while in reality, however, it functions as a supra-constitutional organ, changing and completing the valid constitution.

IV. The Significance of Basic (Human) Rights

1. The Expressiveness of the Constitution

The starting criterion of the constitution are basic (human) rights. The expressiveness of modern constitutions (cf. sections III and V) is not so strong that basic (human) rights are defined therein in much detail, but they are rather a matter of understanding and further normative concretization. What constitution-makers can do is to be aware of this problem and to incorporate the criteria for a suitable constitutional interpretation into the constitution itself. In the following I would like to touch upon three general aspects that can contribute to an interpretation of the constitution not being constitutionally disharmonized.

2. The Central Position of Human Dignity

Human dignity as the central criterion of interpretation is most clearly emphasized in the German constitution (Grundgesetz, Art. 1/1): "Human dignity shall be inviolable. To respect and protect it shall be the duty of all state authority. (Die Würde des Menschen ist untastbar. Sie zu achten und zu schützen ist Verpflichtung aller staatlichen Gewalt.)" The first sentence is the basic one, the second one could be even broader and could emphasize that this is the duty of everyone. This is really what it is all about, and the whole spirit of the constitution (the Basic Law) in general, and of the first chapter on basic rights (Art. 1–19) in particular, is in accordance with this approach. Historical reasons required and still require that the one that should be mentioned first is the one that is the most powerful and can repress basic rights in the most severe way.

The ambivalence of the law and basic rights is just an additional reason for establishing human dignity as the central criterion with regard to content for the interpretation of the constitution and basic rights (cf. Treaty Establishing a Constitution for Europe, Art. II-61: "Human Dignity is inviolable. It must be respected and protected."). *Human dignity* is the common value starting point, on which the whole constitutional structure is based: it refers to the protection of the dignity of the living as well as of the dead, and it is also a topical value criterion with regard to our duties to future generations – e.g. regarding the protection of a healthy living environment, of the natural and cultural heritage or the dilemmas concerning gene technology and technical influences upon human embryos. In countries with a totalitarian past the protection of human dignity is an especially sensitive issue in (criminal and other) proceedings before state bodies and during the enforcement of a custodial sentence.

3. Human Measure is the Measure of One's Fellow Man

Human dignity has a very broad meaning, which has to be theoretically, and practically, operationalized and developed in concrete cases. The general starting point is that human measure is necessarily the measure of one's fellow man: the other side of rights are duties that impose upon us the consideration of the rights of the other person to the same qualitative extent.

The human measure in law may take on very *different complexions.* I have in mind e.g. the questions of difference and distinction, which cannot be evaluated by the same general yardstick if we deal with privacy and autonomy that show consideration for the equal rights of others. I am further thinking of a collision of two or more basic rights, which are either proportional if we deal with rights of the same importance (e.g. the collision of two rights to the freedom of movement), or exclusive if some basic rights are weightier than others (e.g. the priority of the right to privacy over the right to the freedom of expression in publications). And, last but not least, I am thinking of the subtle questions of the social state where the initial unequal starting points should be equalized by a rearrangement of the income created, yet this should be done in such a manner that it would not bring the creativity of the market economy to a standstill and that possible social goals as "higher goals" would not drown out basic rights and other historically established principles of a state governed by the rule of law.

The questions dealt with here also belong to the area of legal culture. In the legal world of continental Europe and of the West in general, the thinking is rather dualistic and bipolar: the right is set against the legal duty and the legal duty is set against the right. Behind this rather coarse vision of *a correlation between rights and legal duties* the measure of one's fellow man stands, which tells us that – at least in a certain sense – the entitlement of A is always connected to his legal obligation, whereas the legal obligation of B is always connected to his legal entitlement. The holder of a right is really entitled to act freely within legally allowed limits, yet he is simultaneously obliged not to go beyond these limits. On the other hand, someone subject to a legal duty is obliged to act in a certain manner, yet he is simultaneously also legally entitled to demand of others that they not put obstacles in his way. What has been said wholly applies to unilateral as well as to bilateral obligatory legal relationships; the difference between both kinds of relationships is a quantitative one and does not refer to the legal quality of the rights and legal duties, the quality being the same in either case.

Correlation is not characteristic only of the relationships between rights and legal duties. It applies to any *mutual dependence of conduct and behaviour between two or more legal subjects.* Correlation also exists between the holders of rights and the holders of duty entitlements (e.g. relationships between parents and children) as well as between holders of legal obligations that are connected to one another with regard to their contents. Especially administrative and other public law is embodied by *duty correlation.* Thus, in public law relationships citizens are often holders of legal obligations (e.g. of tax obligations), which are in accordance with the "entitlements" of state bodies that citizens meet their obligations. The "entitlements" of state bodies are, with regard to their contents, legal obligations that state bodies cannot discard, because this would already represent a violation of the law.

4. What is not Prohibited and Commanded, is Permitted

Behind the areas of what is permitted (Germ. erlaubt), commanded (Germ. geboten), and prohibited (Germ. verboten), the relation between the world of legally regulated behaviour and the world of legally free behaviour stands. A legal consequence can only arise on condition that one moves in the world of legally regulated behaviour (also in the area of legally permitted behaviour, which is an object of legal protection just due to its legality). If there is no such support, one is in the world of free behaviour (e.g. in the world of intimate and friendly relations between people), which lies completely outside any legal enforcement and legal consequences. Of no lesser importance is the knowledge that the dividing line between the worlds of legally regulated and legally free behaviour is differently defined for individuals and their associations on the one hand, and for the state and its bodies on the other hand. The *individual* is legally free if he is not limited by legal prohibitions, legal commands, and the rights of others (the prohibition of the abuse of rights!) and if he has not legally committed himself. It stems from the nature of modern law and of the state governed by the rule of law, however, that it is just *the other way round concerning the state* and its bodies. They are only allowed to do what falls within their legally foreseen jurisdiction, everything else is forbidden to them. Another question is how strongly this jurisdiction can be defined and how elastic the language characterizing it is. Nevertheless, the difference is evident: it is assumed for the individual that he is legally free if he is not subordinated by law in the above-explained manner or if he himself does not take on legal obligations (*Pacta sunt servanda!*), whereas with state bodies one must always find an appropriate legal criterion that entitles or obliges them to carry out a certain activity.

V. Classic Interpretative Arguments

1. Introduction

Each field of law has a number of peculiarities which have to be considered, and which also influence the interpretative approach. The general methodologies of evaluation as well as individual legal sciences have to take into account these peculiarities. The first step to take is to start with the classic interpretative arguments of *von Savigny* and to try to determine whether they have any special traits when they come into contact with the text of the constitution. The interpretative arguments themselves further such approach because they are always in a suitable "dialogue" with the object of their understanding.

Von Savigny's classic canonic arguments comprise linguistic interpretation, logical interpretation, systematic interpretation, historical interpretation, and teleological interpretation. These arguments are well-known and generally accepted in European continental law. Below I shall draw attention to some peculiarities these arguments have or can have in constitutional interpretation.

Similar arguments are used in the interpretation of the Constitution of the United States. Philip Bobbitt (1992, 184–188) analyzes six forms or modalities of constitutional interpretation. These forms are the following: historical argument, textual argument, structural argument (this argument is similar to systematic interpretation), precedent, ethical argument (which derives "rules from those moral commitments of the American ethos that are reflected in the Constitution"), and prudential arguments [(which seek "to balance the costs and benefits of a particular rule"). Cf. Summers 1991, 412-419.].

2. Linguistic Interpretation

The basic characteristic of linguistic interpretation is that the language of the constitution is the starting-point legal act and the basic legal act (see section III). In the constitution the organisation of the state is defined in a relatively precise manner, whereas legal principles and general provisions on the form of the state, on the characteristics of legal order and numerous elements of basic (human) rights are relatively uncertain. The relatively uncertain terms are surrounded, as Hart says, by a penumbra of doubt, which leaves open the question whether concrete cases still belong under general rules (Hart 1994, 123; see also 128–136). The circumstance that the constitution is the hierarchically highest state act aggravates this problem. If the constitutional court or some other organ which interprets the constitution with finality, is not prepared to exercise self-restraint, this endangers the principles of the separation of powers. The edge of doubt may hide the danger that the representative of the interpretative power changes the basis of the legal order; on the other hand, it draws attention to the importance of the moral starting point of law and to the sensitive moral role (and also responsibility) of those interpreting the constitution.

3. Logical Interpretation

Logical interpretation is not "interesting" in its aspect of demanding treatment in accordance with the rules of formal logic with regard to the formation of thoughts, inference and proof. In this sense no differences exist between the understanding of the constitution and any other legal understanding. Logical interpretation becomes exciting when it refers to persuasion and substantiation concerning the content, which cannot be checked and chained by strict rules of formal logic. Examples of persuasive argumentation are argumentum a contrario, argumentum a simili ad simile (within the legal text or due to a gap in the constitution), argumentum a fortiori, argument of the nature of things, etc.

As an example of persuasive argument, the argumentum a maiori ad minus may be taken. This argument has been used by some courts when deciding on the conformity of laws with the constitution and on the conformity of regulations with the constitution and with laws. The courts have taken the view that everything short of an immediate abrogation or a complete annulment of a regulation is allowed. In this sense also the so-called *interpretative decision* should be permitted, though mentioned neither in the constitution nor in the constitutional court act.

Interpretative decisions may be rather questionable if they are not brought into accordance with the role of the constitutional court in a certain state legal system (systematic and teleological interpretation!). If the constitutional court is to be subordinate to constitutional institutions (i.e. the guidance of a state governed by the rule of law) and restrained in its actions so that it does not intervene in the responsibility of the legislature (the principle of the separation of powers!), this means that only some interpretative decisions are allowed.

The basic *task of an interpretative decision* is to *exclude* from the legal system the meaning of the text of a statute (or some other legal text) that is unconstitutional. The interpretative decision saves the statute (this applies mutatis mutandis to the general legal acts that can be the object of a constitutional court review) and helps the legislature to keep its legal message *within the limits of constitutional possibilities*. In principle, the task of the constitutional court is to authoritatively *remove* any unconstitutional *interpretation*.

It is important, however, that the interpretation must never *take over the role of the legislature*, which can, within the limits of the constitution, decide in favour of a broader or a narrower scope of the meaning of the legal text. In principle, the constitutional court should not establish which meanings of the legal text are the only legally (constitutionally) correct ones, but should just keep watch on whether the search for the dimensions of the meaning of a statute is constitutional (i.e. within the limits of the constitution). Legal hermeneutics knows that new cases give rise to new solutions and new developments regarding the meaning of a statute. The constitutional court should only exceptionally – in the case of very unclear statutes that cannot be abrogated without causing irreparable damage – state in a positive manner which interpretation is constitutional, in all other cases it should be a *negative legislature*.

4. Systematic Interpretation

Systematic interpretation can also have a general and a special meaning. The general meaning is well known and refers to the role attributed to the external and internal legal system (see Heck 1932, 139 ff.; cf. Canaris 1983) as well as to the manner of connecting and harmonising these two systems if incompatibilities exist between them. The latter case already deals with a special meaning that is typical of individual legal fields. The case behind it refers to the fact that the constitutional interpretation must also consider the "spirit" and the sense reigning in individual legal fields.

The codes and systemic statutes should, as a rule, be based on legal tradition and on the established findings of legal science (cf. Art. 1/2 of the Swiss Civil Code). This tradition and these findings can be so intensive that they have the nature of a *"commonplace or topos"*. If such "clues" exist, it is only normal that the constitutional court takes them into account and raises them to the level of *"constitutional arguments"* if it finds that they conform to the spirit, the principles, and the criteria of the text of the constitution. To put it even more clearly: "commonplaces" do not have precedence over the constitution; since they are so well founded and persuasive, however, it is possible that the constitutional court accepts them as "constitutional criteria". A number of constitutional court decisions referring to individual constitutional rights have the nature of "constitutional criteria" or "commonplaces".

At least two more questions are important for the interpretation of the constitution. Both are connected to legal principles and their importance for the understanding of the constitution. *Legal principles* do not have more legal validity than the other parts of the constitution, but are an integral part thereof. General constitutional provisions represent the leading principles and the starting points only inasmuch as their content is realized in other chapters of the constitution, in individual statutes and other formal legal sources. Thus, the constitution is a *legal whole,* wherein individual provisions must conform to each other: everything must exist within the limits of the constitution and in the sense of the general provisions, which together with the preamble represent its interpretative starting point.

Legal principles are a very important, but also a very sensitive, element that sets the tone of the constitutional and legal system as a whole. Special attention should be paid to the fact that even very abstract principles are a part of the system as well and that it would therefore not be legal if new contents were brought into the system from the outside. We have again arrived at the hermeneutical circle and at the manner of entering it. We are within the constitutional system as long as we start out from its elements and starting-points. If this basis of interpretation does not exist, we have already gone beyond the system and find ourselves on non-legal (non-constitutional) ground. This kind of interpretation is no longer in accordance with the principle of a state governed by the rule of law.

5. Historical Interpretation

Historical interpretation is a classic interpretative argument that comprises several elements: it considers the historical conditions in which and because of which the legal text originated, it discovers the genesis and the whole development of how the legal text obtained its final linguistic expression and it compares any earlier legal text with the new text regulating the same legal matter. In all these cases the historical circumstances help to establish the meaning of the legal text.

All three groups of questions are certainly also important for the understanding of the constitution. *Historical circumstances* are especially important for the *preamble* and its interpretative power; the *preparatory materials* available are especially interesting in connection with the constitutional provisions which were the subject of different points of view at the time when the constitutional text was in the process of being adopted or where the final text is a compromise between several points of view, whereas a *comparison* of the earlier constitution with the new text is especially valuable in connection with the constitutional provisions that are different in the new constitution.

The historical interpretation opens another central dilemma, which is of key importance for the understanding of the constitution. It is the dilemma of whether priority should be given to a subjective-static or to an objective-dynamic interpretation of the constitutional text. The majority opinion is that the constitution is a legal act that should encompass the legal life in a state community *in the long term*. It would be unbearable if the legal life were encompassed by the "will" of the historical lawmaker. This "will" is certainly important, one element of the understanding of the constitution will always be the "will" of the constitution-maker, which has to be established from case to case and a position has to be taken thereon. The younger the constitution, the more the "will" of the historical constitution-maker is present. Yet this "will" is not an independent legal source and is not automatically binding, it is just an element accompanying the understanding the constitutional text.

The constitution is a *long-term* authoritative *legal act*, which is *open to objective-dynamic understanding*. The question is not whether this approach can be avoided; the question is which position is taken thereon and which sense is given thereto. The key ground of understanding is neither the fossilized past meaning of the constitution nor its "prophetic" future meaning, but the possible linguistic meaning, which is a part of the world we live in. We have again arrived at *legal ethics*, which builds upon the established value tradition, yet must necessarily supplement and elaborate it with regard to what goes on at a certain time and place and in view of the responsibility to future generations.

6. Teleological Interpretation

Another of the classic interpretative arguments is the *teleological interpretation*, which is closely connected to the objective-dynamic understanding of legal texts. A teleological interpretation determines the meaning of linguistic signs with regard to the purpose of the legal provision. From the legal point of view the path from the purpose to the final determination of the meaning of a legal rule must be determined to such an extent that the meaning of the legal rule is based on criteria contained in the legal text (in this case in the constitution and/or in statute) i.e. on criteria that can be activated by established methods of interpretation. If the legal text does not contain any support on which to base the understanding thereof, one cannot speak of interpretation: in such a case a teleological interpretation cannot replace other interpretative arguments and in itself (as the goal) create a legal rule which should serve as a means to a certain end. Such a case could at best be a legal gap that has to be recognized as such and filled in concerning its contents by the means that are available for filling legal gaps.

Teleological interpretation must not *stand alone as a "shining goal" that can be manipulated in an arbitrary manner.* It lies in the legal nature of teleological interpretation that it must also be based on other elements built into the legal system (see e. g. Müller, Christensen 2002, 175–279). The greater the number of these elements determining the interpretation with regard to its meaning and the more these elements complement one another or the less they exclude or even contradict one another, the more coherent the teleological interpretation is. The task of the interpreter is to work out these criteria, to combine and evaluate them and to substantiate a solution he accepts as the one carrying the greatest weight and the most reasonable one.

It is natural and legal that the interpreter first looks for the criteria concerning the purpose of a legal rule in the legal text itself. *Logical interpretation* will tell him whether the criterion is consistent and will help him to include, by persuasive arguments, also cases that are linguistically not directly regulated (e.g. by argumentum a contrario). *Historical interpretation* will draw his attention to the purpose attributed to the legal text (legal rule) by the lawmaker or to the purpose determined by the historical circumstances that gave rise to the legal text and in which circumstances the legal text originated. In a broader sense historical interpretation will also open the dilemma whether the interpreter is bound by "the will of the historical constitution-maker", "the will of the actual constitution-maker" or by the purpose the independent text has acquired by the time of the interpretation (objective-dynamic interpretation). In this broad range of possibilities, which may also be divergent and contradictory, *systematic interpretation* will draw attention to the meaning of legal principles, to the meaning of the legal rule with regard to its position in the system, and to the "internal logic" combining the parts into a whole and thereby determining them with regard to the purpose.

An ideal situation is when these and other interpretative arguments act in accordance with one another and thereby confirm that the legal text has a relatively clear and definite meaning. In legal practice, however, it often happens that the arguments do not seem to work together and make it possible to discover two or even more meanings of a legal text. In the event of a collision between the arguments, the *argument of purpose* (*teleological argument*) carries special weight. It is generally accepted in theory and legal practice that in such a situation, among several linguistically possible solutions, the one best corresponding to the purpose of the legal rule has to be chosen. A necessary condition is, of course, that this is not the purpose that the interpreter presupposes or even desires, but that this is a purpose that is already expressed by the legal text or which can be understood from the text and its teleological context to a relatively (i.e. sufficiently) defined extent.

VI. The Importance of Legal Principles

The limits and the orientation of constitutional possibilities are also determined by the legal principles that have already been mentioned several times. In positive-law theory and in legal practice legal principles are often not sufficiently observed. For many the main legal guideline is still the legal rule (for some, even just the "legal regulation", "legal provision", "constitutional provision", "article" of constitution, etc.) and not also the legal principle, though both legal guidelines are closely connected to each other: rules without principles would lose their direction (as well as their inner substance) and thereby *fossilize*, principles without rules would lose their variety with regard to content (as well as their foreseeability and the firmness of their meaning), which would result in *unprincipled* and *arbitrary* legal adjudication. In short, the law is a system of legal principles and legal rules and within this whole there are differences that have to be considered.

For instance, the following differences are important for the interpretation of the constitution. It is in the nature of legal principles that they are value criteria put into effect by legal rules. The constitution-maker and the legislature operationalize the constitutional principles: the former does it within the constitution itself, which is a system of constitutional principles and rules, and the latter does it by statutes which, with regard to their content, are subordinate to constitutional principles and constitutional rules. The legislature's field of decision making is very broad. As regards legal principles, it reaches from a *lower limit*, which already entails that a statutory rule is in conflict with a constitutional principle (e.g. with the principle of a state governed by the rule of law or with the principle of a social state) to an *upper limit*, which can be as high as possible (e.g. the Disability Insurance Act may encompass a very high degree of social values). Actually, the upper limit is an optimum that can never be reached (see Alexy 1986, 75–76).

Legal principles are characterized by *a high degree of abstractness*. The abstractness is so high that neither all cases to which the legal principles refer can be foreseen in advance, nor can it be said in advance to what extent individual principles should be binding for concrete life cases. In a concrete case it can happen that for the relevant factual elements several principles are applied at the same time (though with a different degree of intensity, which colours different legal principles to such an extent that they are not mutually exclusive). In a concrete case the court can decide *to exclude one or several principles* if some other principle proves to be stronger (e.g. the right to reverence, which is an element of the right to privacy, has priority over freedom of expression).

In the German constitutional-court practice the "Lebach judgement" caused lively debate. In this judgement the court gave priority to the protection of personality over freedom of expression (information). A documentary showed how four persons were killed because of the theft of some weapons. The convicted person, who aided and abetted the felony, was named several times in the film and his picture was shown as well. At the time when the documentary should have been televised he was due to be released from prison. If the film had been televised, his resocialization would have been endangered. The regular courts did not substantiate his claim that the documentary should not be televised. In the proceedings of his constitutional complaint this was done by the Constitutional Court. It *evaluated the opposing rights as principles* and was of the opinion that, in view of the circumstances of the case, such an intensive invasion of the protection of personality would take place that the freedom of expression (information) must *give way to* the protection of personality (BVerfGE 35, 202; cf. Koch, Rüßmann 1982, 98 ff. and Alexy 1986, 84 ff.).

A peculiarity of *basic (human) rights* is that each of them is based on a suitable principle it operationalizes as a legal rule (right). If two rights are in conflict, first a conflict of two principles arises (e.g. a conflict between the protection of personality and freedom of expression). It depends on the nature of the principles and on the characteristics of the life case whether the two principles can co-exist (in any proportion) or whether one of them must give way to the other. Behind a conflict of two rights another, even stronger conflict takes place, namely of two principles that make it possible to arrive at a legal decision. Here we are dealing with the doctrine that human rights and basic freedoms are only limited by (those) rights of others that are mutually limitable in view of legal principles, and not by the rights of others that are, in view of legal principles, evidently weaker than another (stronger) right.

At first glance it seems that the situation in the latter case is the same as when choosing among several legal rules in order to solve a concrete life case. The basic difference lies in the circumstance that *in choosing among several* possible *rules, more emphasis is placed on the comparison of the factual and normative constituent elements*, whereas *in choosing between two or more principles more weight is given to the valuation itself.* Also in the former case valuation, possibly even important valuation takes place, yet to an extent that is less intensive than with legal principles. *In both cases we* ***finally*** *subsume* and deduce legal consequences; in the case of legal rules the interpretation path is usually shorter and less complex, whereas with legal principles the interpretation procedure is generally more prolonged and more complex. In either case the decision is only possible when the rule/principle is chosen and when at the same time its meaning – however unpretentious it may be – is accepted.

VII. Mode of Application

It is in the nature of the legal (also constitutional) understanding of legal texts that one can *understand them differently* than the constitution-framers. The understanding of a legal (constitutional) text is always a part of corresponding broader and narrower contexts, and the interpreter himself is also a part of these contexts. The broader context corresponds to the historical and cultural tradition and to the time of activity, the narrower context is of a more legal nature and is co-determined by the constitutional and the entire state-law orders, by the dominant political ideology and values, by legal theory and legal dogmatics, by the education of lawyers, and the manner of legal thinking (both are important elements of the lawyers' pre-understanding), by the court and constitutional-court practice, and finally by the concrete case that gave rise to the interpretation.

The fact that a legal text (the constitution) can be wiser than its author and the interpreter wiser than both of them (Radbruch 1999, 107) is not bad in itself. It is simply a *property of understanding*, which is a never finished process and is thus never given in advance as a closely rounded fact. Any understanding of a legal text is, as has already been stated, caused by *concrete life cases* (the case can also be the text of a statute that has to be in conformity with the constitution). Also *Gadamer's* legal hermeneutics pays attention to the *mode of application* : "The jurist understands the meaning of the law from the present case and for the sake of this present case" (Gadamer 2004, 322). ["Der Jurist fasst den Sinn des Gesetzes von dem gegebenen Fall her und um dieses gegebenen Falles willen"(Gadamer 1990, 331).] It is characteristic that the application is no later application of a given generality, which was initially understood in itself, to a given case, but the application is only the real understanding of the generality itself, which the given text represents for us (see Gadamer 2004, 336). ["Applikation ist keine nachträgliche Anwendung von etwas gegebenem Allgemein, das zunächst in sich verstanden würde, auf einen konkreten Fall, sondern ist erst das wirkliche Verständnis des Allgemeinen selbst, das der gegebene Text für uns ist" (Gadamer 1990, 346).] Furthermore: "The judge who adapts the transmitted law to the needs of the present is undoubtedly seeking to perform a practical task. (...) The judge seeks to be in accord with the 'legal idea' in mediating it with the present" (Gadamer 2004, 324). ["Der Richter, welcher das überlieferte Gesetz den Bedürfnissen der Gegenwart anpasst, will gewiß eine praktische Ausgabe lösen. (...) Er sucht dem 'Rechtsgedanken' des Gesetzes zu entsprechen, indem er es mit der Gegenwart vermittelt"(Gadamer 1990, 333).]

If one thinks about it, the *new understanding* of the constitution is not necessarily better than the previous one, yet it can certainly be a different understanding if the case and the circumstances of the understanding have changed. It is a special feature of *legal understanding* that it must remain *within the framework of the possibilities offered by the constitutional text* itself and that it must – within these limits – look for a *solution* that is *typical* for the society as much as possible. However, the constitutional text itself cannot guarantee that these requirements will be considered (and filled with contents) at all and how this will be done; if the text is of good quality (with regard to the language and to the thinking), it can pave the way for legal theory and legal practice to be able to fulfil these requirements.

Legal theory has much room to manoeuvre. It can be very important in the educational as well as in the theoretical field. In the educational field it is important whether it contributes to making lawyers capable of independent and problem-orientated thinking. *Problem-orientated legal thinking* is responsible thinking, which each time also requires reasons (arguments). High creative possibilities can also be found in the field of legal theory (in a broader sense of the word). A good understanding of the constitution is always based, inter alia, on appropriate legal theory and on appropriate legal dogmatics.

An interpretation of the constitution without considering concrete constitutional-court cases cannot work. Mutatis mutandis, this is also true of a constitutional-court practice that is deaf to legal theory. The standard (*typus*) quality of constitutional rules is sometimes just hinted at in the constitution itself and can only completely come to life and gain its (possibly new) meaning in contact with concrete cases. Legal adjudication is convincing with regard to its content and legally safe if there can be achieved a *dialogue* and a suitable *creative tension* between a practice that can listen to the views and intentions of the theory and a theory that knows where the real law is created [cf. e. g. Maunz/Dürig's Grundgesetz Kommentar (Commentary on the German Constitution)]. A new and different understanding of the constitution is only permissible when we have sound (conclusive) arguments for diverging from the established constitutional-court practice, for changing it and/or bringing new nuances into it.

Literature

Aarnio Aulis: Reasoning Judicial Decisions, in: Rechtsnorm und Rechtswirklichkeit. Festschrift für Werner Krawietz zum 60. Geburtstag. Berlin 1993, pp. 643–654.

Alexy Robert: Theorie der Grundrechte. Frankfurt/Main 1986.

– Theorie der juristischen Argumentation. 2nd Edition. Nachwort: Antwort auf einige Kritiker (pp. 399–435). Frankfurt/Main 1991.

– Juristische Interpretation, in: Alexy Robert: Recht, Vernunft, Diskurs. Franfurt/Main 1995, pp. 71–92.

Böckenförde Ernst-Wolfgang: Die Methoden der Verfassungsinterpretation – Bestandsaufnahme und Kritik, in: NJW, 29 (1976) 46, pp. 2089–2099.

Bobbit Philip: Constitutional Interpretation, in: Kermit L. Hall (main ed.): The Oxford Companion to the Supreme Court of the United States. New York, Oxford 1992, pp. 183–190.

Bogdanor Vernon (ed.): The British Constitution in the Twentieth Century. Oxford 2005.

Canaris Claus-Wilhelm: Systemdenken und Systembegriff in der Jurisprudenz. 2nd Edition. Berlin 1983.

Dicey A. V.: Introduction to the Study of the Law of the Constitution. 8th Edition. London 1927.

Dreier Ralf: Zur Problematik und Situation der Verfassungsinterpretation (1976), in: Dreier Ralf: Recht-Moral-Ideologie. Frankfurt/Main 1981, pp. 106–145.

Dreier Ralf, Schwegmann Friedrich (eds.): Probleme der Verfassungsinterpretation. Baden-Baden 1976.

Dworkin Ronald: Law's Empire. London 1986.

– Taking Rights Seriously. London 1987.

Esser Josef: Vorverständnis und Methodenwahl in der Rechtsfindung. 2nd Edition. Frankfurt/Main 1972.

Feteris Eveline T.: Fundamentals of Legal Argumentation. Dordrecht, Boston, London 1999.

Gadamer Hans-Georg: Wahrheit und Methode. 6th Edition. Tübingen 1990.
– Truth and Method. London, New York 2004.
Hart H. L. A.: The Concept of Law. 2nd Edition. Oxford 1994.
Hassemer Winfried: Juristische Hermeneutik, in: Archiv für Rechts-und Sozialphilosophie, 72 (1986) 2, pp. 195–212.
Heck Philip: Begriffsbildung und Interessenjurisprudenz. Tübingen 1932.
Hohfeld Wesley Newcomb: Fundamental Legal Conceptions. New Haven-London 1963.
Holländer Pavel: Verfassungsrechtliche Auslegung: methodologisches Kopfzerbrechen, in: Sieckmann Jan-R. (ed.) 2005, pp. 15–31.
– Ústavneprávní argumentace (Constitutional Law Argumentation). Praha 2003.
Isensee Josef, Kirchhof Paul (eds.): Handbuch des Staatsrechts. Band II. Heidelberg 1987. Band VII. Heidelberg 1992.
Jovicic Miodrag: O ustavu (About the Constitution). Belgrade 1977.
Kant Immanuel: Kritik der praktischen Vernunft. Suhrkamp: Frankfurt/Main 1989.
Kelsen Hans: General Theory of Law and State. Cambridge, Massachusetts 1945.
Koch Hans-Joachim, Rüßmann Helmut: Juristische Begründungslehre 1982.
Larenz Karl: Methodenlehre der Rechtswissenschaft. 5th Edition. Berlin, etc. 1983. 6th Edition: 1991.
MacCormick Neil D., Summers Robert S. (eds.): Interpreting Statutes. A Comparative Study. Aldershot, etc. 1991.
Müller Friedrich, Christensen Ralph: Juristische Methodik. 8th Edition. Berlin 2002.
Pavčnik Marijan: Juristisches Verstehen und Entscheiden. Wien, New York 1993.
Peczenik Aleksander: On Law and Reason. Dordrecht, etc. 1989.
– Scientia Juris. Legal Doctrine as Knowledge of Law and as a Source of Law. Dordrecht 2005.
Pitamic Leonidas: A Treatise on the State. Baltimore 1933.
Radbruch Gustav: Rechtsphilosophie. Studienausgabe. Ralf Dreier and Stanley L. Paulson (eds.). Heidelberg 1999.
Sartor Giovanni: Legal Reasoning. Dordrecht 2005.
Savigny Friedrich Karl von: System des heutigen Römischen Rechts. I. Berlin 1940.
– Juristische Methodenlehre (Kollegnachschrift von Jacob Grimm). G. Wesensberg (ed.), Stuttgart 1951.
Shiner Roger A.: Legal Institutions and the Sources of Law. Dordrecht 2005.
Sieckmann Jan-R. (ed.): Verfassung und Argumentation. Baden-Baden 2005.
Sprenger Gerhard: Der Menschen Maß: der Andere. – Gedanken zu Humanität und Recht, in: Gröschner Rolf, Morlok Martin (ed.): Recht und Humanismus. Baden-Baden 1997, pp. 25–52.
Starck Christian: Die Verfassungsauslegung, in: Isensee, Kirchhof (eds.) 1992, pp. 189–229.
– Praxis der Verfassungsauslegung. Baden-Baden 1994.
Stelmach Jerzy; Brozek Bartosz: Metody prawnicze. Zakamycze 2004.
Summers Robert S.: Statutory Interpretation in the United States, in: MacCormick Neil D., Summers Robert S. (eds.) 1991, pp. 407–459.
Winkler Günther: Studien zum Verfassungsrecht. Wien, New York 1991.

V. Logic / Lógica

Mateusz Klinowski, Cracow

Theory of action on a tree

Abstract

This paper serves as a short introduction to a relatively new, interesting in the context of legal considerations, model of human action called the *stit* (*sees to it*) theory. The theory permits unification of genuine indeterminism with genuine human ability to bring about certain states of affairs. Also, *stit* gives an opportunity to develop von Wright's idea of how to understand *deontic logic* in terms of action without well-known paradoxes. At the same time, it preserves a quite strong connection to the real world, since a set-theoretical content of the model is formally analogous to *branching* models of the physical reality. It is also apparent, that the *stit* theory of action can bring us useful insights into some philosophical problems of action and agency. One of them is Frankfurt-style arguments against the principle of alternative possibilities. Nevertheless, a question of an application of *stit* and its theoretical validity still seems to remain open.

I

In his profound essay Georg Henrik von Wright [1968] claims that one of the big issues in *deontic logic* is to understand properly what we are talking about when we use terms like 'obligation' or 'permission'. We have to explain what the variables in *deontic* formulas stand for. Personally, von Wright thinks that *deontic logic* has something to do with actions and *the contents of* norms are, in fact, actions. If he is right, any logical theory of obligation needs a logical theory of action. In that case, in the formal model of obligation agents and their influence should be represented somehow.

It is quite obvious that an agent is exercising his abilities *in order to* change one state of affairs into another. Hence, von Wright proposes to treat actions as changes, where changes are transitions – an ordered pair of two states of affairs. Assuming that obligations can be explained in terms of transitions, von Wright builds a formal calculus for *deontic logic*. But in his theory the formal representation of changes and states of affairs are propositions. Thus, one can deal with theory's elements as merely linguistic things and with theory itself as merely logical, not metaphysical one.

Von Wright's account of action may seem at the first glance attractive, but it is still open to doubts on a number of grounds. First, the theory becomes very complicated if we are trying to bring it closer to life, for instance, when we want to grasp interactions of agents. In that case, the theory needs to be generalized and this can be done only at high cost. The results are complex formulas which can hardly be a useful tool for understanding action, obligation and human interactions. What's more, there are no means for this proposal to explain what constitutes a difference between doing and refraining, and what the latter really consists in. Thus, apparently the foregoing theory lacks some expected insights and certainly we shall see this fact as its major flaw.

Anyway, the main idea behind von Wright's approach was to build a formal calculus in the first place, not a model of action or agency deeply rooted in the physical world. As tho result, his theory doesn't demonstrate exactly how the world is shaped by actions and omissions, and what constitutes a background for both of them. And that is the reason why von Wright's theory of action may be though of as a promising attempt, but nothing more.

II

Simultaneously to von Wright's studies, Arthur Prior was working on the logic of tense. In his illuminating book *Past, Present, and Future* [1967] he deals, among other things, with the problem of logical fatalism. Fatalism is the position that the future course of events is prearranged and cannot be altered. Logical fatalism is an argument which supports this unpleasant – as far as *free will* is under consideration – view. It emphasizes that even propositions about distant future should be considered as simply true or false.

Prior remarks that in order to discard logical fatalism one should give up linear time. In exchange, he introduces into tense logic a nonlinear, treelike structure called *branching time*. Thanks to the presence of nonlinear time, to assign truth-values to atomic formulas at least two parameters are needed – one for time and the other one for history. Only time and history together are 'truth-makers' in *branching*. And that's why logical fatalism can be refuted. If we have many different possible future histories, what will happen next depends on which history becomes actual. In that case, an atomic formula can't be simply true (or false) at any moment, because some information about its logical value is missing. As the consequence, fatalism itself is apparently losing ground. It is not necessary that the content of future is in any strong sense determined or settled. At least from the logical point of view.

Also, it is worth mentioning that since the very beginning *branching time* was supposed to be not only just semantics but to reflect the true *nature* of our world. In fact, every point of the treelike structure *may* represent a physically possible event and every branch of the tree one of many possible histories, while an existence of many branches justifies a belief that the reality is in fact indeterministic.

III

Since *branching time* has appeared to be a successful story, no wonder that it catches the eye of the beholders. Probably Richmond Thomason [1984] was the first who realized that a treelike order could be useful in *modal*, and in consequence, also in *deontic logic*.

In an ordinary modal logic the concept of *logical necessity* (and *possibility*) is explicated in terms of possible worlds. However, in practical contexts we often use a slightly different notion of necessity, closer related to time. It's called *historical necessity*. And a proposition is in this sense necessary, if it is true in all possible realizations of the future. Usually these realizations are identified with possible worlds, so the logic of *historical necessity* could be thought of as a generalization of possible world semantics. This approach is called *times and worlds*. However, since possible histories can play a similar role to possible worlds, *historical necessity* may be modeled with *branching time* semantics, too. The latter option even seems more plausible, first of all because it enables us to create much more simple definitions of modal operators than *times and worlds* semantics. And fewer controversial assumptions about ontology are involved, because what seem to be needed are histories not whole worlds.

There is a well-known formal analogy between the concepts of possibility and necessity on the one hand, and the concepts of permissions and obligation on the other. Tempted with this analogy, some authors decided to explain obligations in terms of possible worlds. Thus, a state of affairs is obligatory if it occurs in every world which is classified as ideal. Where 'ideal world' means the world in which things turn out to be as they *ought to*. Jaakko Hintikka and Saul Kripke are probably the most influential proponents of this account.

But as we already realized, modal notions can be defined against a background treelike structure as well. Therefore, the aforesaid formal analogy also supports *deontic logic* with *branching-time* semantics. And it turns out that a state of affairs is obligatory if it occurs in every 'ideal' history, i.e. if it is necessary for a desirable 'ideal' history to obtain.

Wherever we have two alternative approaches, the question of relevance arises. And again considering the criterion of economy and simplicity the latter approach seems more promising. However, there is at least one more argument for the *branching* account of *deontic logic*. This is the problem of contrary-to-duty obligations (also known as the problem of *ought kinematics*). It consists in the fact that obligations often change with time. If someone ought to do something at 8 a.m., it is not necessary that he is still obliged to do it at 8 p.m.

Originally, the problem was introduced by Roderick Chisholm [1963]. The issue was what a person ought to do if he has violated his duties. Chisholm proved that such an important question could not even be formalized in the available system of *deontic logic*. So, the need for improvement becomes apparent and a matter of urgency. Over the years different attempts to reformulate the standard logic have been undertaken, but with little success and clarity. These days, it seems obvious that to deal with this problem, we have to include a representation of time in our system of logic in the first place. And at the intuitive level such representation certainly will look like a set of histories rather than like a set of worlds. And that is why *branching time* semantics should be preferred over *possible worlds*.

IV

Von Wright illustrated his theory of action and obligation using a shape of a tree. Also an alternative and probably less paradoxical system of *deontic logic* is founded upon a treelike structure, which is supposed to be a model of the reality, not only (of) semantics. Under those circumstances, it is a very interesting question, if it is somehow possible to combine both approaches mentioned above. In other words, if it is possible to build, exactly as von Wright intended, a theory of action against a background of *branching time*, and the theory at the same time will give us a valuable account of obligations. Maybe it in't make a great surprise, but an answer is 'yes'.

The *branching* theory of action was presented by various authors in the late eighties. The preliminary idea is to treat all propositions about agent's actions as a construction of the form "– (an agent) sees to it that A (a state of affairs)". What constitutes the heart of the theory is an introduction of a new modal operator – [– stit: A] (*stit* is of course the abbreviation of "sees to it") against a background treelike *branching time* structure. I will not survey all the technical details here, but the meaning of the operator is quite obvious. An agent is acting in the particular moment, if he is constraining the future course of events. Since the treelike structure is by definition a model of the indeterministic universe, such a limitation of the future consists in sawing off some of branches-histories, leaving other untouched. Thus, agency is not a way to determine the future course of event, but just to influence it to some extent.

Without any doubts the *stit theory* of action is promising and illuminative. Its formal apparatus is quite simple and has at the first glance a strong connection to the reality. Moreover, the theory holds its simplicity when generalized to deal with many agents. Thus, we can think of it as a successful story about human interactions. Another important advantage of the foregoing account of action is that the *stit theory* is explicit about relations between doing and refraining. To define the concept of refraining nothing but the nested *stit* operator is needed. As a result, we get the following formula: [– stit: ¬[– stit: A]] which represents an act of refraining. Hence, the *stit theory* of action supports the view that refraining is acting in order to avoid some other action. And a person who refrains from a certain action in fact guarantees that he doesn't exercise that very action.

The standard *deontic* operator 'ought to' is definable in *branching time* semantics in terms of possible histories. So is the agency operator 'sees to it'. Hence, it is plausible to define the von Wright-style concept of obligation by putting agency operator in the scope of impersonal *deontic* operator. This procedure satisfies not only von Wright's intuition that the content of norms is action, but also the idea that what it ought to be is what an agent ought to do.

The current theory of obligation leads to interesting conclusions and applications, which I will not discuss here in details. The theory can be further developed in many ways, too. Especially, John Horty [2001] presented a lot of inspiring modifications to the *deontic stit*. For example, he introduced valuation of histories to the model and a kind of preference ordering over agent's actions. Thanks to these, the theory fits better the utilitarian perspective and can be considered as something more than a model for merely ideal, abstract situations, which hardly occur in the real life.

V

As mentioned earlier, the *stit theory* is an interesting and fruitful attempt to develop von Wright's idea of how to understand *deontic logic* in terms of action and without well-known paradoxes. However, it is still an important question what kind of insights the foregoing theory of action brings as its results. Since philosophy of action serves as a ground for heated debates, any model that could shed some light on the notion of action is valuable. Here, I'd like to present two interesting observations which can be drawn from the *stit theory*, and haven't so far attracted much attention.

(i) Many authors believe that having genuine alternatives of conduct is a necessary condition for an agent to be free and responsible. This common belief is often termed: 'the principle of alternative possibilities' (PAP). But 'many' doesn't mean 'all'. Harry Frankfurt [1969] was the first to show how to attack PAP. After his attempt many similar arguments showed up. The essential point of all of them is to construct a story in which an agent seems morally responsible for his doings despite the fact that he was unable to act otherwise. The Frankfurt-style scenario usually goes like this.

One agent, named Jones was obliged to do A (for example: to visit his uncle in a hospital). Yet, actually he did something else instead, name it B (for example: went to sleep). So he apparently broke his obligation and deserved some kind of punishment. But there is another agent in the story, named Black, who arranged events around Jones' acts in some unpleasant manner. Thanks to Black, it turns out that even if Jones had decided to fulfill his obligation, he would have been unable to do it, because of Black's interventions here and there. Hence, Jones is responsible but actually without having genuine alternatives of action. And PAP seems to be irrelevant as a condition of responsibility.

Frankfurt's counterexample to PAP and its more sophisticated subsequent versions was widely criticized by Widerker [2000] and the critique seems to be sound. The point is that all Frankfurt-style arguments presuppose somehow the determination of Jones' actions, so they preclude his responsibility. Unfortunately, Widerker's investigation is full of complicated matters involving neurophysiology and psychology, matters which we can hardly be sure of. Thus, the blade of his critique may look not as sharp as it should.

And this is the moment when the *stit theory* shows its virtues. Since the theory can be generalized to illustrate interactions of agents, it can serve as a convenient formal model of the Frankfurt-style situations. I have no time to survey all the technical details here, but the *stit* model demonstrates clearly that either Jones does act with alternative ways of a conduct genuinely open to him or Jones is somehow forced by Black to do as Black wishes. So the Frankfurt-style arguments cannot reveal the falsity of PAP. And instead of Widerker's original proposal, to see this none of embarrassing considerations about psychology or a nervous system are required. We need only histories, individuals and the *stit theory* of action.

(ii) The agent-causation theory holds that an action is an agent's bringing about an event. However, this theory often has been thought of as a good example of an incompatibilist theory, i.e. a theory not compatible with determinism. Ned Markosian challenges this view in his interesting article [1999]. He argues that despite the common opinion the most plausible version of the agent-causation theory is compatibilist one. In that case, if freedom of action needs agent-causation, the former is at least possible in the strictly deterministic universe.

Apparently the *stit theory* supports the agent-causation approach to the philosophy of action. There is a formal representation of agents, events and the relation between the two in the *stit* model. The theory is also explicit about an agent's bringing about an event. But it is also obvious that this theory of action is strictly indeterministic, since it is defined against a background tree-like structure. In my opinion, it means that Markosian's suggestion can be easily undermined, because there is another plausible agent-causation theory at stake. And this time fully indeterministic one. So far, the common intuition about impossibility of freedom in a deterministic universe seems to be safe.

VI

Although the analysis of action and obligation presented above certainly is worth further explorations, it becomes apparent for me that not all is a bed of roses with it. As far I as know, at least two major difficulties are still not overcome.

(i) The *deontic stit* operator is defined in terms of special, singled out histories. These histories are ideals: the best options open to an agent. But the *branching time* model is supposed to be strictly indeterministic. And that is a source of the controversy – how can we generally ascribe values to particular histories in the indeterministic setting? How can any utility function be defined there? This question seems crucial to determine the relevance of the *stit* model of obligation in the practical context. But in fact, if indeterminism is true, no one has the *ability* to specify utilities of histories. Although the *stit theory* suggests that there is a criterion, in practice it turns out to be otherwise. Hence, *deontic logic* even supported with the *stit* operator remains a bit artificial.

(ii) One of the main advantages of the *stit theory* is its strong connection with the real world. It is quite commonly supposed that the *branching time* frame does reflect the way our world is and physics seems to be an additional support for this belief.

Especially, when Nuel Belnap [1992] demonstrated how *branching time* could be generalized to encompass space-time phenomenon and quantum EPR-like correlations.

Unfortunately, despite this result and the common opinion there is still a huge gap between the reality and the *stit theory*. It becomes apparent, if only we notice the distinction between a model of the world and a model of a language which is used to describe the world, that *branching* in the *stit theory* is a different thing than *branching* as an illustration of the quantum reality. For instance, if we are describing quantum experiments like a decay of an atom, we use a very specific notion of possibility – physical possibility. But in order to construct *branching* semantics with this notion, we need to interpret the underlyng set-theoretical model in the way any physicist will hardly accept as the picture of the reality. Hence, to talk about quantum experiments we need more than only their *branching* model. In that case, the reality and the language still do not necessarily coincide, even though *branching time* (but with different interpretation!) constitutes a model for both.

In my opinion, these difficulties do prove that the possibility of the application of the *stit theory* in practice is doubtful. Of course, the theory deserves the amount of attention it actually gains, since it helps, as we saw earlier, to solve many important theoretical problems. Nonetheless, still it hardly seems that any formal theory of action and norms will ever have the significance for the most interesting ethical issues. Thus, was this significance only an illusion?

Bibliography

Belnap 1992: N. Belnap, *Branching space-time*, "Synthese", 92, pp. 385–434.

Belnap 2001: N. Belnap, M. Perloft , M. Xu, *Facing the Future*, Oxford University Press, Oxford 2001.

Chisholm 1963: R.M. Chisholm, *Contrary-to-Duty imperatives and deontic logic*, "Analysis", 24, pp. 33–36.

Frankfurt 1969: H. Frankfurt, *Alternative possibilities and moral responsibility*, "Journal of Philosophy", 66, pp. 829–839.

Horty 2001: J. Horty, *Agency and Deontic Logic*, Oxford University Press, Oxford 2001

Markosian 1999: N. Markosian, *A compatibilist version of the theory of agent causation*, "Pacific Philosophical Quarterly", 80, pp. 257–277.

Placek 2000: T. Placek, *Is Nature Deterministic?*, Jagiellonian University Press, Kraków 2000

Prior 1967: A. Prior, *Past, Present, and Future*, Clarendon Press, Oxford 1967

Thomason 1984: R. Thomason, *Combinations of tense and modality*, w: D. Gabbay, F. Guenthner (red.), *Handbook of Philosophical Logic*, (vol. II) 1984, ss. 135–165.

Wright 1968: G.H. von Wright, *An Essay in Deontic Logic and the General Theory of Action*, North-Holland Publishing Company, Helsinki 1968.

Widerker 2000: D. Widerker, *Frankfurt's attack on the principle of alternative possibilities: a further look*, "Philosophical Perspectives", 14, pp. 181–201.

José Pedro Úbeda Rives, Valencia

Problemas que el derecho plantea a la Lógica

Resumen

En esta comunicación se plantean algunos problemas lógicos que surgen al intentar formalizar y representar el conocimiento jurídico con el objetivo de construir un sistema experto en Derecho. En especial se consideran los problemas que plantea la utilización en los textos jurídicos de conceptos intencionales y de referencias o citas a otros textos jurídicos.

1. Presupuestos

En esta comunicación se plantean algunos problemas lógicos que surgen al intentar construir un sistema experto en Derecho. Como punto de partida en el intento de formalizar y representar el conocimiento jurídico se presupone, sin de momento ponerlo en tela de juicio, lo siguiente:

1) La fuente principal para adquirir el conocimiento jurídico son los textos legales. A primera vista, parece que se limita el trabajo, sin embargo para formalizar y representar el conocimiento jurídico se necesita acudir a la Jurisprudencia (que permite clarificar el significado de los textos legales y su aplicación real), así como a la dogmática jurídica, que tiene esencialmente "tres funciones: 1) suministrar criterios para la producción del Derecho en las diversas instancias en que ello tiene lugar; 2) suministrar criterios para la aplicación del Derecho; 3) ordenar y sistematizar un sector del ordenamiento jurídico" (Atienza 1997, pp. 20–21).

2) Un texto legal es un conjunto de enunciados que puede usarse como la *base* sobre la que se apoyan argumentaciones para la resolución de problemas prácticos. Este hecho permite considerar que un texto legal da origen a un *sistema deductivo*[1] es decir, un conjunto de enunciados que incluye los enunciados del texto y todas sus consecuencias. Esto permite aplicar la técnica de las *bases de conocimiento* en las que se diferencia la base de datos y el motor inferencial. La consideración de que los sistemas jurídicos son sistemas deductivos ha sido defendida por C. Alchourrón y E. Bulygin 1974 y 1991.

2. Problemas

En los siguientes apartados describimos algunos de los problemas que se plantean al intentar representar el conocimiento. En 2.1 el problema de caracterizar y representar las argumentaciones jurídicas; en 2.2 el problema de formalizar las referencias o citas

1 Dado un conjunto **E** no vacío, cuyos elementos se denominan *enunciados* y un operador **C** de *consecuencia* que aplicado a subconjuntos de **E** da subconjuntos de **E**, se definen los *sistemas deductivos* como aquellos subconjuntos de **E** cerrados respecto al operador **C**. El operador **C** cumple, para todo subconjunto **X** e **Y** de los enunciados, las propiedades: (1) **XÕC(X)=C(C(X))** y (2) **XÕYÆC(X)ÕC(Y)**. (Tarski 1956, en especial los artículos: 'On some fundamental concepts of metamathematics', pp. 30-37, 'Fundamental concepts of the methodology of the deductive sciences', pp. 60–109 y 'Foundations of the calculus of systems', pp. 342–383). También Brown & R. Suszko 1973.

que ocurren en los textos jurídicos; en 2.3 el problema que presenta el uso de conceptos intencionales y en 2.5 el problema que plantea el hecho de que los sistemas jurídicos cambian con el tiempo. Además en 2.4 se esboza una posible solución para el problema de las citas y del uso de conceptos intencionales.

2.1. Sobre argumentaciones

En el contexto de la creación de un sistema experto basado sobre bases de conocimiento se plantean dos tareas estrechamente conectadas: (1) establecer la base de datos, es decir, un conjunto de enunciados que constituyen la base del sistema deductivo y (2) establecer el mecanismo deductivo que se aplica para extraer las consecuencias de la base de datos[2]. La segunda tarea exige caracterizar formalmente las argumentaciones que los agentes, que aplican o estudian el derecho, realizan sobre la base de los textos. Estas argumentaciones pueden realizarse como monólogos (lo que hace un juez cuando justifica una sentencia o lo que usualmente se hace en dogmática jurídica), diálogos (se presentan en la realización de contratos entre dos partes) o entre varios agentes (en los juicios cuando se distingue entre la acusación, abogados defensores y jueces). La tarea de encontrar las reglas de juego que se siguen es materia de las Teorías de la Argumentación[3]. Aquí nos interesa más el problema de establecer qué Lógica explica mejor la argumentación de un agente. Bajo el punto de vista de la construcción de un sistema experto, interesa establecer la lógica más eficiente (o una de las más eficientes, si hay varias) y, por ello menos expresiva, que permita reconstruir las argumentaciones. Por ejemplo, si es suficiente la Lógica de Enunciados, no hay que recurrir a la Lógica de Predicados. No interesa saber cómo argumenta realmente un agente, sino establecer una lógica que explique las argumentaciones del agente, aunque para ello deban "reconstruirse" los razonamientos[4]. Para resolver este problema puede acudirse a los estudios que en teoría del Derecho se han realizado sobre el análisis lógico de los razonamientos jurídicos[5]. De ese estudio puede concluirse que se usan los siguientes tipos de razonamientos: (1) lógicos, tanto de Lógica clásica como deóntica o de imperativos, (2) retóricos[6] como los argumentos *ab auctoritate*, *a generali sensu*, *ratione legis estricta* y (3) de apariencia lógica como los razonamientos por *analogía*, *a fortiori a maiore ad minus* y *a minori ad maius*[7] . Además, el problema se complica por la existencia de conflictos entre normas y la necesidad de dar una solución aun en el caso de que parezca que hay inconsistencia, incompletud o incertidumbre. Jurídicamente para solucionar estos

2 Además, la construcción de un sistema experto exige construir un mecanismo para el mantenimiento y actualización de la base de datos, otro para la comunicación con los usuarios, otro para proporcionar explicaciones o justificaciones de lo que hace, etc.

3 Véase, por ejemplo, Walton 2002; Atienza 1997. Lodder, 1999.

4 Para esa reconstrucción pueden usarse las técnicas de la abducción. Puede encontrarse una definición formal de la abducción en Gabbay 1996.

5 El trabajo pionero usando la lógica formal moderna es Klug 1990, que no tiene en cuenta la lógica deóntica. La lógica deóntica se tiene en cuenta a partir de su creación por G. H. von Wright 1951. Otros aspectos del razonamiento jurídico, como los basados en presunciones, prescripciones, ficciones etc. son destacados por G. Kalinowski 1973. Aunque de un carácter más elemental no hay que olvidar las propuestas para formalizar los textos legales de L. E. Allen 1982 y 1979.

6 Algunas veces lo más importante de un argumento no es que sea válido o que su estructura conserve la verdad, sino que sea *convincente* o que la audiencia acepte el enunciado que intentaba justificar el argumento.

7 Véase para un estudio de estos tipos de argumentaciones, por ejemplo, Atienza 1986. Alchourrón & Bulygin 1991. Atienza 1992.

conflictos se recurre a las jerarquías entre los distintos tipos de normas legales[8], a los principios[9] y a las distintas cargas de la prueba[10]. Para el análisis de los razonamientos usados en el campo jurídico se han utilizado, además de la lógica clásica, otras lógicas como las deónticas y las no monótonas (como por ejemplo, la lógica por defecto, las lógicas de la circunscripción, las lógicas derrotables, etc.), algunas de las cuales han nacido esencialmente con el fin de formalizar razonamientos usados en el campo del derecho y de la moral (como por ejemplo, las llamadas lógicas *basadas en razones*[11]). Igualmente, desde la Inteligencia Artificial se han hecho aproximaciones al razonamiento jurídico[12].

El problema de encontrar las lógicas 'mejores' para un determinado fin exige determinar qué se entiende por "mejor". Algunos estudios lógicos que tratarían con algunas caracterizaciones de "mejor" son aquellos que analizan las relaciones: 'ser más fuerte que', 'ser más expresiva que', 'ser más eficiente que', etc.

2.2. Citaciones

Al intentar construir la base de datos se plantean varios tipos de problemas. Los problemas que se plantean para establecer el significado de los textos, es decir, el problema de interpretar los textos, que además de las dificultades propias de la interpretación de las expresiones del lenguaje natural, debe tener en cuenta ciertas *reglas de interpretación* algunas veces explícita y otras implícitamente establecidas en el Derecho. Este problema se agrava por el hecho de que muchos textos son ambiguos y, así, debe representarse dicha ambigüedad (un texto en lenguaje jurídico o natural no se representa por un único enunciado, sino, por ejemplo, por una lista de enunciados) y su lógica.

Otro tipo de problemas, que nos interesa especialmente, tiene que ver con la *formalización* de los textos y en concreto con la utilización de las referencias o citas. Los textos legales hacen referencia, usualmente, a otros textos legales y a sí mismos por medio de referencias 'indirectas' como, por ejemplo, citando artículos, conjuntos de artículos[13] o textos legales completos[14]. Un ejemplo del uso abusivo de las citas es el

8 Jerarquías basadas en los distintos tipos de textos legales o de las autoridades que las promulgan: Leyes orgánicas, leyes, decreto-ley, etc. (principio de *lex superior*). También tenemos jerarquía por la aplicación de los principios llamados *lex posterior* y *lex specialis*.

9 Los razonamientos usando principios se basan en *ponderaciones*. Véanse Alexy 1997 y Bernal Pulido 2003.

10 La situación puede complicarse ya que, en ocasiones, ha de establecerse la *validez* de ciertas normas sobre la base de normas que confieren poderes normativos (normas que podrían considerarse de segundo orden y cuyo objeto son 'normas'). Véanse, para el análisis de este tipo de normas, Atienza & Ruiz 1996 y 2003.

11 Véanse los siguientes trabajos de J. Hage 1996, 1997 y 200* y de J. Hage & H. B. Verheij 1999.

12 Actualmente se usa la denominación *AI & Law*, para denotar todos estos estudios. Véanse Susskind 1987, Bankowski & otros 1995, Freeman & Farley 1996 y Prakken 1997.

13 Así, el artículo I-9 del "Tratado por el que se establece una Constitución para Europa" dice:
"**Artículo I-9. Derechos fundamentales**.
1. La Unión reconoce los derechos, las libertades y principios enunciados en la Carta de los Derechos Fundamentales que constituye la Parte II.
2. La Unión se adherirá al Convenio Europeo para la Protección de los Derechos Humanos y de las Libertades Fundamentales. Esta adhesión no modificará las competencias de la Unión que se definen en la Constitución.
3. Los derechos fundamentales que garantiza el Convenio Europeo para la Protección de los Derechos Humanos y de las Libertades Fundamentales y los que son frutos de las tradiciones constitucionales comunes a los Estados miembros forman parte del Derecho de la Unión como principios generales."

artículo III-128 del "Tratado por el que se establece una Constitución para Europa", que dice:

"Las lenguas en las que todo ciudadano de la Unión tendrá derecho a dirigirse a las instituciones u órganos en virtud *de la letra d) del apartado 2 del artículo I-10* y a recibir una contestación son las que se enumeran *en el apartado 1 del artículo IV-448*. Las instituciones y órganos contemplados *en la letra d) del apartado 2 del artículo I-10* son los que se enumeran *en el segundo párrafo del apartado 1 del artículo I-19* y *en los artículos I-30, I-31 y I-32*, así como el Defensor del Pueblo Europeo"[15].

Por supuesto, los textos citados pueden a su vez citar a otros. ¿Cómo puede hacerse una formalización y representación adecuada de dichas referencias o citas? El procedimiento de incluir en la formalización de un texto **T** la formalización de los textos citados es en muchos casos factible, pero tiene los siguientes inconvenientes: (1) si un texto es citado, hay que incluir su formalización tantas veces como es citado; y (2) si se modifica el artículo o la ley citados, hay que modificar la formalización del texto **T** así como la de los artículos o leyes modificados. Este problema se agrava en los casos en que se modifique frecuentemente la ley. Además, algunas veces no son simplemente citados sino que hay que extraer algo del texto citado o son 'referidos' como en los casos en que se establezca la 'nulidad' de o se 'derogue' un artículo o se 'limite' su aplicación, etc., por lo que es imposible utilizar sólo este procedimiento. Así, hay que considerar otras posibilidades, entre las que destaca la de utilizar un lenguaje formal que incluya algún mecanismo para hacer referencias y dar nombres a los textos (en cuyo caso hay que tener en cuenta los problemas de la autorreferencia y sus paradojas). En 2.4 se analiza más este mecanismo.

2.3. Conceptos intencionales

Otro problema que surge en la formalización de los textos jurídicos es que en muchos de ellos aparecen conceptos que tienen relación con hechos internos o psicológicos, tales como "dolo", "imprudencia"[16], "a sabiendas"[17], "con el propósito de"[18], "intencionadamente"[19], "tolerar"[20], "encubrir"[21], etc., que implican en muchos casos que

14 En el artículo IV-442 del "Tratado por el que se establece una Constitución para Europa" dice: "Los Protocolos y Anexos del presente Tratado forman parte integrante del mismo."

15 Las cursivas son mias.

16 El artículo 5 del Código Penal dice: "No hay pena sin dolo o imprudencia."

17 Por ejemplo, el artículo 404 del Código Penal dice: "A la autoridad o funcionario que, a sabiendas de su injusticia, dictare una resolución arbitraria en un asunto administrativo se le castigará con la pena de inhabilitación especial para empleo o cargo público por tiempo de siete a diez años"

18 El Artículo 407 punto 1 dice: "A la autoridad o funcionario publico que abandonare su destino con el propósito de no impedir o no perseguir cualquiera de los delitos comprendidos en los Títulos XXI, XXII, XXIII y XXIV se le castigará con la pena de prisión de uno a cuatro años e inhabilitación absoluta para empleo o cargo público por tiempo de seis a diez años. Si hubiera realizado el abandono para no impedir o no perseguir cualquier otro delito, se le impondrá la pena de inhabilitación especial para empleo o cargo público por tiempo de uno a tres años"

19 El artículo 408 del Código Penal:
"La autoridad o funcionario que, faltando a la obligación de su cargo, dejare intencionadamente de promover la persecución de los delitos de que tenga noticia o de sus responsables, incurrirá en la pena de inhabilitación especial para empleo o cargo público por tiempo de seis meses a dos años"

20 En el Real Decreto 33/1986, de 10 de enero, por el que se aprueba el reglamento de régimen disciplinario de los funcionarios de la administración del estado, en su artículo 7, apartado 1. d dice que es falta grave "la tolerancia de los superiores respecto de la comisión de faltas muy graves de sus subordinados."

21 En el Decreto 33/1986 citado en la nota anterior: "Articulo 13. Igualmente incurrirán en responsabilidad los funcionarios que encubrieren las faltas consumadas muy graves y graves cuando de

(a) la persona que actúa tiene unas creencias sobre un sistema jurídico[22] y/o sobre los actos, creencias e intenciones de otra persona y (b) la persona que actúa tiene unas intenciones. Así, para representar estos conceptos, se ha de poder hablar de intenciones y de creencias que hacen referencia a sistemas jurídicos, a creencias, a intenciones, etc. de una persona; es decir, se ha de poder representar y citar sistemas jurídicos, creencias, deseos e intenciones.

Los estudios lógicos del concepto de conocimiento, creencia, deseo e intención presuponen al menos en los estadios iniciales de su estudio que el conjunto de los conocimientos (creencias, deseos o intenciones) de una persona pueden representarse por medio de sistemas deductivos. Así, idealmente, las Lógicas epistémicas (doxásticas, etc.) son lógicas modales 'normales', lo que implica que el agente o actor que siguiera estas lógicas sería 'omnisciente', es decir, conocería o creería todas las tautologías. Para dar cuenta de las limitaciones cognitivas de los agentes se han desarrollado otras lógicas denominadas lógicas epistémicas con recursos limitados. En el estudio de los sistemas multiagentes se ha establecido el modelo **BDI** que es una lógica multimodal con operadores de creencia, de deseo y de intención para cada uno de los agentes.

2.4. Un modelo de solución para las citas y conceptos intensionales

Los problemas descritos en 2.2 y 2.3 exigen que, en la representación y formalización, se pueda (a) hacer referencia y dar nombre a sistemas jurídicos y a partes de él, a creencias, deseos e intenciones[23], (b) establecer procedimientos en los que se establecen las reglas de deducción que sigue un agente (no es necesario que sean idénticas para cada agente o sistema representado) y que permitan razonar o sacar consecuencias apoyándose o sobre la base de los sistemas jurídicos, las creencias propias y/o las creencias de otro, de modo que, por ejemplo, una persona A pueda establecer si P es una consecuencia del sistema jurídico J o no[24], (c) establecer procedimientos pertenecientes a la metateoría y que hacen referencia a predicados aplicables a sistemas, que permitan razonar sobre ciertas propiedades de los sistemas jurídicos, creencias, deseos, intenciones, etc., por ejemplo, que tal sistema es inconsistente, tiene lagunas, está incluido en otro, que la unión de las consecuencias de dos sistemas es inconsistente, etc. y (d) integrar distintos sistemas deductivos cada uno con su propia relación de consecuencia y su propia forma de nombrar. El lenguaje en el que se hace la formalización debe así contener (1) términos cerrados para ser interpretados como expresiones o conjuntos de expresiones del lenguaje (por ejemplo, con el mecanismo del entrecomillado el término cerrado que se refiere a una expresión es dicha expresión encerrada entre comillas; en el caso de la codificación de Gödel el término cerrado sería el código o número de Gödel de dicha expresión), (2) un predicado con tres argumentos N tal que $N(t_1,t_2,t_3)$ se pueda interpretar como "el término t_1 es el nombre de la expresión denotada por t_2 en el sistema denotado por t_3" y (3) un predicado con tres argumentos D tal que $D(t_1,t_2,t_3)$ se pueda interpretar como

dicho acto se deriven graves daños para la Administración o los ciudadanos y serán sancionados de acuerdo con los criterios previstos en el artículo anterior."

22 Esto puede deducirse de las expresiones: 'a sabiendas de su ilegalidad' (Artículo 405, Código Penal), 'a sabiendas de su injusticia' (Artículo 404, Código Penal).

23 Deben también incluirse funciones y predicados de tipo sintáctico que permitan trabajar con partes del texto.

24 Al menos debe poder establecer que es consecuencia del sistema jurídico, si realmente lo es y no exige una cadena deductiva muy larga.

"la expresión denotada por t_1 es una consecuencia del conjunto de expresiones denotado por t_2 en el sistema denotado por t_3". Por supuesto, si todos los sistemas tienen la misma relación de consecuencia y/o la misma forma de nombrar, entonces el predicado *D* y/o *N* puede ser binario, eliminando su último argumento.

Así, un texto legal tiene que representarse junto a otros textos entre los que deben estar todos los citados por él y a los que se les da un nombre. Es decir, debe representarse como un sistema dentro de un conjunto de sistemas y, como los textos están relacionados, deben representarse también dichas relaciones. Es decir, lo que se representa es un sistema de sistemas. Una modelización actual en Inteligencia Artificial de estos sistemas de sistemas son los denominados Sistemas Multiagentes, donde a su vez un agente puede considerarse como un sistema de sistemas (por ejemplo, en el tratamiento por lógicas **BDI**). Entre las relaciones que pueden encontrarse entre diferentes textos legales destacan las que surgen de las referencias entre ellos, las derivadas de la jerarquía entre los distintos tipos de textos jurídicos, etc. Por supuesto, para que la representación sea adecuada debe permitir representar las argumentaciones que se basen en los textos formalizados o representados.

Las situaciones en las que hay un conjunto de sistemas jurídicos y/o de agentes o actores que pueden razonar pueden catalogarse como ejemplos de la situación o modelo abstracto siguiente:

S es un par ordenado <*S*, *R*> donde *S* es un conjunto de sistemas y *R* es un conjunto de relaciones cuyo dominio y rango está incluido en *S* y tal que

1) cada sistema de *S* es una *base de conocimiento*; es decir, consta de unos "datos" (enunciados) y un "mecanismo de deducción". Dicho de otro modo, es un sistema deductivo que puede representarse por una base y una relación u operador de consecuencia[25];
2) cada sistema puede referir o citar a un sistema (no necesariamente distinto) de *S* como un todo o a una parte de él y dar nombre a enunciados y conjuntos de enunciados. Es decir, tiene la capacidad de referirse a objetos sintácticos (enunciados, conjuntos de enunciados, sistemas, etc.) y nombrarlos,
3) cada sistema de *S* puede tener (o en él pueden definirse) predicados que 'expresen' relaciones de consecuencia,
4) cada sistema de *S* puede tener predicados[26] para 'expresar' conceptos metalógicos tales como 'consistencia', 'subsistema', etc. junto con sus propiedades y
5) los sistemas de *S* están en las relaciones de *R*[27].

Algunos de los problemas que surgen en la representación, modelización y formalización de este modelo general son estudiadas en *meta-lógica* y en *programación lógica* en el área denominada *meta-programación*[28]. Existen implementaciones de este modelo o de algunas de sus partes[29].

25 Un lenguaje de programación muy sencillo para representar bases de conocimiento es PROLOG, ya que en él la base de conocimiento consiste en 'hechos atómicos' y reglas de la forma `f de *x*, si y de *x*'. En este caso, el operador de consecuencia consiste del conjunto de las reglas establecidas en la base y del `mecanismo deductivo' propio de PROLOG que consiste en la aplicación de un procedimiento algorítmico en el que se usa una especie de *modus ponens* y de una regla de la forma `not(a), si a no se deduce de la base'.

26 O pueden definirse en él a partir de otros predicados.

27 Estas relaciones pueden modelizar las comunicaciones entre los sistemas.

28 Un lenguaje en el que se puede programar fácilmente algunas de las características del modelo general es, entre otros, el lenguaje Gödel. Véase Hill & Lloyd 1994. Para otras cuestiones más puntuales pueden verse los siguientes libros que reúnen artículos de distintos autores: Abramson & Rogers 1993. Sobre este tema tratan especialmente las *International Conference on Logic Programming* y *International Workshop on Meta-Programming*.

29 Véanse, por ejemplo, los artículos Kowalski & Sadri 1997 y 1998 y Úbeda & otros.

Una orientación diferente y que puede resolver los problemas anteriores así como los problemas presentados en el apartado 2.5 es la ofrecida por *Los sistemas deductivos etiquetados*[30], en los cuales es muy sencillo nombrar enunciados, aunque no parece tan sencillo nombrar teorías o establecer las relaciones de consecuencia[31].

2.5. Dinámica de los sistemas jurídicos

Los textos legales definen un sistema, pero no permanecen inalterados en el tiempo. Las normas se promulgan, derogan, revisan, modifican, etc. Estas actuaciones modifican el sistema[32]. ¿El sistema obtenido es único? ¿Cómo pueden caracterizarse estos cambios? La lógica ha tratado estos problemas con la Teoría del cambio de teoría o de creencias que iniciaron Levi 1980 y Alchourrón, Gärdenfors y Makinson 1985. Otra orientación diferente para tratar lógicamente con el aspecto dinámico del cambio de teorías y de creencias es la desarrollada por las denominadas lógicas modales dinámicas[33].

Bibliografía

[Abramson & Rogers 1993] H. Abramson & M. H. Rogers (eds): *Meta-Programming in Logic Programming*, MIT Press; D. S. Warren (ed): *Logic Programming. Proceedings of the Tenth International Conference on Logic Programming*, MIT Press, 1993.

[Alchourron & Bulygin 1974] C. Alchourrón y E. Bulygin: *Introducción a la metodología de las ciencias jurídicas*, Astrea, 1974.

[Alchourron & Bulygin 1991] C. Alchourrón y E. Bulygin: *Análisis Lógico y Derecho*, Centro de Estudios Constitucionales, 1991.

[Alchourron, Gärdenfors & Makinson 1985] Alchourrón, C.E. , Gärdenfors, P. & Makinson, D.: On the logic of theory change: partial meet contraction and revision functions, *The Journal of Symbolic Logic*, 50, 1985, pg. 510–530.

[Alexy 1997] R. Alexy: *Teoría de los derechos fundamentales*, Centro de Estudios Políticos y Constitucionales, Madrid, 1997.

[Allen 1979] L. E. Allen: Una guida per redattori giuridici di testi normalizzati, *Informatica e diritto*, 1, 1979, p. 61–114.

[Allen 1982] L. E. Allen: Toward a normalized language to clarify the structure of legal discourse, en A.- A. Martino (Ed): *Deontic Logic, Computational linguistics and legal Information Systems*, North-Holland, 1982, p. 349–408.

[Atienza 1986] M. Atienza: *Sobre la analogía en el Derecho. Ensayo de análisis de un razonamiento jurídico*, Cuadernos Cívitas, 1986.

[Atienza 1992] M. Atienza: Sobre los límites del análisis lógico en el derecho, *Theoria*, VII, 16-17-18, T. B, 1992, p. 1007–1018.

[Atienza & Ruiz 1996] M. Atienza & J. Ruiz Manero: *Las piezas del Derecho. Teoría de los enunciados jurídicos*, Ariel, 1996.

[Atienza & Ruiz 2003] M. Atienza & J. Ruiz Manero: Seis acotaciones preliminares para una teoría de la validez jurídica, *Doxa* 26, 2003, págs.719–735.

[Atienza 1997] M. Atienza: *Las razones del derecho. Teorías de la argumentación jurídica*, Centro de Estudios Constitucionales, 1997.

30 Gabbay 1996. El sistema lógico presentado en Prakken & Sartor 1997a, puede considerarse un sistema deductivo etiquetado, donde las etiquetas son los nombres de las reglas y son ordenadas por prioridades.

31 En las lógicas basadas en razones se introduce un mecanismo que aplicado a un enunciado, regla, razón, etc. produce un término.

32 Esta situación no es exclusiva de los sistemas jurídicos, sino también de las teorías científicas y, en general, de cualquier sistema de creencias.

33 Véanse, por ejemplo, Van Benthem 1980 y Rijke 1998.

[Bankowski & otros 1995] Z. Bankowski, I. White & U. Hahn (Eds.): *Informatics and the Foundations of Legal Reasoning*, Kluwer, 1995

[Bernal 2003] C. Bernal Pulido: Estructura y límites de la ponderación, *Doxa*, 26 2003, págs. 225–238.

[Lodder 1999] A. R. Lodder: *DiaLaw – On legal Justification and Dialogical Models of Argumentation*, Dordrecht, Kluwer, 1999.

[Brown & Suszko 1973] J. Brown & R. Suszko: *Abstract Logics*, Dissertationes Mathematicae CII, Wrocławska Drukarnia Naukowa, Poland, 1973.

[Freeman & Farley 1996] K. Freeman & A. M. Farley: A Model of Argumentation and Its Application to Legal Reasoning, *Artificial Intelligence and Law* 4, 1996, pp. 163–197.

[Gabbay 1996] D. M Gabbay: *Labelled Deductive Systems*, Oxford University Press, 1996.

[Hage 1996] J. Hage: A model of legal reasonning and a logic to match, *Artificial Intelligence and Law*, 4, 1996, p. 199–273.

[Hage 1997] J. Hage: *Reasoning with rules*, Kluwer, 1997.

[Hage 200*] J. Hage: *Studies in Legal Logic* (conjunto de borradores de textos que pueden conseguirse en "http://www.rechten.unimaas.nl/metajuridica/hage/Legal_ Logic.htm").

[Hage & Verheij 1999] J. Hage & H. B. Verheij: The law as a dynamic interconnected system of states of affairs: a legal top ontology, *International Journal Human-computer Studies*, 51, 1999, p. 1043–1077.

[Hill & Lloyd 1994] P. M. Hill & J. W. Lloyd: *The Gödel Programming Language*, MIT Press, 1994.

[Kalinowski 1973] G. Kalinowski: *Introducción a la lógica jurídica. Elementos de semántica jurídica, lógica de las normas y lógica jurídica*, Eudeba, 1973

[Klug 1990] U. Klug: *Lógica jurídica*, Temis, Bogotá, 1990.

[Kowalski & Sadri 1997] R. Kowalski & F. Sadri: An Agent Architecture that Unifies Rationality with Reactivity (1997) en www_lp.doc.ic.ac.uk/UserPages/staft /rak/rak.html.

[Kowalski & Sadri 1998] R. Kowalski & F. Sadri: From Logic Programming to Multi-agent Systems (1998) en www_lp.doc.ic.ac.uk/UserPages/staft /rak/rak.html.

[Levi 1980] I. Levi: *The Enterprise of Knowledge*, MIT Press, Cambridge, 1980.

[Prakken 1997] H. Prakken: *Logical Tools for Modelling Legal Argument, A Study of Defeasible Reasoning in Law*, Dordrech, Kluwer, 1997.

[Prakken 1997a] H. Prakken & G. Sartor: Argument-based extended logic programming with defeasible priorities, *Journal of Applied Non-classical Logics*, 7 (1997), 25–75.

[Rijke 1998] M. de Rijke: A system of dynamic modal logic, *Journal of Philosophical Logic* 27 (1998), 109–142.

[Susskind 1987] R. E. Susskind: *Expert System in Law. A Jurisprudential Inquiry*, Clarendon Press, 1987.

[Tarski 1956] A. Tarski: *Logic, Semantic, Metamathematics*, Oxford, 1956.

[Úbeda & otros 2001] J. P. Úbeda, J. M. Lorente & J. Alcolea: Representación en programación lógica de agentes razonadores, en E. Casaban (ed): *XIIIe Congrés Valencià de Filosofia*, Valencia, 2001, pp. 133–153.

[Van Benthem 2000] J. Van Benthem: Logic and the flow of information, en D. Prawitz, B. Skyrms & D. Westerståhl (eds.), *Proceedings of 9th ILMPS*, North-Holland, 2000.

[von Wright 1951] G. H. von Wright: Deontic Logic, *Mind*, 1951, p. 1–15.

[Walton 2002] D. N. Walton: *Legal argumentation and evidence*, The Pennsylvania State University Press, 2002.